Gisela Steineckert

Die blödesten Augenblicke meines Lebens

Für die lieben
Sabine
Silke und
Amelie
von Herzen euch
G. Steineckert
13. Juni 1998

NEUES LEBEN

ISBN 3-355-01467-2
2. Auflage 1996

Schutzumschlag: Anneliese Ernst
Lithographie: Reproanstalt/Neumünster
Layout und Satzherstellung: psb – presse service berlin GbR
Druck und buchbinderische Weiterverarbeitung:
Druck- und Verlagsanstalt Wiener Verlag GmbH

Gisela Steineckert

Die blödesten Augenblicke meines Lebens

Meinem Mann für Liebe und Beistand

Laura Marie für die Hoffnung,
daß die nach uns nicht blöder sind

Wie ich Lackschuhe kriegte und wie ich liebte

Der Gegenstand meiner Anbetung saß in einem dunklen Kontor zum Hinterhof raus. Vor ihm stand ein Arbeitstisch, er war Lehrling und schien sich mit Papieren zu befassen. Der Hof diente den Häusern Georgenkirchplatz 9 und Neue Königstraße 178 als Durchgang. Außerdem gab es noch Seitenflügel. Für Mangel an Sonne und Licht war zu allen Tageszeiten gesorgt. Durch die dreckige Scheibe sah ich seinen Oberkörper. Manchmal kam sein Gesicht auch nahe an das Fenster, dadurch konnte ich seine Mittelgröße erkennen.

Ich wollte, daß er mich sieht. Fassungslosigkeit würde sein Gesicht überziehen, er sollte mich sehen und nie mehr vergessen können. Wie im Märchen, aber nicht wie in dem von der kleinen Seejungfrau.

Wenn er mich angelächelt hätte, wäre ich weggerannt. Da er dies nicht tat, bemühte ich mich um seine Aufmerksamkeit. Aber ich hätte Wurzeln schlagen können oder sogar blühen, er sah mich nicht. Vielleicht war er kurzsichtig, oder es gab mich nicht wirklich.

Ich hatte wohl Angst, aber mein Wohlgefallen war stärker. Obwohl ich dieses Kunststück wegen mangelnder Schwindelfreiheit nicht schätzte, vollführte ich für den Fall seines Hinblickens neben den stinkenden Müllkästen, der zerbrochenen Teppichstange und den düsteren Kellereingängen, auf der niedrigen Stange für Bettvorleger die Kunst des Schweinebammelns. Wenn ich mich hinaufhockte und nach hinten fallenließ, verfehlte ich die Steinkante nur um Zentimeter. Kann sein, ich habe mein lebensgefährliches Kunststück eine Million Mal vorgeführt, aber es war eine lautlose Fertigkeit, und es gelang mir niemals, ihn sehen zu lassen, wie ich die Angst überwinde und ihm zuliebe nach hinten kippe. Er bemerkte meine Liebesmühe nicht, oder mir entging, daß er zwar auf den Hof blickte, aber da es dort nichts zu sehen gab, wandte er sich wieder seinen Papieren zu.

Um ihm nahe zu sein, mußte ich tun wie die anderen. Möglichst noch lauter und auffälliger, wie sollte er mich sonst von ihnen unterscheiden.

In jenen Tagen beschenkte meine Mutter uns Töchter zum Lohn dafür, daß wir viele Stunden über Bündeln von Militärkragen saßen und mit kleinen Scheren die herunterhängenden Nähfäden abschnitten. Wir gingen auch für sie „liefern" und verdienten in der Woche 32 Reichsmark und ein paar Pfennige. Mama kaufte uns bei „epa" schwarze Lackschuhe mit rotem Rand, und jede bekam ein Paar seidene Kniestrümpfe. Beide Gaben waren für die Ewigkeit gedacht. Also verbot es sich von selbst, sie dem Schweinebammeln auszusetzen. Wie aber sollte ich dem verehrten Mann meine Kostbarkeiten vorführen, wenn nicht in Augenhöhe, was einzig durch Schweinebammeln möglich war?

Die Zeit verging, und die Menschen um uns her hatten eine Ahnung, daß sie kostbar und unwiederbringlich war. Jedes Gespräch drehte sich um Krieg. Vielleicht müssen wir bald weg.

Und ich hätte keinen Blick mit ihm getauscht? Ich gab mich ausgelassen und albern, während ich keineswegs so empfand.

Einmal guckte er hinaus und runzelte die schöne, glatte Stirn, an die ich mich erinnere. Ebenso an das schmale, bleiche Gesicht eines hungrigen Stubenhockers und den kümmerlichen blonden Schnurrbart. Ich war sehr froh, daß er semmelblond war, also kein Jude, der abgeholt werden konnte.

Sein Blick hatte mich in derbem Lauf nah unter seinem Fenster erwischt. Er guckte mich an, als würde er mir gern eine Ohrfeige geben, hätte aber keine Lust, dafür eigens aufzustehen. Der Kreis der anderen nahm mich Stolpernde wieder auf.

Mein Blick bettelte noch einmal zurück. Ich war doch seinetwegen eine andere als sonst. Warum verstand er das nicht?

Für ihn hatte ich die Welt der ausgedachten Personen verlassen und mich unter die Lärmenden gemischt. Ich bin sonst kein Trampel, wollte ich ihn wissen lassen, aber er erfuhr das nicht.

Am nächsten Tag sah ich ihn mit einer älteren blonden Frau, sie war mindestens siebzehn. Er drückte ihren Arm und lief seitwärts, um ihr ins Gesicht zu glotzen.

Über Nacht entschloß ich mich, in „der da" seine Schwester zu sehen, die vielleicht lange verreist gewesen war. Ich konnte wieder um ihn werben, lungerte gerade allein auf dem Hof herum und starrte ihn verzaubert an. Da sah ich, daß sein Zeigefinger tief in seiner Nase steckte und sich dort bewegte, obwohl mein Schwarm mich gesehen haben mußte.

So starb innerhalb von Sekunden die erste Liebe meines Lebens.

Damals war ich acht Jahre alt, das war im Sommer 1939, wenige Wochen vor dem Krieg.

Ein Rotkäppchen ohne Papa

Sie hatten mir zu Weihnachten eine Mütze geschenkt, die mir gefiel. Für den Sommer war sie zu warm, für den Winter zu dünn, so trug ich sie eben immer. Alle sagten, sie hätten nie Hübscheres gesehen als das Mützchen und mich, oder mich und das Mützchen. Ich zeigte, wie ich mich freute, denn wir hatten nichts übrig, auch keine Freude. Das meiste, was wir besaßen, brauchten wir unbedingt.

Ich liebte den Bullerofen, und es machte mir nichts aus, das Holz zu sammeln, das dann so schön prasselte, manchmal sang es auch wie ein Lied. Ich liebte mein Bett, lockerte mir schon lange selber das Stroh und schlug mit beiden Händen auf die Zudecke, für die wir an vielen Abenden die Federn gespleßt hatten.

Die Mütze war leuchtendrot, aber ein buntes Herz hatte auch meine Halbschürze. Sie gab eine Tasche ab für die Wunder, die auf dem Weg zu finden waren. Besondere Steine und sonderbare Federn, auch Kastanien, und einmal sogar zehn Mark. Die haben wir behalten, denn wir kannten niemanden, der zehn Mark verlieren konnte, ohne sie so lange zu suchen, bis er bei uns angelangt wäre.

Meine Zöpfe waren braun und dick, und meine Mutter wusch mir das Haar immer lange und kämmte es, ohne zu ziepen. Aber ich beneidete die Jungen, die sich morgens mit zehn Fingern durch die Strähnen fuhren, und dann in die Schule losrennen konnten. Besonders beneidete ich einen bestimmten Jungen, daß er den ganzen Tag bei sich sein durfte, wo ich auch gern gewesen wäre. Die Jungen frühstückten auch nicht vor dem Weg in die Schule. Das gab es bei uns nicht, denn es war nach den Worten meiner Mutter unverzeihlich.

Ich schlief nicht gern ein, denn dann versäumte ich die

Sterne und die Zaubergestalten, die erst in der Dunkelheit nacheinander aus dem Wald traten, aus der Kutsche stiegen oder vom Baum herunterkletterten. Angst vor ihnen hatte ich nicht, denn niemand hatte mir je Böses getan. Die Augen meiner Mutter waren immer liebevoll, und traurig waren sie nicht meinetwegen. Wenn sie weinte, dann wollte sie das vor mir verstecken. Ihre Tränen fielen meist auf eine Fotografie, wurden rasch abgetupft, aber ihr Atem mußte immer erst über Hürden, ehe er in ihrem Herzen ankam. Dort kommt alles an, sagte meine Mutter. Wenn wir traurig sind, legt sich ein Päckchen ins Herz, und wenn wir lustig sind, bleibt ein Echo im Herzen zurück. Meine Mutter sagte, auch im Kopf gibt es ein Kästchen, in das sich alle Bilder legen und alle Wörter, aber das Liebhaben und die Sehnsucht und alle Freude, die wir bekommen und die wir geben, die sammeln sich im Herzen an.

„Wovon werden wir klüger?“ habe ich sie gefragt, und sie sagte: „Von allem, was wir merken, während wir es tun.“ Ich sagte: „Wo soll ich jetzt hin mit dem, was du eben gesagt hast, in mein Herz oder in meinen Kopf?“ – „Teile es“, sagte meine Mutter, „behalt im Gedächtnis, was ich gesagt habe, und im Herzen laß, daß wir uns haben, Brot essen, Milch trinken und niemand darf zur Tür hereinkommen und uns etwas tun.“ Ich sagte: „Warum sollte jemand extra zu uns kommen, um uns etwas zu tun?“

Meine Mutter sah mich an, und aus ihrem Gesicht verschwand langsam das Lächeln. Als ob eine Hand über ihr Gesicht wischte. Ich sah, ein Lächeln machte ihr Gesicht glatt und der Ernst legte es in viele kleine Fältchen. Neben dem Mund waren sie tiefer, neben den Augen auch. Unter dem ernsten Gesicht war ihr Hals mager, und ihre Schultern stießen durch den Schürzenstoff.

Ich dachte, sie sieht aus wie unser Bügelbrett, aber das wollte ich nicht denken. Ich hätte ihr gern die Arme um den Hals gelegt. Das war nicht üblich. Nur manchmal, wenn meine

Mutter dachte, daß ich fest schlafe, beugte sie sich hinunter, küßte mich auf die Stirn und streichelte mich.

Sie mußte über eine Stunde zu ihrer Arbeit laufen. Noch nie hatte ich erlebt, daß sie nicht losgegangen wäre, die übliche Zeit fortblieb und pünktlich heimkehrte. Als ich klein war, habe ich nicht gewußt, daß sie wiederkommt, und habe geschrien vor Hunger oder weil ich dachte, sie hört mich und kommt sofort.

Aber nun war ich schon ein großes Mädchen und tat gewiß nicht zu wenig, eher zu viel, bis sie heimkam und sich erst einmal auf einen Stuhl setzte. Seit einiger Zeit vorsichtig, langsam, als ob ihr Körper Zeit braucht oder es sich noch anders überlegen könnte.

Wir holten uns fast nie Hilfe. Wenn wir etwas nicht konnten, haben wir nachgedacht und fanden immer eine Lösung. Sogar unser Dach haben wir allein geflickt. Von den Menschen, die meine Mutter „ihre Herrschaft" nannte, brachte sie jeden Tag etwas mit. Es gab dort eine Frau nur zum Kochen, die mußte nichts anderes tun, und also hat sie immer mehr gekocht, als gegessen wurde. Meine Mutter hat gewiß viel von mir erzählt, und es muß freundlich geklungen haben, denn die Köchin gab meiner Mutter manchmal ein großes Stück Fleisch oder Torte mit, wir gingen nie hungrig zu Bett. Sie gab uns auch Kleidung, die wir trennten und neu nähten.

Ich glaube, es ging uns gut. Der Tag verging viel zu schnell, und der Weg zur Schule war kürzer als heimwärts, obwohl er eigentlich sehr weit war. Ich war aber daran gewöhnt, dort mit anderen zusammen zu sein und zu Hause meine Arbeit zu tun. Die Katze wartete auch auf mich, und wenn alles getan war, kam die Zeit der Geschichten und Lieder. Meine Geschichten waren immer die Wahrheit. Die erfuhr meine Mutter durch mich, durch wen sonst. Die Geschichten erzählte ich, die Lieder sang meine Mutter. Niemand auf der Welt singt so schön wie meine Mutter. Darum sang ich auch nicht mit. Ihre Stimme klang leise, aber hoch und tief, und wenn ich sie nach dem Lied fragte, dann lachte sie manchmal und sagte, das habe sie gerade eben selber gemacht.

Ich konnte mir neben ihr keinen Mann vorstellen. Der auf der Fotografie machte immer dasselbe Gesicht, und er bewegte nicht einmal die Augen, auch dann nicht, wenn wir ganz allein waren. Er war mir gleichgültig. Aber Geduld, dachte ich, eines Tages würde es so weit sein, ein Mann würde kommen und meine Mutter und mich mit sich fortnehmen, vielleicht auf sein Schloß, bestimmt zu einer Herrschaft. Dann würde ich meiner Mutter hundert Paar Schuhe kaufen, weit genug und weich genug für ihre schmerzenden Füße.

Wir beide haben uns von Weihnachten bis Ostern vorgefreut, dann auf den Sommer, der war fast das Schönste. Uns wuchsen die Beeren und Pilze bis ans Haus. Der Wald war wie ein großer Laden, aus dem köstliche Dinge abgeholt werden konnten. Meine Mutter wußte immer noch köstlichere daraus zu machen.

Vieles wurde vorbereitet für den langen Winter, aber manchmal stopften wir uns auch übermütig den Mund voll und sättigten uns erst einmal an den frischen Beeren. Ehe sie die Pilze trocknete, tat sie immer genügend in die Pfanne, daß es bis auf den Hof duftete.

Ich hatte meine Mutter immer lieb, aber meine Großmutter habe ich nicht geliebt. Wenn sie in unserem Leben eine Rolle spielte, dann kam immer Hast und Unruhe auf, nie Vorfreude.

Meine Großmutter besuchte uns selten, aber regelmäßig, nie außer der Reihe und nie, daß sie angemeldet war und nicht kam. Wenn ihr Besuch bevorstand, war meine Mutter anders als sonst. Sie verlor ihre sanfte Art, und entweder riß sie etwas herunter oder es fiel ihr aus der Hand. Obwohl sie das wußte und sich besonders vorsehen wollte, passierte es ihr immer wieder. Wir putzten, als ob wir unser Häuschen zum Verkauf anbieten wollten. Aber wenn meine Großmutter kam, sah ich auf einmal mich selber, meine Mutter, unsere

Wände und unser Geschirr mit ihren Augen, und ich fühlte wohl, daß sie mit uns nicht zufrieden war. Über dem Tisch tauschten meine Mutter und ich an der Großmutter vorbei lange Blicke. In denen lag, sie solle wieder gehen, weil sie uns das Herz eng machte.

Jedesmal wartete sie lange, dann holte sie ein großes Taschentuch heraus und schob auf eine Art, die aus zwanzig Zentimetern einen Kilometer macht, meiner Mutter Geld hinüber, das war zusammengerollt und mit einem Gummiband umwickelt.

Immer bekam meine Mutter dann rote Flecken in ihrem Gesicht und sah aus, als wolle sie das Geld zurückweisen. Sie schluckte mehrmals so laut, daß man es hören konnte. Das ist sonst nicht ihre Art. Dann nahm sie das Geld und steckte es in ihre Tasche. Meine Großmutter sah den Scheinen hinterher, als ob sie es sich anders überlegt habe. Aber dann ließ sie es bei vorwurfsvollen, strengen oder strafenden Blicken bewenden und fing an, mich auszufragen. Wie es in der Schule gehe. Sie wußte doch, daß ich gern in die Schule ging. Ich hatte nichts zu beklagen und die Lehrer auch nicht. Aber sie fragte immer so, als ob sie sicher sei, ich würde noch alles verpatzen. Und sie wollte wissen, ob ich vor dem Winter Angst habe. Das ist nur ein Beispiel. Sie fragte nie nach Freude, sondern immer nach möglichem Pech und Unglück. Für uns aber war der Winter fast schöner als der Sommer. Zwar ging alles noch ein bißchen schwerer, aber so gemütlich wie im Winter kann es im Sommer nicht sein. In der warmen Zeit ist man viel draußen, der Tag geht langsam in den Abend hinein und lugt immer noch aus den Winkeln.

Im Winter gibt es für alles Beschwerliche die Belohnung durch Bratäpfel und Kuscheln in der langen schönen Dunkelheit. Wir verrammelten die Türen und Fenster so, daß wir wie in einem Kernhäuschen saßen und uns wärmten, auch aneinander, besonders die Füße, die waren bei beiden abends immer kalt. Aber wir heizten uns in der Röhre Ziegelsteine und nahmen die mit ins Bett. Bis in den tiefsten Schlaf blieben sie warm.

Wenn die Schneeflocken fielen, wünschten wir uns einen Brummbär, den wir vor dem Erfrieren retten könnten, und im Frühjahr wäre er dann ein schöner Prinz. Deiner, nein deiner. Meine Mutter sagte, für dich ist es zu früh und für mich zu spät.

Ich sagte: „Warum gibt uns die Großmutter Geld, wenn sie es doch nicht gern tut und es so schwer aus der Hand legt?"

Meine Mutter sagte: „Sie gibt uns kein Geld. Es ist von ihm."

So war er denn genannt, wenn auch nicht beim Namen. Er, der Mann ohne Beine und ohne Bauch, der Mann mit immer demselben Gesicht und nicht einmal, daß er die Augen bewegte.

„Warum gibt er uns Geld?"

Es steht dir zu, sagte meine Mutter. Er war dein Vater, sagte sie, aber sie sagte es so ungern, wie meine Großmutter das Geld hergab. Es ist nicht meine, es ist seine Mutter, sagte sie noch. Davon war vorher nie die Rede gewesen. Für mich machte es keinen Unterschied, ob sie meine Mutter oder meinen Vater geboren hatte. Aber dennoch war es mir lieb, daß es war, wie es war. Durch meinen Kopf stürmten viele Fragen. Lebt er, oder ist er gestorben, hat er nie nach mir gefragt? Warum ist er nicht hier? Aber ich fragte nichts, denn in den Augen meiner Mutter war wieder der Kummer. Sie versuchte zu lächeln. „Du hast nicht viel von ihm", sagte sie. – „Und du gar nichts", sagte ich, das war ziemlich patzig, aber mir war frech ums Herz, und ich wollte das nicht runterschlucken. Meine Mutter lachte, blitzte mit den Augen und sagte: „Doch, dich habe ich von ihm."

Und dann, weil sie mich so genau kannte, sagte sie, als hätte ich gefragt: „Hier gibt es für eine Frau nicht viele Möglichkeiten. Ich habe ihn geliebt, er war der erste Mann in meinem Leben und er hätte nicht der letzte sein müssen, denn es ist wunderbar, zu lieben und geliebt zu werden. Das braucht eine Frau genauso wie ein Mann. Aber ich wollte mir keinen nehmen, der mir das Dach besser flickt als die Seele. Wenn mich nun etwas betrübt, dann ist es unsere Art, zu leben. Wir sind zu abhängig von unseren Ängsten. Wir sind nicht frei, du und ich. Ich zupfe dich vom Nestrand zurück und werde das immer tun, obwohl ich es besser weiß. Ich habe nur dich, und du weißt es. Es wird dich festhalten bei mir, bis du wütend wirst und dich losreißt. Das wird wichtig sein, aber auch weh tun, dir und mir."

Ich verstand meine Mutter und sagte, das Geld wäre trotzdem zu teuer. Denn da die Großmutter dich nicht liebt, hat sie auch für mich keine Liebe. Ich hätte gern eine liebevolle und wichtige Großmutter, aber das ist sie nicht, und das wird sie nie sein.

Ich weiß nicht, sagte meine Mutter. Manchmal denke ich, sie bereut, wie es gegangen ist. Aber sie kann es nicht ungeschehen machen und hat ebensoviel verloren wie ich.

Sie sagte das, als wisse sie es ganz gewiß. Ich sagte, du kannst das nicht wissen, denn du bist gut.

Sie aber sagte, niemand ist nur gut oder nur schlecht, und sie habe auch zu bereuen.

Ich glaubte das nicht. Sie holte die Fotografie meines Vaters und sagte: „Es ist meine Schuld, daß du ohne Vater lebst. Ich habe ihm weh getan."

Ich stand auf und ging hinaus. Das war beiden auch mitten im Satz erlaubt. Meine Mutter wollte, daß wir miteinander sprechen, daß ein jedes damit aber aufhören kann, auch wenn es keine Begründung geben möchte. Ich wollte nachdenken, aber draußen sprach ich mit der Katze und begriff, daß ich meine Mutter in ihrer Beziehung zu meinem Vater nicht verstehen konnte, weil ich nicht wußte, wovon sie sprach. Und auch wenn sie es mir sagte, was ich nicht gern wollte, würde ich es nicht verstehen können, denn sie konnte mir nur erklären, was sie selber verstanden hatte. Wenn ich aber alle meine

Beobachtungen bedachte, war sie selber mit jener ersten Liebe nicht fertig. Mir stand es frei, ihr zu glauben, sie habe die Schuld. Ich konnte aber auch an dem Mann zweifeln, der meine Mutter nicht gekannt haben kann, wie ich sie kannte, sonst wäre er niemals von ihr fortgegangen.

Ich beschloß, daß meine Mutter zwar glaubte, sie habe ihn fortgetrieben, aber ein Vater nach meinem Sinn hätte mit ihr umzugehen gewußt und den Kummer erkannt, der hinter dem Wunsch stand, ihm weh zu tun.

Weißt du, sagte ich zu dem Mann, den ich erst viel später einmal kennenlernen wollte, wir wollen es uns gegenseitig recht machen. Schicke du ihr pünktlich das Geld, und ich halte mich mit einem Urteil raus.

Er sah das auch als richtig an, und ich wandte mich anderen als den schmerzhaften Gedanken zu, die meine Mutter verursacht hatte.

Einmal kam ich von der Schule, tat meine Arbeit, sprach mit dem vierrassigen Hund Mello, auch mit dem Mannsbild, und ging meiner Mutter entgegen. Sie sagte, die Großmutter habe ihr Bescheid geben lassen, es ginge ihr nicht gut und sie hoffe doch, eine von uns beiden würde nach ihr sehen. Die Köchin hatte meiner Mutter Kuchen mitgegeben, und eine Flasche Wein taten wir dazu, denn wir wußten, daß die Großmutter ziemlich pichelte. Sie nannte ihre Schlucke immer Medizin, aber meine Mutter sagte, dies sie eine Schwäche, die in der Familie liege. Ich fragte den Mann, ob es deswegen war, aber er gab mir darauf keine Antwort.

Es geht ihr nicht gut und sie hat Geburtstag, sagte meine Mutter und überlegte, ob sie es schaffen könnte, selber zu gehen oder mit mir, aber zeitlich war das nicht möglich, und wir wußten es von vornherein. Es war ihr Anstand, daß sie es doch drehte und wendete, aber Großmutter ließ sich immer mit einer Kutsche bis an den Waldrand bringen und tat nur so, als sei sie gelaufen. Auch wurde sie zu bestimmter Zeit wieder abgeholt. Darüber wurde nicht gesprochen, aber wir kannten keinen Kutscher, der uns zur Großmutter fahren würde.

Es gelang mir, meine Mutter zu überzeugen, daß ich diesen Besuch leicht allein bewältigen würde. Mützchen und Schürzchen, Schuhchen und Strümpfchen hielten unter den prüfenden Blicken endlich stand, und sie ließ mich, sichtlich ungern, schließlich gehen. Schaffst du es? O ja, sagte ich. Zwischen der Großmutter und uns ist der Wald, der See und der tiefe Graben, aber ich kenne mich aus, umgehe das eine und durchquere das andere.

Ich ging, Mello trottete noch eine Weile hinterher, aber er ist untreu, das kenne ich schon. Wenn's nach Anstrengung aussieht, fällt ihm seine faule Haut ein, und er schlägt sich heimwärts. Der Wald knisterte, knackte, raschelte, fegte auf, duftete, öffnete und schloß sich wieder, und das Licht folgte mir. Fast hätte ich es nicht gebraucht, mit all den vertrauten Geräuschen im Ohr.

Ich weiß den Regen, ehe er fällt, und kenne Geheimnisse, die sind so tief, daß ich sie mit niemandem teile. Wie wird der Sommer, fragt mich meine Mutter nebenbei, und wenn ich sage: „Heiß und unruhig, es wird anstrengend", oder wenn ich über den Winter sage, daß er spät kommt und lange bleibt, dann richtet meine Mutter alles so vor, wie es der unruhige Sommer und der späte lange Winter brauchen. Sie hat sich daran gewöhnt, daß ich meine Hand auf ihren quälenden Kopf lege, bis sie die Augen öffnet, tief atmet und lächelt, weil der pochende und bohrende Schmerz verschwunden ist. Oft kann ich auch wissen, was jemand gleich sagen wird. Bei manchen kann ich mich darauf einstellen, ihre Gedanken mitzudenken, und erfahre so Heißhunger auf Apfelstrudel, oder daß einem gerade einfällt, wo er seine verlorenen Schlüssel wiederfindet.

Ich bin daran gewöhnt. Meine Mutter nennt mich manchmal „mein Hexlein", aber mit anderen Menschen sprechen wir darüber nicht. „Niemals", sagt meine Mutter, „auf nichts sind die Menschen so hungrig wie auf Wunder. Wenn du ihnen die Kopfschmerzen nimmst, werden sie wollen, daß du ihnen ihr Glück wiedergibst oder sie reich machst oder hoch hinaufstellst." So habe ich nur der Köchin einmal ihr schmerzendes Knie heil gemacht, aber sie hat mir schon vorher außer dem Kuchen ihre Freundlichkeit geschickt und steht meiner Mutter immer bei. Sie nimmt ihr auch oft Arbeit ab, die nie ganz zu schaffen ist. Das wissen aber die nicht, die sie nicht tun. Die Köchin hat gesagt, was auf dem Tisch am meisten hermacht, das geht in der Küche oft am schnellsten, und sie kann es richten. Die kleinen Sachen, wie Suppen und Soßen, da steht man ewig, aber die werden gar nicht so geachtet. Sie kann leicht Ah und Oh auslösen und hat's im Handumdrehen gemacht, das kann meine Mutter bei ihrer Arbeit aber nicht.

Auf einmal veränderte sich der Wald, und jemand trat aus der Mitte der Sträucher heraus. Wir grüßten uns freundlich, aber meine Wahrnehmung von ihm war unsicher. Er sagte: „Das ist schön hier, nicht?" Und ob ich keine Angst hätte, so allein, weitab im Wald. Ich sagte, hier sei es immer schön und ich hätte keine Angst, denn mir könne niemand etwas tun. Naja, sagte er, wenn ich mich so gut auskenne. „Kenne ich mich", sagte ich, und er meinte, dann müßte ich auch alle guten und schlechten Kräuter unterscheiden können, wenn das hier mein Reich wäre. „Und die giftigen und die schmackhaften Pilze, die Plätze für die Beeren, die die meiste Sonne abgekriegt haben, auch die Walderdbeeren. Ich weiß, wo die Rehe schlafen und wo der Habicht wartet."

Er guckte zu mir herunter und wollte unbedingt klüger sein. Also sagte er, er kenne erst recht alle Gewächse und zeigte hierhin und dorthin, nannte auch Namen, von denen nur die Hälfte stimmte, aber ihn freute es so sehr, daß ihm überhaupt welche einfielen, da wollte ich ihn nicht belehren. Es war ja auch kein Schaden, wenn er nicht so viel wußte, wie er vorgab.

Er wollte wissen, wohin ich denn mit dem Korb ginge, ziemlich schwer für ein so kleines Mädchen. „Und warum hast du ein Käppchen auf und läßt nicht die Sonne an deine Haare, das ist gut für die Kopfhaut." Ich sagte: „Das ist eine Geschichte für sich. Das Samtkäppchen macht mich niedlich. Solange ich es trage, bin ich ein liebes Kind, und es besteht keine Gefahr, daß ich jemandem über den Kopf wachse. Es ist ein Kindermützchen, aber es ist auch meine Tarnkappe, unter der mich niemand erkennen kann."

Dann erwähnte ich, daß ich auf dem Weg zur Großmutter sei, um ihr in der Schwäche Beistand zu geben und Wünsche für ihren Geburtstag zu überbringen.

Eine Großmutter, das war seine Meinung, sei das beste, was ein Mensch haben kann. Damit hatte er wieder auf das falsche Kraut gezeigt, aber auch das war nicht wichtig. Ich sagte, an dieser Stelle möchte ich mich sputen, ich muß noch über See und Graben, es wird sonst zu spät.

Er sagte, er wundere sich, mich ohne Blumen zu sehen. Mit blumenleeren Händen kann ein Mädchen wie ich nicht zum Geburtstag der Großmutter gehen, das wäre eine Unachtsamkeit, die ich später gewiß bereuen würde.

Ich hörte diesen Satz nicht gern. Meine Großmutter vergißt nichts, was man auch noch für sie hätte tun können, und sie spitzt es zu Hause zu, damit es Pfeile werden, die immer treffen. Nun gut, sagte ich kurz angebunden, dem läßt sich hier zu Walde abhelfen. Richtig, sagte er, dort drüben im Hag sind sonnensatte Sandrosen erblüht, wie sie vor uns noch kein Mensch gesehen hat. Die Blumen zeigen grellere Farben, das sind Warnungen vor künftigen Katastrophen. Unten am See, zweiundsiebzig Schritt ins Weite, wuchern Waldwikken in dunklem und feurigem Rot und leuchtende Farne in den Farben des Regenbogens, das ergäbe ein wunderbares Bukett.

Ich dachte, nun könne sich dieser redselige Quatschkopf eigentlich in die Büsche schlagen, und ohne ihn hätte ich es bei Anemonen, Erika, Moos und Haselnüssen am Strauch belassen. Aber da ich nun von den Wunderwerken der Natur wußte, konnte ich diese Kenntnis nicht leugnen, und ich war zu stolz, mit Üblichkeiten statt Wunderwerken der Natur zu meiner Großmutter zu gehen.

Er tippte sich an den Hut und ging davon, aber kaum daß ich ihn nicht mehr sah, war mir, ich hätte ihn nicht gehenlassen, sondern bei ihm bleiben sollen und daß er bei mir bliebe. Ich sah zum Himmel, aber von dem drohte keine Gefahr. Der Wald hatte sich hinter dem Mann wieder geschlossen, alles war wie vorher. Dennoch lief ich mit sonderbarer Eile zu den genannten Plätzen. Aber ich fand keine Sandrosen der beschriebenen Farbe, keine Waldwicken und die regenbogenfarbenen Farne auch nicht. Es lag nahe, zu glauben, er habe nur gesponnen, aber warum hätte er das tun sollen? Vielleicht sah er, was ich nicht sehen konnte, vielleicht auch war unser Gespräch nur scheinbar, und alle Wörter standen für andere, die nicht gesagt werden konnten.

Ich hatte Zeit verloren und raffte zusammen, was einen Strauß ergab. Dann sprang und hüpfte, kletterte und rannte ich zum Haus der Großmutter, das größer war als das unsere, aber ich würde nie, nie darin wohnen wollen. Es war von einem Zaun mit piksigen Eisenspitzen umgeben, und wenn auch die Blumen üppig und in vielen Farben blühten, so taten sie es in Reih und Glied. Der Garten war langweilig, und selbst das Gras sah aus, als würde es freitags mit Seifenlauge geschrubbt.

Ich klopfte, und die vorwurfsvolle Stimme meiner Großmutter fragte, wer da sei. Ich antwortete wie immer, und wie immer sagte sie mir, wo ich den Schlüssel fände. Das mußte sie, denn sie wechselte von einem zum anderen Mal den Ort, als ob ich das Geheimnis ihres Verstecks ausnutzen würde.

Die Großmutter lag im Bett, und sie sah mir mit ihrem üblichen Blick entgegen. Mein Kommen stimmte nicht überein mit ihrer Ausrechnung. Diese Zeit war längst überschritten. Ich war nicht unverzüglich gewesen, und das nahm sie mir übel.

Vielleicht wäre es ihr noch lieber gewesen, ich wäre gar nicht gekommen, darüber hätte sich dann manches liebe Jahr streng gucken lassen. Ich sah sie an und dachte: Du bist meine Großmutter, aber ich mag dich nicht. Vielleicht werde ich das später bereuen, aber du siehst mich an, als wäre ich die größte Enttäuschung deines Lebens. Hattest du denn überhaupt etwas erhofft, was ich hätte enttäuschen können? Mag sein, daß ich nicht bin, wie du es möchtest, aber du bist es mir auch nicht, denn du bleibst mir eine Großmutter schuldig, wie es so viele andere sind. Und überhaupt hast du eine häßliche große Nase.

Sie sagte: „Was riecht denn so komisch? Hast du etwa Wolfsmilch gepflückt?“ – „Auch“, sagte ich, „auch Wolfsmilch, aber ...“ – „Ja, ich sehe“, sagte sie und riß die Augen auf, riesig, so schien mir. Ihre Hände fuchtelten auf der Bettdecke herum. Ich sagte: „Sind deine Hände krank, Großmutter? Sie sehen so aus.“

Sie dachte, ich wolle mich über sie lustig machen, das denkt sie oft, und jetzt sagte sie scharf: „Mit meinen Händen kann ich noch alles anpacken, konnte ich immer. Da möcht manch andere sich eine Scheibe von abschneiden.“ – „Aber nicht von mir“, sagte ich und wartete, ob sie lachen würde. Aber ich sah auf ihrem Gesicht den Haß eines Menschen, der zu niemandem mehr hinfindet, alles noch einmal anders machen möchte und es in Ewigkeit nicht mehr kann.

Sie hatte mir noch nicht einmal einen Stuhl gewiesen, trotz des langen Weges, nicht nach dem Inhalt meines Korbes gefragt, und es ärgerte sie wohl allein der Gedanke, sie müsse sich bedanken. Ich mag es, wenn ich etwas kriege, jeder mag das, und fremde Stullen schmecken in der Schule immer besser als die eigenen. Meine Mutter und ich spielen das manchmal. Wir setzen uns vor unsere gefüllten Teller, naschen vom anderen und behaupten, jenes Gericht sei köstlicher als das eigene.

Dann füttern wir uns gegenseitig, besonders, wenn es mal nicht so rutscht. Wenn gar eine von uns krank ist, dann wird der Tee gerührt, das Süppchen bepustet und das Brot eingebrockt.

Meine Großmutter bleckte die Zähne, als wolle sie schreien oder jemanden beißen, oder weinen, aber obwohl das schrecklich aussah, erkannte ich, daß sie Angst hatte. Vor Schmerzen und vor dem Tod. Auch vor mir, oder davor, daß ich vor ihr Angst hätte, oder vor den Sätzen, die sie in ihrem Mund nicht zurückhalten könnte und die sie doch nicht sagen wollte, noch nicht. „Ihr kriegt gar nix", krächzte sie, aber das wollte sie nicht verraten, es war zu früh, und sie gab damit, nach ihrer Art zu denken, etwas zu.

Ich hatte Angst vor dem, was geschehen würde. Mir war, es wäre das letzte Mal, daß ich sie sehe, denn von nun an würde ich unser Häuschen vor ihrem Eintreffen verlassen und es erst wieder betreten, wenn sie gegangen war. Sie hatte mich gezwungen, etwas zu begreifen, was ich jetzt noch nicht und lieber nie erfahren wollte: Haß ist eine dunkle Gewalt, die macht alles andere tot, was in dir lebt. Eine Ahnung von solchem Haß überkam mich, aber ich erlaubte das nicht. Trotz des eisigen Schreckens, in dem ich mich beinahe verlor, widersetzte ich mich, um ihr keine Macht über mich einzuräumen, die Macht des Abscheus und der Verletztheit. Sie ist doch meine Großmutter, hielt ich mir entgegen. Aber da tauchte rettend das Gesicht meiner Mutter vor mir auf, mit errötenden Schläfen, und wie ihre Schultern vor Vergeblichkeit sanken. Ich mußte mich entscheiden. Das war es, wovor meine Mutter mich beschützen wollte. Du hast noch Zeit, dir das zu überlegen, sagte sie oft, wenn sich zwei Möglichkeiten boten.

Ich ging auf meine Großmutter zu und legte meine Hand auf die ihre, dann beide Hände auf die eine zuckende. Sie läßt ihre Hand liegen oder zieht sie fort, dachte ich, oder sie greift mit ihren beiden Händen nach den meinen, und es wäre ein Anfang.

Unsere Blicke trafen sich, aber meine Großmutter hielt ihr Ende dieser handgeknüpften Brücke nicht. Sie ließ den Blick an meinem vorbeiwandern und besah mit Aufmerksamkeit ihre Wand, als sähe sie sie zum erstenmal oder müsse von ihr Abschied nehmen. Ihre Hand nahm sie unter meinen Händen nicht fort, aber sie griff auch nicht nach den meinen, sondern zog langsam die Finger zu ihrer Handfläche, und es gelang ihr, scheinbar absichtslos, eine Faust zu bilden.

Ich packte den Kuchen aus, stellte den Wein auf den Tisch und legte die Kräuter und Blumen wieder in meinen Korb. Noch einmal sah ich sie an, aber sie war für mich gestorben, nicht für mich, nicht durch mich, sondern: Mir war meine Großmutter gestorben. Ich schulde dir nichts, dachte ich, nicht einmal meinen Vater, der meiner Mutter unversöhnlich gewesen ist, vielleicht um eines Wortes willen. Aber welcher Vorgang auch immer, dich und mich ging er nichts an, und doch hast du ihn zu deiner Sache gemacht.

Es klopfte und jemand trat ein. „Alles in Ordnung? Die Pforte stand auf, da wollte ich dich fragen, ob ich dich ein Stück begleiten soll. Es wird dunkel, du solltest heim."

Ja, sagte ich und verließ den Raum, den ich nicht wieder betreten würde. Ich blickte nicht zurück, und das Herz war mir leichter als beim Kommen, denn ich fühlte mich einer Pflicht entledigt, die einen kleinen Teil meines Lebens vergiftet hatte.

Er ging neben mir her, und ich sagte: „Von wegen Sandrosen und Farn wie Regenbogen. Jetzt möchte ich sehen, wo die sein sollen." – „Das fehlte noch", sagte er, „vom Weg abkommen und dann herumspuken, bis ein Wolf kommt und dich verputzt. Ab durch die Mitte."

Der Weg war nur noch kurz, und ich sagte: „Du bist der neue Jäger."

Er sagte ja, das sei er. Für eine Weile, dann müsse er wieder auf die Schule. „Wenn das bloß erst vorbei wäre."

Ich fragte: „Liebst du fremde Menschen, die dich nicht lieben und dich angucken wie der böse Wolf?"

Er sagte, der Wolf sei nicht böse und tue nichts, wenn er sich sättigen kann nach Wolfsart. „Er muß sich und seine Brut ernähren, basta. Er guckt niemanden böse an, Blicke hält er gar nicht aus, und wenn er so nahe rankommt, dann ist es schon die Natur, die ihn zwingt. Merke dir das."

Ich erinnerte ihn an meine Frage. Er fand sie nicht wichtig. Wer mich nicht gern hat, den mag ich schon lange nicht.

Ich auch nicht, sagte ich. Und ging schneller, denn meine Mutter würde an der Tür stehen und auf mich warten, und ihr Blick sollte mir nicht zu forschend werden. Über diesen Tag mußte ich erst einmal allein nachdenken.

Die blödesten Augenblicke meines Lebens

„Kommt näher, blöde Mädchen“, heißt es in der Oper „Martha“ von Flotow. Dieses Wort hat mich fasziniert. Zuerst dachte ich empört, wie kommen die Männer dazu, die Mädchen blöd zu nennen. Sie kennen sie nicht, möchten sie kennenlernen, ordern sie sich her und beschimpfen sie. Später erkannte ich, daß mit diesem Wort, dem Zuruf „blöde“, etwas anderes gemeint war. Nicht Dummheit, sondern Unerfahrenheit. Die Mädchen wurden für naiv gehalten und mögen durch ihr Kichern und Schürzedrehen dazu beigetragen haben, den Eindruck alberner Unterlegenheit hervorzurufen.

Für mich enthält das Wort auch Trauer. Die blödesten Augenblicke meines Lebens entstanden nicht immer durch mein Zutun, selten ohne meinen hilfreichen Anteil. Dazu gehört auch, daß ich vorher die Situation falsch einschätzte, oder meine Lage für gesicherter hielt, als sie war. Daß ich Unwissen mit vorlautem Mund überdeckte, gehörte auch dazu.

Der blödeste Augenblick meines Lebens kam mir vielleicht nicht so vor, auch mag ich in ihm großartig erschienen sein und blicke erst heute befremdet auf jene Person, die austeilte und einsteckte. Kann sein, ich habe den Augenblick auch gleich erkannt, als blamabel, lächerlich oder schmerzlich, aber deswegen ließ er sich nicht leichter bewältigen.

Frühe Erinnerung: Aus dem Volksempfänger, auch Goebbels-Schnauze genannt, drang Jubel, der sich mit unseren Schreien mischte. Mein Vater hatte meinem Bruder, der noch ein Kleinkind war, eine Faust ins Gesicht geschlagen, die meiner Mutter galt. Sie hätte sich vermutlich auch sonst gewehrt, aber da ihr Sohn angegriffen wurde, geriet sie außer sich, der Mann aber drückte ihr die Kehle zu. Meine Schwester und ich rannten in die Küche, kleine blöde Mädchen, und griffen in unserer Angst nach Waffen. Mit denen eilten wir zurück und stießen dem Papa Messer und Gabel in den Hintern. Er jaulte auf, fuhr hoch und die schwere Tasse in der Hand meiner Mutter traf seinen Kopf. Das Blut spritzte bis an die Decke.

Die Nachbarn hatten unseren Lärm gehört. Sie waren auch kleine arme Leute, und sie verstanden nicht, weshalb wir über den Anschluß von Österreich an Deutschland so aufgeregt waren. Was ging das uns an, gar sie, die letzten Juden im Haus, die noch auf Ausreise hofften. Und die Wasserpolacken, die armselig geblieben waren? Ich kannte nur Familienväter, die ihre Niederlage mit Alkohol zuschütten wollten. Daran waren die Familien kaputtgegangen, denn die Kinder flüchteten beim ersten Hahnenschrei, und nur die ausgemergelten bitteren Frauen blieben, um neue Kinder zu gebären, die auch niemand wollte. Als die Nachbarn uns nach unserer Freude fragten, wußten wir nicht, was wir sagen durften. Die Wahrheit war uns verboten. Aber wir hatten gar nicht erfahren, daß Österreich nun deutsch war, und es hätte auch der Mars sein können, der an den Jupiter gepappt wurde.

Dann überlebte ich in Österreich, und als ich vierzehn war, hatte der Krieg sein Ende und es gab wieder Tanz. Wir durften ins übernächste Dorf zum Ball im Saal des Gasthauses, in dem zuvor Flüchtlinge lebten. Ich wäre nicht gegangen, wenn dort eine Sepplhosenkapelle zum Landler aufgespielt hätte. Aber es sollte eine richtige städtische sein, einmalig gut, richtig berühmt. Die waren nun extra nach Mettmach gekommen. Als Tanzpartner gab es die nachgewachsenen Buben, keine Traummänner wie Hans Holt oder Johannes Heesters, aber schon ein paar Mannsbilder, auf deren Bitte zum Tanz die Zustimmung freudiger war.

Die Kapelle fand ich phantastisch, hatte nie eine bessere gehört. Sie spielte fast so gut wie die im amerikanischen Soldatensender. Ihr beliebtester Titel hieß „Schwarzer Panther“, ihre Glanznummer, weil da einer laut in die Trompete blies, daß es wie Pantherfauchen klang oder klingen sollte.

Wir Wildenauer saßen feindlich getrennt von den Aspachern, Mettmachern und Kirchheimern, und zumindest mit deren gleichaltrigen Burschen durfte keine von uns tanzen. Einer schlug vor, nach dem nächsten Tanz sollten wir alle aufspringen und im Chor „Schwarzer Panther" schreien, damit sie den Titel noch einmal spielen.

Ich, eine vertrauensvolle Person und blödes Mädchen, bin als einzige aufgesprungen und habe nach dem „Schwarzen Panther" geschrien, wie es ausgemacht war. Das Auslachen der anderen wollte kein Ende nehmen. Da war auch die Häme einiger Zurückgewiesener, die auf jedem Heimweg versuchten, ihre Hand an der falschen Stelle unterzubringen. Für einen Moment schien mir der Tod eine angenehme Lösung.

Ich bin die Strecke von acht Kilometern allein nach Hause, habe unterwegs laut geschimpft und geweint, und in Mettmach bin ich hernach nie wieder gewesen. Das ist nicht wahr, wir durchfuhren den Ort, als ich nach einunddreißig Jahren Wildenau zum ersten Mal wieder besuchte. Und da hat's immer noch gepikt. Ich suchte Verständnis.

„Ja, ja, muß komisch gewesen sein. Und ziemlich unwichtig", sagte mein Mann. „All diese alten Geschichten." Aus denen sind wir doch aber geworden, die wir sind.

Im ersten Jahr des Friedens saß ich in Wildenau wohl zu oft bei der zigeunerbraunen Frau, die aus der Batschka geflüchtet war und auf ihren abgöttisch geliebten Sohn wartete, der in Wien gerade seine Examen als Tierarzt abgelegt hatte. Wie sie von ihm erzählte und wie die Fotos ihn zeigten, begann auch ich, ihn verklärt zu sehen, und wartete auf ihn wie auf den Prinzen im Silberwams. Welch eine andere Erscheinung als der Paulifranz, der gerade hinter mir her war.

Eines Sommerabends im Jahr fünfundvierzig, nach qualvoll heißem Tag auf dem Erntefeld, fühlte ich mich elend und von Migräne gemartert, aber meine Mutter hatte mir ein sehr hübsches buntes Kleid mit weitem Rock und Herzausschnitt genäht. Ich steckte mein Haar über der Stirn und an den Seiten hoch, drehte mich in dem neuen Gewand vor dem zu kleinen Spiegel, aber ich gefiel mir und wollte ins Dorf hinunter, um gesehen zu werden. Der Weg führte an dem Haus vorbei, auf dessen Sonnenbank sich mein Herz an den Beschreibungen eines Unbekannten entzündet hatte. Auf der Bank hockte nun meine Mutter, neben ihr saßen die Bauersleute, die Eltern des herrlichen Mannes, und er selber.

Von der staubigen Landstraße bis zur Bank führte ein kleiner Grasweg, den ging ich hinauf, spürte zum ersten Mal seine Hand, kaum die Hand eines Tierarztes, dachte ich, so lang, schmal und weich. Seine Augen waren blau, seine Haut war wie die der Mutter dunkelbraun, und sein Haar tabakblond. Er schien mir ebenso unwirklich schön wie Christus auf manchen Lesezeichen.

Es war eine Liebe, die mich über manche Fährnisse im Nachkriegsberlin getragen hat. Sie holte mich vom Schwarzen Markt und ließ mich Besuche in Amiklubs ablehnen, sie trieb mich in den Stand eines Lehrlings und ließ mich dummerweise Jungfrau bleiben bis nach der ersten Trauung. Wenn er nicht, dann keiner, dachte ich.

Ich habe diesen Mann geliebt, so deutlich ich konnte. Mit der Nase habe ich ihn darauf gestoßen. Er muß um meine Gefühle gewußt haben, aber meine Mutter war eine gefürchtete Tugendwächterin, wenn auch nur für ihre Töchter. Langweilig war es dem Mann im Dorf natürlich auch.

Er hat gesagt, daß es ihm Spaß macht, mit mir zu reden. Da ich noch weiß, wie meine damaligen Ansichten waren, ist mir dieser Gedanke peinlich. Nie würde ich einen Lippenstift an meinen Mund lassen, und außerdem würde es für mich im Leben nur einen Mann geben. Ich meinte ihn, aber das sagte ich natürlich nicht. Viel anderes, das in meinem unreifen Kopf herumging, habe ich ihm erzählt und ihn damit wahrscheinlich amüsiert.

Jeder Gedanke an ihn war ein Stromstoß durchs Herz.

Wenn ich träumte, was ich alles für ihn tun würde, schickte ich ihn immer ins Ungemach, um ihn daraus zu retten.

Ich ging oft an seinem Haus vorbei. Dadurch mußten wir uns treffen. Einmal, bei einer dieser wahnsinnig zufälligen Begegnungen, gingen wir die schluchtige Straße zu unseren Häusern hinauf. Wir neckten uns, und er küßte mich. In meiner Einkaufstasche waren Eier, ich hielt die Tasche zwischen uns, und als er mich losließ, sagte ich: „Das hätten Sie nicht tun dürfen." Dann wartete ich auf den zweiten Kuß.

Viel mehr ist nicht geschehen. Einmal gingen wir den Berg hinunter, ich wollte nirgends hin, und er bat mich, auf ihn zu warten, er wollte bei Bekannten etwas bestellen.

Als er außer Sicht war, bot sich mir die Chance, ihm bei seiner Rückkehr ein eindrucksvolles Bild zu geben. Erst stellte ich mich an einen Baum, umschlang ihn mit beiden Armen, aber viel gab die Pose nicht her. Er sollte mich im Profil sehen, Auge in Auge mit dem Mond. Ich trug ein weißes Leinenkleid, blau abgesetzt, mit meinem Monogramm auf dem jungfräulichen Busen. Den Rock faltenfrei ausbreitend, setzte ich mich auf eine Wiese neben dem Weg, hob das Gesicht den Gestirnen entgegen und sang leise. Die Hände hatte ich hinter meinem Körper aufgestützt, so bot ich ein Bild wie aus einem UFA-Film. Aber er kam nicht gleich, und die Pose erwies sich als sehr unbequem. Eine meiner Schwächen ist, daß ich kaum zwei Dinge gleichzeitig tun kann. Intensiv mit meiner Drapierung beschäftigt, hatte ich wohl aufgehört zu atmen, sonst wäre mir aufgefallen, daß es stank. Es war ein unabweisbares Stinken, das nicht aus der Luft kam, sondern von der frisch gedüngten Wiese. Aufspringend gewahrte ich, daß meine Hände ebenso von Jauche getränkt waren wie mein weißes Kleid, zumindest seine Hinterseite. Ich wäre ihm nie wieder unter die Augen getreten, hätte er mich so vorgefunden. Also rannte ich weg, und als er mich am nächsten Tag fragte, wo ich denn abgeblieben sei, sah ich in die Ferne und sagte versonnen, ich hätte plötzlich allein sein müssen, niemanden sehen wollen.

Und dann schritt ich als geheimnisvolle Persönlichkeit davon, staksig, humorlos und sehr unglücklich.

Wir haben uns ein einziges Mal verabredet, für den Abend vor seiner Abreise nach Wien. Da wollten wir Abschied nehmen, denn wir wußten wohl, daß wir uns nicht wiedersehen, denn unsere Familie wartete auf die Heimkehr nach Berlin.

Den Tag über war ich so aufgeregt, daß ich meiner Mutter auffallen mußte. Alle Möglichkeiten katastrophaler Verhinderung schossen mir durch den Kopf. Da ich meist abends auf den Bauernhof ging, wo ich zuerst Aufnahme gefunden hatte, brauchte ich nur so zu sein wie immer. Aber das konnte ich nicht. Ich reihte eine Begründung an die andere, daß es schon wirkte, als ferkelten dort sämtliche Sauen auf einmal. Mit meiner Aufgeregtheit setzte ich etwas in die Luft, was meiner zwar argwöhnischen, aber meist sehr mit sich selbst beschäftigten Mutter auffiel.

Endlich hatte ich ihr den Abwasch erledigt, noch einmal Wasser vom Brunnen geholt, endlich hatte ich mein Zeug zusammen, den Fuß aus der Zimmertür, die Klinke in der Hand, mein Herz flog schon den Gartenweg entlang auf jenen Punkt zu, wo er mich unter dem Birnbaum erwartete, endlich war ich fast aus Mamas Blickfeld, als sie hinter mir noch einmal die Tür aufriß und rief: „Aber triff dich ja nicht mit dem Idioten von da drüben."

Kein Wort mehr darüber. Es gibt Qualen der Erniedrigung, die muß auch eine einsichtige Tochter nicht verzeihen. Was ich in jenem Moment empfunden habe, das hat sich in die Tiefe der Seele zurückgezogen und schickt manchmal Signale, die lassen mich überempfindlich sein oder heißen „daran gemessen geht's dir doch heute gold".

Er stand nicht dort, und ich habe nie erfahren, ob er gar nicht gekommen oder wieder gegangen war.

Aber ich habe ihn geliebt. Ich wollte ihn sehen, berühren und haben. Dafür war ich zu jung. Zu jung tut so weh wie zu alt.

Viele Jahre später wollte ich nun auch darüber lachen und erzählte bei einem Familientreffen diese Geschichte. Meine Mutter konnte sich nicht einmal mehr an den Mann erinnern, meine Schwestern haben gelacht. Typisch, haben sie gesagt, typisch unsere Mutter.

Und das soll's nun gewesen sein? War das alles? Ach, da wäre noch Herr Moden-Bert zu erwähnen. Die Frau auf dem Arbeitsamt wußte, dort würde ein weiblicher Lehrling gesucht. Da war ich schon sechzehn und widersetzte mich meinen Eltern, die mich zu gefährlichen Geschäften auf den Schwarzen Markt schicken wollten. Ich aber wollte berühmt nach Wildenau zurück und suchte deswegen nach dem Anfang, einer Lehrstelle.

Mit der Karte zur Besichtigung meiner Person betrat ich das Geschäft in der Friedrichstraße, Ecke Oranienburger, ein Glöckchen schlug an, und hinter einem dunklen Vorhang kam ein Mann hervor, der mich für einen Augenblick als potentielle Kundin höflich anlächelte und den seine Manieren verließen, als er den Grund meiner Anwesenheit erfuhr. Er drehte die Karte vom Arbeitsamt unschlüssig zwischen seinen Fingern, das war aber nur Tarnung. Mit geübten Augen maß er mich von Kopf bis Fuß, und wie sein Blick ging, empfand auch ich die Schäbigkeit meiner Schuhe, die Dürftigkeit meines Mantels, die Anmaßung, hier mit gestopften Strümpfen zu erscheinen. Ich wurde zur Null. Er krakelte auf die Karte, für die Stelle sei ich nicht geeignet, dann durfte ich wieder gehen. Ein Stück die zerbombte Straße entlang sah ich keinen Ausweg aus der Schmach. Aber dann kam mir ein, wie viele große Geister zuerst abgelehnt worden sind. Hochnäsig hob ich den Kopf und stellte mich in eine Reihe mit Schubert und Hölderlin, von dem ich noch keine Zeile gelesen hatte. Ich dachte an Heine und an van Gogh. Woher ich die Kraft zu solcher Überhebung nahm, kann ich nicht genau sagen. Es waren die längst Verstorbenen, die Verjagten, sie gaben mich weiter, von Buch zu Buch, an Karl Kraus und an Tucholsky, an Rilke und Heinrich Mann bis zu Polgar, Brecht und Shakespeare. In meiner Tasche lagen die Bücher. Ich rief sie, die Großen, und sie standen mir bei gegen Herrn Bert, an dem ich meine Art von Rache nahm. Jede Woche zweimal mußte ich an seinem Geschäft vorbei, um in die Berufsschule zu kommen. Jedesmal blieb ich vor dem Schaufenster stehen. Nahe läge, ich hätte mir später, in günstiger Lebenssituation, dort etwas aus Samtseidebrokat nähen lassen. Und mich dann zu erkennen geben? Wie erbärmlich. Nein, ich studierte mit kritischen Augen die Modelle, die in unregelmäßigen Abständen gewechselt wurden. Ich hatte bei meinem Opa oft zugeschaut, er war ein exzellenter Herrenschneider. Auch die Damen waren mit seinen Kostümen zufrieden. Wenn er gelobt wurde, meinte er bescheiden, es sei alles eine Frage des Schnittes. Ein Zentimeter falsch geschnitten, und es wird nichts mehr.

Die Kleider und Kostüme bei Bert sahen vollendet aus. Das war's, was ich nach den vielen Malen, die ich dort herumstand, herausfand. Die Stücke waren zu perfekt, sie hatten gar keinen Menschen mehr nötig, der sie trug und ausfüllte. Es fehlte an Noblesse, wie sie bei guten Couturiers zu bewundern ist. Die Italiener führen die Nähte dorthin, wo sie hinwollen, auch die Franzosen geben dem Material nach. Erstklassige Schneider, und Herr Bert hatte erstklassige Preise und galt als erstklassig, lassen immer etwas offen, was nur der Mensch dem Gewand hinzufügen kann.

Als meine Augen es Herrn Bert gegeben hatten, konnte ich mich innerlich von ihm verabschieden. Nun gibt es das Geschäft schon lange nicht mehr, und daß mich dieser Herr Schwengel in die Welt der Bücher zurückgeschickt hat, dafür sei ihm nachträglich herablassend gedankt.

War es das nun endlich? Fast, nicht ganz.

Ich entwickelte eine besondere Neigung, mir Aufgaben unter den Nagel zu reißen, die auch für andere unlösbar gewesen wären. Weil man mir am ehesten solche überließ? Oder nicht doch, weil ich zu oft dem unheilvollen Drang nachgab, der Welt etwas beweisen zu wollen, was die nagenden Selbstzweifel wenigstens für eine Weile mundtot gemacht hätten? Zwischen meinen Wünschen und meinen Unternehmungen klaffte Unvereinbarkeit.

Eine Zeitlang lebte ich mit einem Mann, der schon ein bekannter Dichter war und der ein Gedicht von mir mit der Bemerkung zurückgab: „Ich hätt's nicht geschrieben, aber wenn du meinst ..." Er sagte auch: „Es gibt Jahrhunderttalente, solche für einen Monat oder für eine Woche. Wenn ick den ganzen Tag vor einem weißen Blatt sitze, isset für die Menschheit wichtiger, als wenn du 'n Buch schreibst."

Dagegen konnte ich nicht an und überlegte, welche weit wichtigere Gabe mir wohl mitgegeben sein könnte. Die Mütterlichkeit, beschloß ich, und zur geborenen kam die aufgenommene Tochter, dann der als Waise hinterlassene einmalige Junge mit dem schwarzen Krauskopf, der dringend ein Nest brauchte, um es auseinanderzunehmen und zu sehen, wo die Wärme herkommt. Und eines Tages sagte ich zu, als die Sozialfrau des Schriftstellerverbandes anfragte, ob bei mir ein Ferienkind aus Ungarn unterzubringen wäre, ein dreizehnjähriges reizendes Mädchen. Flüchtig ging mir durch den Kopf, daß die Mitarbeiterin das Kind selbst wohl kaum gekannt haben dürfte, da brauchte sie es auch nicht reizend zu nennen, und Dreizehnjährige sind in der Regel Nervensägen. Aber ich traute mir zu, mit vier Kindern in den Urlaub zu fahren.

Auf dem Bahnsteig flog mir ein junges Weib um den Hals, das mich verdammt an eine eben platzende Kastanie erinnerte. Sie mochte dreizehn sein, aber sie hatte nur die Kerle im Kopf und war die verwöhnteste, zickigste Person, die mir je als Tochter untergekommen ist. Meist stand sie vor dem Spiegel, brach in Weinkrämpfe aus oder schloß sich in Zimmern ein, die andere bewohnten. Wenn sie wollte, verstand sie alles, wenn sie nicht wollte, verstand sie nichts. Vor Heimweh telefonierte sie stundenlang mit ihren Eltern in Budapest, mit den Großeltern ebendort und mit Freundinnen. An der Hausarbeit beteiligte sie sich nicht, sie war nicht einmal bereit, ihren eigenen Teller in die Küche zu tragen. Dem Hausherrn warf sie sich so an den Hals und auf den Schoß, daß er sie ungeachtet der Verlockung entsetzt von sich schob und jede Verantwortung gleich mit.

Sie blieb vier Wochen und machte mich zur Idiotin. Nie danach und nie davor hat mich eine Frau so ausgetrickst, so lächerlich gemacht und so wehrlos. Die anderen Besucher in unserem Feriendomizil amüsierten sich, weil ich ständig hinter ihr her war. Sie hatte mir angedroht, sie würde in den See hinausschwimmen und nie, nie zurückkehren, wenn ich ihr geringes Alter verriete. Ich sollte sagen, sie sei schon sechzehn. Daran hatte ich mich nicht gehalten, und sie schwamm trotzdem nicht hinaus, schon deshalb nicht, weil sie gar nicht schwimmen konnte.

An diesem trägen jungen Luder, das den ganzen Tag mit seiner Figur und seiner Sentimentalität beschäftigt war, vermutlich weit mehr als mit nicht zu unterdrückenden Trieben, zerbrach beinahe mein Glaube an die Möglichkeit von Freundschaft zwischen Frauen.

Ich versuchte, mich mit ihr zu verbünden. Sie hörte mir zu, mit aufgerissenen Kirschenaugen, aber wenn ich mich noch einmal nach ihr umdrehte, um sie wegen der Ermahnung tröstend zu streicheln, erwischte ich sie bei einem niederträchtigen Lächeln über mich und meine Naivität. Sie machte mich alt, sie machte mich hassenswert übereifrig, sie machte mich zum Tugendbolzen. Eine Alternative gab es nicht, denn ihre Eltern waren, hieß es, große Künstler, aber auch sehr strenge Katholiken, und sie wollten ihr vergöttertes Töchterchen unbeschadet aus meinen Händen wiederhaben. Ich habe sie bis Budapest gebracht und bin mit der nächsten Maschine zurückgeflogen. Aber als sie ihren Eltern vorführte, wie wir uns geliebt haben, und daß sie jetzt leider so furchtbar an meinem

Hals schluchzen müsse, hatte ich den unbändigen Wunsch, sie umzudrehen und ihr in den runden, festen Arsch zu treten.

Was war das Blöde an meiner Situation? Daß wir uns als Familie für Kathi entschieden hatten, aber bei den ersten Schwierigkeiten hauten alle ab in die Büsche, um sich von dort zu entrüsten. Die Töchter wollten nichts mit ihr zu tun haben, weil sie sich so aufspielte und andere Mädchen haßte. Sie schmatzte und breitete auf jedem Stuhl breitbeinig ihr Inneres aus, sie ließ selbst intimste Gegenstände frei und provozierend herumliegen. Über ihre Eltern lachte sie von Herzen: Alte Trottel, die alles erlaubten und nie etwas merkten. Sie versprach meiner Tochter für den Gegenbesuch solche Sensationen, daß wir diesen Teil der Vereinbarung unterließen.

Nach ihrem Besuch gab ich die überbetonte Mütterlichkeit auf. Diese, wie im Lauf der Zeit manche andere Pose auch.

Kommt näher, blöde Mädchen? Ich bin nähergekommen, ganz nahe, ich habe das Auge des Taifuns gesehen und konnte dem Moment der Wahrheit nicht ausweichen. Daraus wäre viel zu lernen, aber dazu bin auch ich zu blöde.

Wie ich ihm auf den Pferdeleim ging

Du lebst nicht mehr. Das ist gut für dich, denn jetzt wärest du alt wie ein Kaukasier, und mit einem Kaukasier mochtest du nicht einmal die Gnade eines langen Lebens teilen, du deutschester aller Männer, die mir begegnet sind. Alter war dir ohnehin etwas Minderwertiges. Deine Tugenden waren solche, für die sich ein Männerleben lohnte, selbst wenn es dafür hingegeben werden mußte: Heldentum, Kampfeskraft, Tapferkeit vorm Feind und soldatische Askese, unbedingter Gehorsam und Treue bis zuletzt.

Du hattest trotzdem überlebt, und du sagtest, du habest in dem Film „Reitet für Deutschland" den Schauspieler Willy Birgel gedoubelt. Du seiest geritten, ihm haben sie nur für die Standaufnahmen aufs Pferd geholfen.

Ich habe diesen Film von höherer Gottgesandtheit der Deutschreiter als Kind gesehen. Auch ich habe damals vor Erleichterung geheult, als die deutsche Fahne hochgezogen und das deutsche Lied gesungen wurde. Wahr oder nicht wahr, den Beweis für deine reiterlichen Fähigkeiten konntest du damals nicht antreten. Es war weit und breit kein Pferd für dich in Sicht, die nicht verspeisten zogen auf fernen Wegen, und der Nazifilm hatte im Archiv seine Schamfrist abzuleisten. Recht ist dir das nicht gewesen, du hast nach Verständnis und Toleranz gerufen, aber damals wollte das noch keiner hören. Außer mir, ich wollte alles von dir hören, aber das gehört zu unserer Geschichte.

Du warst siebenunddreißig Jahre alt und hattest im Krieg das Ritterkreuz erhalten. Wofür, das weiß ich nicht, und ich habe es auch nicht gesehen, aber du hast davon erzählt. Ehe du als Spätheimkehrer nach Deutschland heimkehren durftest, hast du Jahre als Kriegsgefangener in Sibirien verbüßt. Unter sehr harten Bedingungen, das läßt sich denken. So kann ich in gewisser Weise verstehen, daß deine Gefühle für die östlichen Völker eher von der Drangsal geformt waren als von Kefir, Kaviar oder langer Kulturgeschichte.

Du hattest einen schönen französischen Vornamen, und obwohl du an allem deutschen Wurzelwerk hieltest, diesen Namen hast du nicht eingedeutscht. Ich habe dir geglaubt, und bis heute weiß ich es nicht besser, als daß dir der Untergang des dritten deutschen Reiches das Herz gebrochen hatte.

Damals war ich sehr jung und hatte mich in eine Ecke ohne Tür gebracht. Weder besaß ich ausreichend die Kraft des Verstandes, noch den Aberwitz spontanen Handelns, außerdem tat mir niemand Böses. Als säße ich im engen Käfig, so fühlte ich mich. Ausbruch wäre mir nach fast allen Seiten lieb gewesen, aber ich fand keinen Anfang. Die Lehre hatte ich nicht beendet, an eigenen Wohnraum war nicht zu denken, und die Freunde standen alle auf der Seite dessen, der mir nichts Schlimmeres tat, als nicht geliebt zu werden.

In der Volkshochschule ließ ich mich für zwei Weltsprachen einschreiben, die ich beide nicht erlernte, aber dort sind wir uns begegnet. Mein Herz schrie nach einer großen Liebe, von der ich mir die Lösung aller Welträtsel erhoffte. Was du eigentlich in der Volkshochschule wolltest, habe ich mich erst viel später gefragt und nicht beantworten können. Es waren zwei Gruppen zu bilden, und du hast abgewartet, für welche ich mich entscheide. So einfach war das. Statt in die Straßenbahn zu steigen, sind wir beide die Bahnhofstraße entlanggelaufen, und ich nutzte jede Gelegenheit, wieder deinem seltsam herrischen Blick zu begegnen. Diese erregende Unterwerfung war der Anfang, meine verschreckte Sinnlichkeit belebte sich und verhieß mir Kommandos statt Verdruß und Langeweile. Wenn ich je nach einem Unterdrücker verlangte, dann wohl damals, und damals sind wir uns begegnet. Ich war schon im ersten tastenden Gespräch vor Aufregung außer mir, ein ach so lange entbehrtes Gefühl. Mit dem ganzen Ungestüm einer ungeweckten, zu früh geschwängerten Ehefrau habe ich mich in dich verliebt, nahezu mit Liebe geschmissen und dich mit ihr überzogen wie mit Zuckerglasur. Ich liebte dich ohne Nachfrage, zweifelsfrei, unbedingt und fast selbstlos. Eine Elsa, die gar nicht auf die Idee käme, Lohengrin zu bedrängen.

Die Angst vor Entdeckung ersehnten Ehebruchs saß mir dennoch im Nacken. Wenn alles herauskäme, würden wir uns vielleicht nie wiedersehen. Du schienst mir so überlegen, daß ich mir nicht vorstellen konnte, du würdest mich nicht so einfach hergeben. Es lag an kaum beweisbaren Kleinigkeiten, daß es mir vorkam, du seiest mein Leben, ich dir aber so wichtig nun auch wieder nicht.

In dir habe ich alles gesehen, was Dramen reifen läßt und Frauen so über sich hinauswachsen, daß sie den feuerroten Buchstaben oder den Feuertod riskieren. Fast lechzte ich nach einem Großbrand, um dir das Leben zu retten. Mir war sehr danach, die sibirischen Jahre an dir zu sühnen, ich allein, nur ich. Dabei konnte ich dir nichts anderes geben als lange Spazierwege, denn wir hatten kein Domizil, kein Versteck, kein Liebesnest auch nur für eine einzige Stunde. Unsere Beziehung bestand aus Schritten und daß wir manchmal stehenblieben, um uns zu umarmen und zu küssen. Und doch habe ich versucht, einer Frau zu entsprechen, die du lieben könntest. In jenem Teil meiner Jugend konnte ich mir darunter nur vorstellen, daß ich dir alles recht mache, mich dir anpasse und alles sehe wie du.

Was Wunder, daß ich nur an Sieg und Niederlage, heroische Taten und Geistesblitze zu deinem Ruhm dachte. Vielleicht hättest du manchmal lieber eine Bockwurst gegessen, als meinem aufgeregten Geschnatter zu lauschen. Aber wir konnten nicht an eine Wurstbude gehen, weil es mir viel zu banal vorgekommen wäre, in deiner Gegenwart zu kauen oder dich kauen zu sehen, auch hätte ich dich meine Bockwurst nicht bezahlen lassen und fürchtete mich davor, daß du mich beide bezahlen läßt, wie die S-Bahn-Fahrkarten, oder wie andere

Kleinigkeiten, wo ich dir immer zuvorkam, aber du hast auch immer sehr langsam in den Taschen nach Kleingeld gesucht.

Was für ein mickriger Einwand, gemessen an den heiligen Schauern und den Qualen des Wartens und jedem Gedanken an dich.

Der Höhepunkt unseres Liebeslebens war ein langer Spaziergang durch die abendliche Wuhlheide, wo wir nicht mal Leute mit Hunden trafen. Es regnete, dir knurrte der Magen und deine Aktentasche war schwer. Wenn du mich küssen wolltest, klemmtest du sie zwischen die Knie, weil du sie nicht auf den nassen Waldboden stellen wolltest, umsichtiger Mann. Konnte man die nicht einmal absetzen, konnten wir uns erst recht nicht legen.

Ich hätte gern gewollt, daß du mich bestürmst, aber alle Anknüpfung lag bei mir. Wir hatten noch kein Telefon, und du warst nur im Büro zu erreichen. Ich hungerte, um jener Frau ähnlich zu werden, die du in Sibirien geliebt haben wolltest. Später wurde sie die erste deutsche Schönheitskönigin und die erste Frau, die nach dem Krieg deutsche Mannequins ausbildete. Tatsächlich habe ich später in Interviews mit Susanne E. die Erwähnung ihrer Lagerzeit und derselben Gegend gefunden, über die du sprachst.

Um dir zu gefallen, kaufte ich mir auf Kleiderkarte das Neueste aus dem Hause Nachkriegs-Chick, einen hellen Trenchcoat. Der Mantel war innen gummiert, was von der Verkäuferin als besonders wertvoll gepriesen wurde. Außen sah er fast aus wie einer von Bogart, na, wie von Colombo, aber natürlich nicht so abgetragen, sondern neu wie mein Leben, wie meine Seele.

Es regnete, als ich im Schmuck dieses Mantels mit hochgeschlagenem Kragen neben dir lief. Damals regnete es fast immer, deswegen meine hastige Suche nach einem schützenden Kleidungsstück. Da es regnete, wurde der Mantel naß. Dafür war er nicht gedacht. Er bekam plötzlich eine dicke Außenrolle bis zur Taille hoch. Ich weiß bis heute, wie ich mich geschämt habe, wie tödlich die Verlegenheit war, dir etwas zu präsentieren, das nicht funktionierte. Welch eine Blamage vor einem Mann, dem die Aura vom reifen und weltläufigen Kenner anhaftete. Ich war immer nur sein Kleines, auch wenn er mein Gesicht streichelte und eifersüchtig ausforschte, ob mir die Zeit ohne ihn unberührt vergangen war.

Die Stadt lag in Trümmern und roch nach Krieg, das Leben brachte vor allem Nöte. Noch saß uns der Schreck in den Gliedern. Alle guten Vorsätze waren frisch und hielten jeder Begründung stand. Im östlichen und westlichen Teil Berlins gab es zwei Währungen, die neue deutsche Westmark oder die Ostmark.

Es wurde kälter, nun konnten wir nicht mehr so lange umherlaufen. Dafür fuhren wir nun öfter mit der S-Bahn, manchmal mit der U-Bahn, aber in wie viele Richtungen wir auch fuhren, wir kamen immer in derselben Straße an, und immer vor demselben Haus, vor dem ich dann auf ihn wartete. Ich war sehnsüchtig, aber ohne Ungeduld. Durch diese Haustür würde er wieder zu mir zurückkommen, und wenn wir auch nie allein sein konnten, nie ungestört, daß es ihn dann wieder vor meinen Augen gab, war fast unerträglich viel. Da es nie ausprobiert werden konnte, erfuhr ich von ihm nur in Worten, daß mir viel entging. Er sei ein anspruchsvoller und sehr guter Liebhaber. Auch das habe ich ihm natürlich geglaubt, und wer konnte mich hindern, von einem Wunder zu träumen, das ihn und mich fürs Leben zusammensperren würde.

Er sprach von einer Bismarck-Biographie, die ihm durch den Krieg verlorengegangen war. Eine Ausgabe mit kostbaren Kupferstichen, das war ein Verlust, der ihn schmerzte. Ich fand ein Exemplar, obwohl jene Biographie auf dem Index stand. Ein häßlicher junger Mann verkaufte sie mir im Hinterzimmer eines Antiquariats in Köpenick, für den damals horrenden Preis von 60 Ostmark und eine versuchte Vergewaltigung, aber ich konnte dem stieren Blick und dem Geruch fetten Haares dank meiner Unberührbarkeit durch Liebe entkommen.

Als ich mein Geschenk übergab, kam es ihm einen Moment lang nicht zupaß. Er wußte nicht, wo er es jetzt unterbringen sollte auf dem Weg nach Hause. Dachte er an die rügende Gattin oder plagte ihn schon der Gedanke an Gepäck? Er verbarg seine verletzende Reaktion rasch, schüttelte den Kopf über mich Dummchen und sagte, er werde sich bei mir nicht bedanken, sonst käme ich nur auf weitere Torheiten. Zudem könne er sich derzeit nicht revanchieren. Auch dieses Bekenntnis offenbar vorliegender Armut nahm ich mit Rührung auf und wendete mir seine Worte nachts solange, bis aus ihnen die Offenbarung grenzenlosen Vertrauens zu mir wurde, überreicht von einem harten Mann, den es schwer ankam, sich zu unverschuldeter Notlage zu bekennen.

Er sagte aber auch, in ungewohnt weichem Ton und mit tiefstem Blick, dergleichen habe nie eine Frau für ihn getan. Die Kostbarkeit läge noch mehr im Verständnis als im raren, verlorengeglaubten Buch. Meine Selbstzweifel wichen für kurze Zeit einem großartigen Gefühl, als hätte er mir eine Ecke vom Ritterkreuz abgegeben. Was war anders? Ich hatte getan, und er hatte mir etwas gesagt, aber zusammen ergab sich daraus ein Vorgang wunderbarer Intimität.

Er erwähnte nebenbei, am Kurfürstendamm würde ein Film mit Pferden und Reitern gespielt.

Am nächsten Tag begab ich mich auf den Weg zur Vorverkaufskasse, nachdem ich ihm unter Vorwänden einen möglichen Termin entlockt hatte. Bei Vorlage meines Ausweises konnte ich zwei Karten für Ostmark reservieren lassen.

Wir waren im Kino, wir haben diesen Film gesehen.

Um deinetwillen habe ich mich erlebt, wie niemand sich selber gern sieht, und ich weiß es noch, auch wenn es schon sehr lange her ist und ich mir die Verliebtheit zugute halte. Ich erinnere mich, daß der Filmtitel auf läutende Abendglokken verwies. Vermutlich bringe ich zwei Schnulzen durcheinander, aber wahrscheinlich gab es die Textstelle „Wenn die Abendglocke läutet / wissen wir, was das bedeutet / bald wird unsre Hochzeit sein".

Ich war kein dummes Mädchen mehr, wenn ich auch beim Anblick allen Reichtums an Büchern nie die Angst verlor, am Ende würden sie mir doch nicht ausreichen, und es würde wieder sein wie an den langweiligen bücherlosen Sonntagen im Dorf.

Meine Augen verschlangen die Bücher, und sicher habe ich das meiste kaum zur Hälfte verstanden. Es gab aber außerdem die Theaterproben, und ich las Kritiken, so hatte ich eine Meinung, auch wenn ich das Werk nicht kannte. Als ich entdeckte, daß Bücher kein rares Lebensmittel sind, das einen immer knapp vorm Verhungern hält, war ich geistig gerettet.

Nur bei ihm gelang mir keine Pfiffigkeit, keine Schläue und keine Pose. Ich kannte Rilkes Cornet und die „Terzinen des Herzens" von Annemarie Bostroem auswendig, von Verlaine und dem Urstrom Villon schrieb ich mir Verse ab, ich sprach laut Dauthendey in meine langweilige Puppenwohnung hinein, und Tucholsky war mit Kraus in mein Lebensgepäck gelangt.

Über eine Liebesschnulze mit Pferd und Abendglocke hätte ich mich sonst gnadenlos ausgelassen. Ich war ja halbgebildet und also intolerant. Aber die Liebe, die Liebe.

Auf der Leinwand erschienen die Pferde und die Reiter, und bei ihrem Anblick fing der Mann neben mir an zu weinen. Um seine Vergangenheit, um die Besudelung der Deutschen und die verlorene pferdelose Zukunft, vielleicht um Hitler und weil sein Ritterkreuz weg war.

Ich legte ihm den Arm um die Schulter, nahm ihn aber sofort wieder weg, weil ich fürchtete, der hinter uns Sitzende könne tödliche Beleidigungen wegen Sichtbehinderung zischeln. Ja, auf der Leinwand, da nehmen die Leute Anspucken und Ohrfeigen wie unbewegt entgegen und gehen aufrecht zur Tür und aus dem Bild. Sogar, wenn sie rausgeschmissen werden. Aber wenn einem das selbst passiert, dann bricht aller Hochmut zusammen.

Die Pferde waren mir egal, die Abendglocke auch, ebenso wie die Handlung, die ich mir nicht gemerkt habe.

Aber er weinte, und ich dachte an alle Traurigkeiten meines Lebens, um es auch zu einer Träne zu bringen. Schon damals hatte ich aber nicht sehr nahe ans Wasser gebaut. So mußte ich denken, daß er morgen eine andere lieben würde, um endlich zu weinen.

Als wir hinausgingen, gab er sich, als könne er nach diesem großen Erlebnis kaum irdischen Kontakt aufnehmen, so sehr war er mit sich und den Pferden beschäftigt.

In mir aber stieg ein Gefühl auf, das ich nicht haben wollte. Ich hätte mich gern auf die Erde gesetzt und laut gelacht.

Aber ich habe mich nicht gesetzt, und ich habe nicht gelacht. Der Besuch jenes Films war ein Verstoß. Ein Verstoß gegen „Ehe im Schatten“, gewidmet dem Schauspieler Joachim Gottschalck, der mit Frau und Kind freiwillig in den Tod gegangen war, um sie vor Lager und Ermordung zu bewahren. Ich verstieß gegen sehr junge Erkenntnisse. Es war Schwäche, war ein Unterliegen, ein Nachgeben an der falschen Stelle, und ich wußte es.

Mein Unbehagen verwirrte und überforderte mich, aber der Heimweg brachte eine sonderbare Katharsis. Ich konnte so nicht weiter und fand nicht zurück in die unbedingte Zustimmung. Meine Gefühle waren gewaltig, aber der Konflikt war es auch.

Er drehte sich nie um, wenn ich ihn an der S-Bahn-Treppe verabschiedet hatte, aber diesmal tat ich es auch nicht. Besiegt und aufgewühlt trabte ich in eine Nacht, in der ich mir sein Bild beschwor, um es wieder zu kitten.

Es gelang mir. Zumal wir uns nicht streiten konnten, so weit voneinander entfernt, so verlierbar, wie er für mich war. Und am nächsten Tag wieder nur kostbare Minuten am Telefon, unverfängliche Freundlichkeiten vor seinen Kollegen und vor der Lebensmittelhändlerin, die mich anrufen ließ.

Dann war er fort. Sein Kollege wimmelte mich ab, gab sich auffällig abweisend, der sonst so Freundliche, Neckende. Später habe ich verstanden, daß er mich schützen wollte. Ich danke wohl ihm und einigen Zufällen, daß mir außer Herzeleid nichts widerfahren ist. Auch dem Zufall chaotischer Verhältnisse nach dem Krieg, als die Überwachung noch alles andere als perfekt war. Für ein zerstörtes Leben genügte Anfang der Fünfziger schon Argwohn. Geholfen hat mir die leidige Tatsache unseres fehlenden Privatanschlusses und die ebenso unleugbare, daß es für diese Liebe keine Adresse gab. Wir hatten keine Fingerabdrücke hinterlassen.

Solche Gedanken kamen viel später. Erst einmal fing ich an zu warten. Er würde Kontakt zu mir suchen und finden. Vielleicht stand er eben vor unserem Haus, Gardine weg, nein, leider nicht. Vielleicht wartete er vor dem Fleischer, dem Bäcker, dem Blumenladen, in dem es nur Kartoffeln gab, oder vor der Litfaßsäule. Vielleicht auf Nebenwegen, weil er dachte, mich würden seine Gedanken und Rufe zu ihm holen.

Ich konnte mit niemandem darüber sprechen, und ich konnte nichts tun. Nicht einmal, wenn er starb oder schon gestorben war. Es gab mich nicht, niemand würde sich an mich wenden. Ich war eine Fremde, auf mich kam es nicht an.

Dann kam ein Brief, ordentlich frankiert, auf offenem Postweg und an meine Adresse. Dieser Brief hätte mein Leben verändern können, und es war eher verwunderlich, daß er nicht in unbefugte Hände fiel.

Der Mann mit dem französischen Vornamen und den Tränen beim Anblick von Pferdeärschen dankte mir für meine Liebe und „für die schönen Stunden". Er schrieb mir aus Kiel: „Meine Leute waren alle schon in Sicherheit. Es wurde für mich sehr gefährlich. Aber wichtig war, daß ich als Letzter gehe. Ich habe meinen Auftrag erfüllt und hoffe, daß du mich nicht ganz vergißt."

Er hat noch einiges mehr geschrieben, wenn auch sehr wenig für einen Menschen, den er als eine Art Tarnung benutzt hatte und der zu jung, zu unerfahren und zu verliebt war, um Zeichen zu deuten, die es sicher gab.

Ich habe nie wieder etwas von ihm gehört und ihm auch nicht auf seinen Brief geantwortet, obwohl auf dem Kuvert ein Absender stand, vermutlich ein falscher.

Wie „sein Auftrag“ lautete, was es bedeutete, daß er ihn erfüllt hatte, das weiß ich nicht. Er arbeitete im Büro eines Handelskontors, auch das mußte nichts bedeuten.

Auf einem Schnappschuß aus jener Zeit ist zu sehen, daß eine harte Hand in mein Gesicht gegriffen hat. Etwas von dem Schreck würde bleiben, ist auch geblieben.

Worin immer er sich treu geblieben war und sich für Sibirien rächte, weshalb ich vor dem Haus in Westberlin warten mußte, ob alles wahr gewesen ist oder nur verbrämter Abgang ins Innere des Rosinenbombers war, ich will es nicht wissen. Das alles ist lange her, und ich denke mir den Mann tot. Aber manchmal treffe ich einen Menschen und höre einen Tonfall, da bimmelt das Abendglöckchen, und es ist wieder Weltgeschichte, wieder verlogen und unwirklich wie damals. Nur so überwältigend ist es nicht mehr.

So ein schöner, schlampiger Sommer

Ich habe dich wirklich geliebt, sagte er. „Manchmal bin ich stundenlang mit dem Fahrrad herumgekurvt. Nur um dich einmal mit der Milchkanne in der Hand oder am Postkasten zu sehen."

Du warst zwölf, und ich war siebzehn, sagte ich. Dazwischen liegen Welten. Ich habe dich nicht wahrgenommen.

Das war im Sommer, in einem fast plunderhaft üppigen. Ein jedes Wesen, dem kein Pelz gewachsen war, versuchte, sich vor der Hitze zu schützen. Es war ein ungewöhnlicher Sommer. Jeden Tag schien eine andere Art von Blüten aufzubrechen, die Wege zu bestäuben und uns mit ihren Farben zu verwirren. Der warme Wind trieb nur träge viel Papier von Vanilleeis, Zeitungsseiten und Hasenbrot, das die Kinder auf dem Heimweg von der Schule fortwarfen. Über die Gartenzäune bei uns in der Vorstadt nickten schwerköpfige Blumen, die sich ganz entblößten und dann rasch ihre Blütenblätter fallenließen.

Er trug kein Jackett, nur ein kurzärmeliges Hemd. So war die Prothese unverhüllt zu sehen. Zusammen mit seinem älteren Bruder hatte er das Abenteuer im Wald nebenan gesucht. Sie fanden Munition und probierten aus, ob sie noch scharf war. Ihm hatte es den linken Arm abgerissen, dem Bruder die rechte Hand und zwei Finger der linken.

Die Mutter liebte ihre Söhne mehr als ihre Tochter, die meine Freundin war, aber sie verzieh den Jungen dennoch nicht, daß sie alle Warnungen mißachtet hatten. Eltern und Kinder kamen nicht gut miteinander aus und die Eheleute mochten sich auch nicht. Das trug sich in dummen Zänkereien aus, die öffentlich waren, denn die Eltern betrieben die einzige Kneipe in Eichenhorst. Dort trafen sich Leute zum Skatspiel, Verzehr von Bier, dünner Würfelbrühe oder Bockwurst mit Brot.

Der verunglückte Junge war ehrgeizig genug, sich Geschicklichkeit zu erwerben. „Ich habe dich geliebt“, sagte er, „die ganze Familie wußte es. Ich hab’ immer an dich gedacht, oder ich hab’ von dir geträumt, daß es mal brennt und ich kann dich retten.“

In jener Zeit, von der er sprach, lebte ich meine junge Ehe zur Untermiete bei seinen Großeltern. Wenn es klingelte, war ich behender als die. Also öffnete ich auch ihm, so erwartungsvoll auf das große Glück, wie ich damals nach der Enttäuschung der ersten Ehemonate war. Ach, das alles war lange her. In anderer Wohnung hatte sich der Irrtum bestätigt.

Jahre später wollte seine Schwester mir ein Buch leihen, das in seinem Zimmer gelandet war. Er kam gerade nach Hause und sah uns beide vor dem Regal stehen. Mich wunderte, daß er einen puterroten Kopf bekam, aber das geschah ihm leicht, so hellhäutig wie er war. Was für ein hübscher Kerl, mit blondem Igelschnitt, lebhaften blauen Augen, groß und schlank, trotz seiner Versehrtheit gewandt und sportlich. Nach dem Krieg war es nichts Außergewöhnliches, verletzte Menschen zu sehen. Damals hätte niemand an vererbbare Genfehler gedacht, der Krieg gab genug Unheilbarkeiten ab.

Er war nun ein junger Mann, ein Student. Ingenieur wollte er werden und alles unternehmen, was andere Menschen auch tun können. Ich kann alles werden, sagte er, alles, was ich will. Ich glaubte ihm das, er wirkte so.

„Kann ich mir bei Ihnen auch Bücher leihen?“ fragte er. „Sie haben doch so viele.“ – „Ich hab’ bei der Scheidung nur ein paar mitgenommen“, sagte ich, aber die könne er selbstverständlich haben.

Nun saß er in meiner Mansarde, zehn Jahre waren seit seinem „damals“ vergangen, das hatte aber den Altersunterschied zwischen uns nicht verkürzt.

Erzähl mir von mir, sagte ich, und es kam mir ein wie eine Hoffnung, ich könnte durch seinen erinnernden Blick etwas von dem wiedergewinnen, was mir verloren schien. Ich war leicht zu entzücken, die Freude in mir so einfach zu wecken wie die Dankbarkeit. Zu viele solcher Gefühle kamen rasch und blieben an der Oberfläche. Unter all der Lebhaftigkeit gab es vielleicht eine unentdeckte Tiefe, die sich auch mir noch verschloß.

„Dein Haar war immer schön“, sagte er, „immer.“

Ja, das stimmte wohl, wenn ich mich auch heute nicht mehr daran erinnern kann, womit wir Frauen unsere Haare pflegten. Es gab nur eine Sorte Shampoo, Pflegemittel waren unbekannt, ebenso wie Haarspray, Gel oder Frisierschaum. Aber mein Haar kann schön ausgesehen haben, denn ich hatte den ganzen Tag nichts anderes zu tun, als vor dem Spiegel herumzustehen, mal ein bißchen Staub zu wischen, eine schlichte Mahlzeit zu bereiten, soweit die Lebensmittelkarten das hergaben. Gulasch aus zwei Bockwürsten, Makkaroni mit Tomatensoße oder Kartoffelsuppe. Manchmal schrieb ich ein paar Zeilen, dann redete ich wieder laut vor dem Spiegel mit mir selbst und nähte auf Wunsch meines Gatten jede Woche die Unterhose in seine Hose ein, damit sie nicht rutschen konnte. Außerdem träumte ich von allem, was ich gern erleben würde.

„Du hast dein Haar offen getragen“, sagte er, „lang und unten nach innen gerollt.“

Dann zählte er meine Kleider auf. Das mit den großen Knöpfen auf der Schulter, das braune mit dem Monogramm und das graue Kostüm mit der kurzen Jacke und dem langen weiten Rock. Das hatte ihm am besten gefallen.

Jetzt hätten wir lachen müssen. Aber wir lachten nicht. Ich war seine Jungenliebe gewesen, und weil ich nie geschminkt war, wollte er fürs Leben nur ungeschminkte Frauen. „Du hast so einen besonderen Gang gehabt“, sagte er, „den Kopf immer sehr hoch und den Rücken ganz gerade.“

Ja, aber nicht, weil ich meiner selbst bewußt war, sondern weil ich in jedem Moment das Außergewöhnliche erwartete. Es konnte auch ein Gegner sein, und ich hatte ihm oder etwas in meinem Leben entgegenzutreten.

„Manchmal hast du leise gesungen", sagte er. Auf der Straße? Daran konnte ich mich nicht erinnern, und es schien mir kaum glaubhaft, aber er wußte es. „Manchmal hast du gesummt oder leise gesungen." Es amüsierte ihn, mich sichtbar zu machen, auch anders, als ich mich selbst beschrieben hätte. Dabei wußte ich, daß auch sein Bild von mir retuschiert und verklärt war.

„Ich wollte dich damals so gern wenigstens einmal küssen", sagte er. Wenigstens küssen, was denn noch? „Alles", sagte er, „ich wollte alles mit dir machen, und du kannst mir schon glauben, daß ich es mir oft vorgestellt habe."

Mit zwölf Jahren? Ja, sicher, wann sonst träumen die Jungen von den Frauen, die sie nicht haben können?

Er stand von meinem kleinen Sofa auf, kam zu mir ans Fenster, draußen übertrieb sich eine Kastanie schamlos. Seine Lippen berührten die meinen so zart, daß es ein Scherz sein konnte und jede Reaktion darauf übertrieben wirken mußte. Eine rücknehmbare Geste, ein Symbol, nicht mehr.

Unter seinem Blick wurde ich linkisch. Ich hätte die Mundwinkel gern überlegen gekräuselt, die Augenbraue gehoben, aber das gelang nicht, die Spannung war zu stark. Das war damals, wollte ich sagen, das war vor dem kühlen Hinnehmen von Umarmungen, die ich nicht erwidern konnte, das war vor den Geburtswehen und der Erfahrung, im Stich gelassen und betrogen zu werden. Ich war nicht mehr das staunende Mädchen von siebzehn, das ich damals gewesen war. Wenn er die Wahrheit sagte, hatte er mein Bild in seinem Herzen getragen und um meinetwillen andere Verliebtheiten ausgeschlagen.

„Ich wußte immer, daß wir mal zusammen kommen", sagte er. Ich wollte nicht sagen, daß ich zu alt für ihn sei, also sagte ich, er sei zu jung für mich.

„Zu jung wozu, ich habe dich geliebt mit zwölf, jetzt bin ich zweiundzwanzig, zehn Jahre Lehrzeit. Du gehörst mir."

Die Trauer schwamm zu meinem Herzen und tauchte es

unter. Er hatte mich wohl sichtbar gemacht, eine Frau, die es so nicht mehr gab, die sich zum Aufbruch hin verändert hatte und sich unterwegs ständig verändern mußte. Sein Bild von mir und das seine hingen aber schon unretuschierbar nebeneinander im Medaillon.

Es sei die Eifersucht gewesen, sagte er, die hätte ihn oft beinahe wahnsinnig gemacht. Er habe meinem Mann den Tod gewünscht, auf der Baustelle, einmal habe er sich vorgestellt, daß er ihn einfach erschlägt.

„Nie wieder darf dich ein anderer Mann anfassen. Ich weiß, daß ich zwei große Schwächen habe. Ich bin eifersüchtig und jähzornig. Aber ich glaube, bei dir nicht. Ich würde dir nie etwas tun."

Geh jetzt, sagte ich, und noch immer hatten wir uns, außer im Moment seiner zarten Geste, nicht berührt. Es war aber, als hätte er meine Worte nicht gehört. Dieses Mal und die anderen Male brauchte es fast Unhöflichkeit, bis er endlich ging. Noch eine halbe Stunde. Noch eine Zigarette, noch ein Lied im Radio.

Geh jetzt, sagte ich, geh, und ich will hoffen, daß du dir das alles nur ausgedacht hast und auf dem Nachhauseweg über mich lachst, weil ich dir so ernst zugehört habe.

Er wurde rot, und es schien, als ob ihn der Zorn anspringe, dabei sah er sehr reizend aus. Aber dann lachte er, ein unvergessenes Lachen, hell, ganz offen, sehr glaubwürdig, sorglos, zu jung.

Ich begehrte ihn wie er mich, und es war fast zu schwer, seinem Arm auszuweichen. Ich glaubte auch selbst nicht, was ich ihm unterstellte, denn die Erinnerung sandte erhellende Bilder aus einzelnen Augenblicken, die für sich bedeutungslos waren, aber im neuen Zusammenhang eben nicht. „Warum hast du mir damals nicht erlaubt, daß ich dir die Haustür aufhalte, als du dein Rad nach oben tragen wolltest?" – „Weil mir das peinlich war. Ich trage ein Fahrrad, und die Geliebte sieht mich asten. Wann wollen wir uns verloben?"

Nun lachte ich. „Wenn deine Mutter über diese Idee begeistert ist“, sagte ich, „also am Sankt-Nimmerleins-Tag.“

Am nächsten Tag rief er mich mindestens ein dutzendmal an, um mich zu fragen, wann wir uns verloben, aber auch, warum vor zwanzig Minuten niemand ans Telefon gegangen sei. Seine Anrufe rissen mich aus sensiblen Träumen, aus der Vorstellung seiner Gefühle von damals, meiner Unschuld daran, meiner Ahnungslosigkeit und vielleicht auch dem Versäumnis einer denkbaren Köstlichkeit meines Lebens.

Am Abend stürmte er ungeduldig meine Stiege herauf, forschte in meinen Augen, preßte meine Hand an sein Herz, das laut und schnell schlug, warf eine üppige, voll erblühte Rose achtlos auf den Tisch und zog mich hinter sich her. Wir gingen in den Wald, zu jener Stelle, an der er aus jungenhaftem Leichtsinn verunglückt war. Dort berührte ich seinen Arm, und traurig war ich auch, aber Mitleid empfand ich nicht, denn das brauchte er nicht. Er umarmte mich schmerzhaft, fast grob, aber seine Augen und sein Mund waren meinem Gesicht behutsam.

„Wir gehen jetzt Hand in Hand durch den Ort“, sagte er. „Alle Leute kennen dich, und alle Leute kennen mich. Dann ist es rum und gut.“

Nein, nicht heute, nicht jetzt und nicht so. Was geht das die Leute an, wir wissen doch noch nichts.

„Ich möchte dich heiraten.“

Ich glaubte, daß er das wollte. Weil der Traum unverblaßt war, weil er sich seiner Gefühle und seiner Ohnmacht so deutlich erinnerte, der Eifersucht und der Unterlegenheit. Was konnte ihm auch passieren? Vor ihm lag noch das ganze Leben, und selbst wenn wir vier Wochen später, wie Hund und Katze funkenstiebend, auseinandergestrebt wären, hätte er etwas gekriegt, was er so haben wollte, wie ich meine erste Liebe im kleinen Dorf.

Es wäre so leicht gewesen, sich seinen Blicken und seinen

Armen zu überlassen. Er strahlte eine Zärtlichkeit aus, die kaum der Berührung bedurfte. Manchmal sah er mich nur an und zeichnete mit dem Finger mein Gesicht nach. „Die Augenbrauen hatte ich anders in Erinnerung“, sagte er, „daß sie über der Nase so Sterne bilden, das wußte ich nicht mehr.“ Er könnte mich trösten über die Scheidung, die erlittene Niederlage, an der selbst meine Eltern nur mir die Schuld gaben. „Wo er doch so gut verdient hat und dir sogar eine Villa bauen wollte.“

Nun könnte mir dieser junge Mann mit seiner Kraft und Unbedingtheit beistehen und meine Ängste mindern, denn er war nicht schlau, er wollte mich nicht hereinlegen, und hatte er mich nicht ein wenig auch verdient? Was sprach dagegen? Wir waren beide arm, und fünf Jahre Altersunterschied sind noch keine Generation.

Aber jeder Augenblick unseres aufregenden Zusammenseins stärkte die Ahnung, daß er mein Leben wollte. Mich besitzen bis zu einem vielleicht fernen, vielleicht näheren Tag, an dem er diese Jugendliebe ausgelebt haben würde und in sein Mannesleben schreiten konnte. Es war nicht nur Mißtrauen, und Zaghaftigkeit von mir war es auch nicht, es war, was er sagte und wie er über mich verfügen wollte. „Mit mir darfst du das nie machen“, sagte er, „wenn du mich verläßt, bringe ich dich um. Das liegt in mir drin.“ –

„Würdest du mir verzeihen, wenn mir vor Eifersucht mal die Hand ausrutscht?“

Nein, das würde ich dir nicht verzeihen. Weil ich aufgewachsen bin unter Leuten, die keine Kontrolle über ihre Hände hatten.

Was für ein schlampiger, ausschweifender Sommer. Selbst der schlafraubende Mond sah eher wie eine triefende Frucht aus, die Nachtigallen sangen aufdringlich, die Leute liefen lange mit ihren Hunden um die Häuser, es war ein eher südlicher übertreibender Sommer. Alles um uns schrie nach Ausschweifung, sogar die prüden Schlager der Woche klangen eine Spur brünstiger als sonst. Die Natur warf mit vollen Händen gute Umstände und kündete von zu kurzer Zeit nach zu langem Warten. Sie schien uns jeden versäumten Augenblick vorzuwerfen.

Ich hatte es nicht geschafft, mir Flieder in die Mansarde zu stellen, hatte zu oft nachts gearbeitet, zu viele Absagen von Redaktionen eingesteckt und unter der Achtlosigkeit gelitten, mit der Anrufe nicht erwidert und Manuskripte abgelehnt wurden. Ich war ganz am Anfang, und mir wurde alle Mißachtung für Anfänger zuteil.

Ruhe wäre nötig gewesen, alles, wenn auch vorerst Armselige, an seinen Platz zu stellen, oder auch das Kostbare, bis gewachsene Erfahrung es neu werten mochte. Die alltägliche Sorge war nüchtern, sie drückte sich in Zahlen aus, in Verschiebungen und Abwimmelungen, die niedergeschlagen machten. Ich hatte mit mir und meinem Kind zu tun. Aber sollte ich dieses Lächeln einfach wegschicken? Nur weil ich mit der Arbeit langsamer als nötig vorankam und die Ahnung hatte, die Lösung läge gewiß nicht beim nächsten Mann? Ich war sehnsüchtig nach Trost und Bestätigung, ich hätte gern dem beunruhigten Herzen nachgegeben und mich gesättigt an schönen Wörtern und aller Verliebtheit.

Am Telefon sagte er, abends würde er seinen Anzug bringen und in meinen Schrank hängen. Ich wollte das nicht, aber ich war zu feige, es ihm abzuschlagen.

Er hat ein Mädchen, sagte seine Schwester, ich muß dir das sagen. Er will mit ihr Schluß machen. Sie ist ein ganz naives Ding, hat ihre Eltern verloren und spricht den ganzen Tag keine drei Sätze. Aber sie spuckt morgens, und ich glaube, sie glaubt, daß sie schwanger ist. Die wird sich ganz einfach wegschicken lassen, trotz Kind. „Mach, wie du denkst."

Lange danach war es wieder Sommer. Ich sah ihn an der Ampel auf seinem Fahrrad, fuhr in der Straßenbahn an ihm vorüber und lehnte mich aus dem damals noch offenen Perron. Wir sahen uns an und machten fast die gleiche Handbewegung. Ich grüße dich, hieß das, ich denke, daß ich nie wissen werde, ob wir uns damals richtig entschieden haben. Aber da war er schon verheiratet, hatte eine kleine Tochter, das zweite Kind war unterwegs, und meine paar Kisten waren gepackt für den Aufbruch in einen besonders verletzenden Irrtum.

Wie ich meine Sehnsucht verschenkte

Die älteste Tochter Marga redet vom Geburtstag ihrer Mutter mit gefurchter Stirn. Schon der Gedanke an das Familienfest ist ihr lästig. Aber es ist ein runder Ehrentag, da werden sich alle zu dicken Blumensträußen, Sprüchen, fetten Torten, billigem Sekt und vorgetäuschter Harmonie einfinden. Natürlich werde ich mitgehen, ich bin die Freundin von Marga, kenne alle, man würde mich vermissen, und einmal, wie immer nur einmal, werden sich der Blick ihres Mannes und der meine treffen. Für einen Moment wird es nichts anderes geben als uns beide. Mehr gestehen wir uns nicht zu, nicht einmal in Gedanken. Eine Liebe, die durch keine andere verdrängt werden kann und von der nichts gelebt wird. Kein Verrat, keine Lüge, keine Untreue. Ich gehöre dazu, und dadurch bin ich ihm am weitesten entfernt. Er hat in diese Familie hineingeheiratet, und von allen irgendwie Angehörigen erträgt er sie am besten. Wo den Geschwistern die Haare zu Berge stehen, sieht er kein Problem. Er kann lachen, wo sie die Augen verdrehen. Der Geburtstag würde sein, und für einen Tag würden sie einander wohl am Leben lassen. All das Nachgetragene würde sich entladen, aber nur als Gezischel auf dem Korridor, eifersüchtig in der Küche, neidisch vor dem Gabentisch. Nachrichten über Niederlagen waren begehrt, alles unterhalb einer Katastrophe erschien als unverdientes Glück. Einige würden über die Bekömmlichkeit des Sektes meckern, aber es wäre den Großmäulern nicht eingefallen, an die Stelle des sauren Sektes erschwinglichen Champagner zu stellen. Eher griffen sie nach den säuretilgenden Magentabletten und sahen einander bedeutungsschwanger verflochten an. Du weißt ja, wie sie ist.

Es war nicht eben die Liebe, die in dieser Familie große Flügel bewegte. Dazu waren in früheren Jahrzehnten die Zimmer zu klein gewesen, die Portionen zwar sättigend, aber den eigentlichen Hunger nicht stillend. Und der Schrank war zu schmal für die Unordentlichkeit der Geschwister, die einander immer die Mühen und die Schuld zuschoben. Keines von ihnen fühlte sich verantwortlich. Aber ohne Lust gibt's keine Leistung.

Es war so geblieben, solange sie alle unter einem Dach wohnten, unter dem sie kein warmes Nest erlebten. Sie hatten sich gegenseitig zuviel Platz und Atem weggenommen, ihre Ausdünstungen beim Reifen, dieser ganze schamlose Egoismus kam jeder Geschwisterlichkeit in die Quere.

Nun hatten sie als Erwachsene gewiß kein Heimweh. Nichts war verwunden und sie waren zu jung zum Vergeben. So viele Vertrauensbrüche, man kann es auch Petzen nennen. Gehässig nahmen sie jede Schwäche am anderen wahr und bedauerten als Kinder einander niemals um noch so harter oder gar ungerechter Bestrafung willen.

Auch als Erwachsene nahmen sie eher die Hilfe von Fremden in Anspruch, als den Bruder, die Schwester oder die Schwägerin zu bitten, wenn ein Haus gebaut werden sollte, was ja ein Anfang ohne Ende ist, oder wenn eine der Glukken sich eine Stelze brach und ihre Brut dennoch versorgt werden mußte. Jedes neue Familienmitglied hatte vom Partner das unverrückbare Bild aller anderen zu übernehmen. Ein Bild, das nicht stimmte. Denn jeder erwarb Fähigkeiten, die nicht nur für die eigene Familie brauchbar waren. An die Stelle früherer Faulheit stellte sich Tüchtigkeit ein. Sie waren anderswo beliebte und angesehene Menschen. Aber das allzeit wirksame Familiengift war der Mangel an Vertrauen aus böser Erfahrung, die nicht neu gemacht werden mußte, um für möglich gehalten zu werden. Sie waren sich nicht vertraut genug, um es einmal auszusprechen: Es lag an unseren Eltern. Die waren schwächer, als wir sie gebraucht hätten. Sie haben uns keine Liebe beigebracht, denn sie haben uns keine vorgelebt.

So nannten die Brüder einander nur Schlappschwänze mit linken Händen, die Schwestern klatschten, zankten sich, vertrugen sich notdürftig und vergaben einander nichts; nicht die Ähnlichkeit und nicht zunehmende eigene Art.

Bisher hatte es immerhin in dieser Familie kein Leid gegeben, kein Ereignis, das ihnen die eigene Sterblichkeit und die Verlierbarkeit aller anderen zur Lehre gemacht hätte. Der Vater war gestorben. Aber die Mutter machte es ihnen leicht. Er sei endlich erlöst, habe so furchtbar leiden müssen und ums Ende gebetet. Er wollte nicht mehr.

Seine Sünden waren als Schwären aus ihm herausgebrochen. Die vielen Zigaretten, Pfeifen und Biere, die schlechten Schnäpse und Wörter zu seiner Frau, die Überdosis Ehegift, die Unlust, sich immer derselben sperrigen Frau zu bemächtigen, wenn der Trieb ihn zwackte. Aber eine andere war ihm nicht erreichbar, denn er hatte nichts zu bieten als seine Eckigkeit, das Wortkarge, Mürrische, Meckrige, also alles, was ihn unschön machte. Und wie erst, wenn er auftaute. Jedes Witzchen griff dann einem jungen Weib unter den Rock, selbst den eigenen Töchtern. Er hätte sie gern unter sich gezwungen, etwas wollte ihm lebenslang einflüstern, er habe ein Recht dazu, aber das war ihm nicht einmal bewußt, und er war auch viel zu feige, es zu versuchen. Feige war er und grob. Solange die Kinder klein waren, konnte er sie schlagen, und er prügelte seine Jungen auch, weil sie es besser hatten als er, der in ihrem Alter schon beim Bauern schuften mußte, keine Schuhe, nur eine Hose und nie satt zu essen hatte. Aber einmal las er in den Augen seines Sohnes, er solle den Arm sinken lassen oder es käme zu einer Prügelei. Er duckte sich und rührte die Kinder von da an weder im Guten noch im Bösen an. Seiner Frau überließ er, ihnen zum Geburtstag zu gratulieren, und wenn er sie ansprechen mußte, umging er ihren Vornamen. Er war nicht alt, als er leidend wurde, aber mit dem ersten Schmerz kam die Wehleidigkeit, die galt für mehr als Schmerzen. Viel zu schlecht weggekommen im Leben, das sagte er nicht, aber er ließ es merken. So wenig Geld, so wenig war unterm Strich herausgekommen für ihn. Und dann die „kalte Frau“.

Ob sie anders hätte sein können, erfuhr sie nicht. So war sie wie ein bröckliger Käse ganz hinten in der Speisekammer. Er brauchte bloß nach ihrem Arm zu greifen, schon tat ihr der ganze Körper weh. Spucke half nur ihm hinein, nicht ihr hinüber. Sie konnten es halt nicht gut, zu beider Vergnügen schon gar nicht, so gab es nie ein Abwehren bei ihr und nie ein Werben von ihm, keine Zärtlichkeit vorher und kein Kuscheln danach. Der Vorgang dauerte kaum länger als sie brauchte, um die Kartoffeln abzugießen. Das Bedürfnis des Mannes stand ihr nicht weit über dem, daß er die Toilette aufsuchen mußte. Darüber empfand sie ja auch keine Freude. Hatte er da Schwierigkeiten, bereitete sie ihm hilfreich Tee. Wenn sie hätte wählen können, hätte sie ihm auch gegen das andere Tee gekocht, aber da er weiter ja keine Umstände machte, nahm sie ihn hin. Sie selber hätte gut „da ohne“ leben können, und wäre nur von einer ihrer Töchter angedeutet worden, daß die sich aus der Sache auch nichts mache, das hätte eine besondere Art von Verbundenheit zugelassen. Aber natürlich gab es das Thema zwischen ihr und ihren Töchtern nicht.

Das mit mir war eine andere Sache. Du fragst einen immer so, daß man gar nicht merkt, was man alles erzählt, schimpfte sie und redete weiter. Ihren Mann hatte ich nicht gemocht, aber sie verstand ich. Ich durchschaute sie. Auch ihre kleinen Finten, und ich übersah das Gestein ihrer Sprachlosigkeit auf dem Grund ihrer Seele nicht. Aber wir lockerten mal ein Steinchen, mal kamen wir auf großem Umweg dahin, daß wir ihr etwas von der Seele wälzten. Schuld, die sie empfand, auch wenn die ohne Bedeutung war, ganz normal oder Notwehr. Sie liebe eins ihrer Kinder mehr als die anderen. Das hatte sie vorher nicht einmal sich selbst zugegeben. Aber so, wie wir miteinander redeten, war es nichts als das blanke

Leben, es stand ihr zu, und sie hatte ihrem Liebling ja nicht einmal ein Bonbon mehr zugesteckt. Ich behauptete, daß keine Mutter alle Kinder gleich stark lieben kann. Dabei ging ich von meiner Mutter und Großmutter aus, mehr braucht's ja auch nicht. Schon ein Beispiel kann genügen, um die arme Seele zu erlösen, die sich die Schuld an der falschen Stelle sucht. Sie wollte doch auch für ihre Töchter nur das Beste. Und merkte nicht, daß sie mit solchem Spruch der Liebe zu den Söhnen ohnehin einen vorderen Rang einräumte, und ich sagte es ihr auch nicht. Zu den Töchtern zählte sie mit Worten immer auch die Schwiegertöchter, aber in Wahrheit blieben die ihr fremde Frauen, vor denen sich ihre Söhne nicht genug in acht nahmen. Sie wurden schwanger, wenn es nicht paßte, sie wollten kein Kind, wenn es nach Meinung der Schwiegermutter höchste Zeit war.

Bei den Töchtern gab sie nach jedem Mißgeschick den Schwiegersöhnen die Schuld. Ihre Söhne dagegen hatten Frauen, bei denen Pech kein Wunder war.

Wichtig fand sie, daß ihren Töchtern im Haushalt niemand was nachsagen konnte. Sonst wäre das ja auf die Mutter zurückgefallen.

Die Töchter unterließen es ebenso wie die angeheirateten Frauen, der Älteren etwas über Arbeitsteiligkeit vermitteln zu wollen. Sie hatten ihr Zeug ganz gut im Griff. Nach schwierigem Anlauf, denn sie mußten erst einmal alle die falschen Somachtmandasundnichtanders aus ihrem Leben verbannen. Es dauerte, aber dann begriffen sie, daß es zu Hause noch immer wie damals schmeckte, zum Heulen gut, aber es war grausig zubereitet. „Gegen das Material", denn die Mutter weigerte sich hartnäckig, etwas anders zu machen, als es schon immer gemacht worden war. Ihre paar Klümpchen Wissen hielt sie eng ans Herz gepreßt und Besserwissen war entwenden. Sie wußte ja auch Richtiges, denn Weißkohl setzt tatsächlich immer mehr Vitamine frei, je länger er gekocht wird, aber das gilt nicht für alle Gemüse und nicht für jedes Fleisch.

Was die Mutter wie mit heißem Siegellack beträufelt ihren Töchtern mitgab, war wenig brauchbar oder gar schädlich. „Dem Mann verschließe deinen Mund und tu ihm nie die Wahrheit kund." – „In der Küche schlechte Gerüche, da geht die Eh' in die Brüche." – „Dem Mann sein Bier und seine Fürze, dann hast du Frieden in der Schürze."

Aber dann kam das erste Enkelchen. Sobald sie es im Arm hielt, gab sie wie durch ein Wunder alle Gewohnheiten früheren Umgangs mit Kindern auf, sie nahm jedes schon beim ersten Anblick in eine Liebe auf, die unerschöpflich schien. Das wurde zuerst mißtrauisch betrachtet, aber obwohl es vorher keins ihrer Kinder für möglich gehalten hätte, gelegentlich wurde ihr nun eins in Obhut gegeben. Nicht ohne Bangen, nicht ohne Zweifel. Zuerst fürchteten die Töchter die harte Hand der Mutter, aber dann sahen sie mit anderer Art von Schmerz eine heitere geduldige Großmutter ein Stück heiler Kinderwelt bereiten. Nicht von erziehender Mütterlichkeit getragen, sondern von eben dieser Pflicht befreit, war sie einfallsreich und phantasievoll. Sie erfand Spiele, die sie selber nie gespielt hatte und für ihre Kinder nie gewußt. Bei ihr zankten sich die Kinder nicht, von ihr kriegten die Eltern sie dreckig, satt und vergnügt zurück. Es war Liebe, wirksamer Trost und Zärtlichkeit, sogar Singen und schöne Geheimnisse erfinden und bewahren.

Diese Frau war eine ganz andere als die Meckermutter, die bittere Störerin in jeder Versunkenheit, jedem Spiel und allem Eigenen. Hatte sie früher die Arbeit an die erste Stelle gesetzt und war sie der Meinung, Lesen macht dumm, so ließ sie den Nachgeborenen nun die eigene Entfaltung. Das häßliche kaltwandige enge Häuschen wurde gut als Höhle, in die alles geschleppt werden durfte, nichts stand wie früher unverrückbar an seinem Platz, und statt Möhren und ewiggrünen Tomaten gab's ein Indianerzelt im Garten und endlich, endlich ein Baumhaus, vom Mann meiner Freundin gebaut, unvergeßliche Zeit, in der ich als Zureicherin mitspielen durfte.

„Kommst du mit der Marga jetzt gut hin“, fragte ich die Mutter, und sie nickte. „Jaja, die kommt auf meine Tante Herta raus, die hat auch immer gewußt, wie sie sich das Beste schnappt. Komm schon mit ihr hin. Hat ja den Mann.“ Damit hatte sie mir gesagt, daß sie ihre Älteste toleriere, obwohl die nach einer wenig gemochten Verwandten schlug, und daß der Mann von Marga die Chance bot, mit Marga hinzukommen.

Wem sagst du das, dachte ich und unterließ es, sie darauf hinzuweisen, daß zwischen Tante Herta und Marga wohl doch Welten lagen. Das wußte sie aber selbst und genoß den ungerechten Vergleich. Wenn die Töchter denken mußten, daß diese Großmutter ein anderer Mensch war, als sie ihn eine Kindheit lang erduldet hatten, und des Rätsels Lösung könne nur heißen, daß die Mutter ihre Kinder nicht geliebt habe, wie die Großmutter nun die Enkel, so ergab sich daraus für die Enkel kein Problem. Sie liebten ihre Oma fraglos. Es schmeckte ihnen viel besser als zu Hause, auch die Mäkeligen kriegten den Hals kaum voll, denn sie wurden nie satt, all die Kriegs- und Hungergeschichten zu hören. Vor allem die vielen verwickelten Lebensgänge und Todesarten jener Familienmitglieder, die in Schuhen kaum bis zum Stadtrand und in Stiefeln weit in die Welt gelangt waren. Recht und Unrecht waren insoweit mit einem Satz erledigt, als sie ja alle Landser waren, eingezogen, und weiter als bis zum Obergefreiten hatte es keiner gebracht. Politisch waren sie auch nicht, das hat's nicht gegeben bei uns. „Die Politischen bei uns im Dorf waren die, die nicht an die Arbeit ran wollten, oder eben höher raus, Lehrer oder Beamte.“

Nur Onkel Arthur, der hatte sich aus Amerika nicht wieder gemeldet, bis jetzt. Onkel Arthurs Heimkehr aus Amerika war aber immer zu erwarten. In den Schilderungen der Großmutter war Onkel Arthur schön wie Willy Fritsch, musikalisch wie ein Teufelsgeiger, und er hing an der Familie wie kein zweiter. Besonders an ihr, und reich wie Rothschild würde er daherkommen und seine Dollars mit Oma Hilde und ihren Enkeln teilen.

Für die Kinder war aber selbst Onkel Arthur nicht so interessant wie der „Schwarze Markt“ und alle die Razzien. Sie wollten von Lebensmittelmarken hören und unermüdlich jene Geschichte, wo für 20 Personen nur noch ein halber Liter Melasse zur Verfügung stand, und alle sind damals ausgeschwirrt, um etwas zu erwischen, was samt Melasse eine Mahlzeit ergeben könnte. Diese Geschichten wurden immer vor dem Essen erbettelt, über die Lebensmittelmarken und Trockenmöhren und Brot mit Sägespänen, denn das alles vertiefte den Genuß, mit dem der volle Teller dann geleert wurde.

Speisekarte rückwärts war bei Oma erlaubt. Wer wollte, konnte seinen Pudding oder sein Apfelmus zuerst essen und sich dann bis zum Fleisch vorarbeiten. Ach, Oma. Wenn deine Kinder den Teller nicht leerten, kriegten sie gar keinen Nachtisch. „Wenn ihr so satt seid, braucht ihr auch kein Kompott.“ Bereust du? Fall auf die Knie oder mach, was wir alle gemacht haben, behaupte, daß die Verhältnisse ganz anders waren, aber gewollt hättest du es schon immer so.

Mehr Geschichten, mehr. All die Männer, um die es so schade war. „Der ist auch draußen geblieben“, sagte die Oma. Und der blonde Mechanikerlehrling Heini, die Lachtaube, der „mußte auch erst verrecken, eh sie zu sich gekommen sind“. In Omas Stimme lag dann der bittere Vorwurf an den Mörder von Heini, der aber nicht benannt wurde. Hatten ja alle einen „über sich“, der sie in den Tod schickte.

Die Oma besaß einen Kasten, in dem sie von jedem durch den Krieg umgekommenen Mann etwas verwahrte. Vieles hatte sie geerbt, es wäre sonst weggeworfen worden, manches hatte sie auch selber erhalten. Eine letzte Feldpostkarte, so sahen die also aus, gar keine Briefmarke, was ist denn das für ’ne Nummer, ach so, damit keiner wußte, wo die war’n. Eine billige Taschenuhr, „Zur Konfirmation“, zur Hochzeit war es dann nicht mehr gekommen, ist ausgestorben, die ganze Linie aus dem Sorbischen, bloß die Schlesier, die haben ja dann noch „hergemacht“. Es gab ein Familienfoto, auf dem alle befremdlich häßlich aussahen. Die Frauen hatten so merkwürdig eingeknickte Figuren, angeklatschte Haare und mausenackte Gesichter. „Schminken war im Krieg nicht so erlaubt“, sagte Hilde, „nich, daß die Männer sich an der Front alles abfrieren, Arsch sagt man nicht, nur wenn wir alleine sind, und die Frauen malen sich zu Hause an. Da haben die Männer dann keine Wehrkraft mehr gehabt, hat's geheißen. Und wenn sie eine Soldatenfrau beim Tanzengehn erwischt haben, da hat die Streife sie gleich mitgenommen. Das da bin ich.“

Das da war ein lachendes Mädchen, dem ein Eckzahn fehlte, alles an ihr war dünn und nicht gut entwickelt, außer den Zöpfen, die waren dick und lang. „Ach, niedlich“, sagten die Kinder, aber das meinten sie nicht, denn das Mädchen war ihnen fremd, und Oma sollte am liebsten schon immer so gewesen sein wie jetzt. Die Männer in Uniform waren auf den Fotos schlecht zu unterscheiden. Ist das hier auch Onkel Kutti? Aber nein, das ist Erich, sieht man doch.

Nun stand also Omas Geburtstag bevor, der runde, „mein letzter“, aber das hatte sie zu ihrem sechzigsten Wiegenfest auch schon gesagt. Klingt wie ein zynisches Wort, denn ihre Geburt war kein Fest, sondern Last, und eine Wiege hatte sie auch nicht. In den ersten Wochen lag sie in einem eingeknickten Kopfkissen neben der Mutter, dann im alten Kinderwagen, manchmal im Wäschekorb.

Sie mußte gefeiert und beschenkt werden, das half nun nichts. Mit dem Satz „Sie hat doch alles und verschenkt es sowieso weiter“, war das Problem nicht gelöst. Sie sagte, sie wolle nichts und habe für sich selbst noch nie was gewollt, aber das sagen Mütter ihrer Generation immer, und es ist doch nicht die Wahrheit.

Wo sollte die Feier stattfinden? Wer würde sie ausrichten,

und wie kommt man besser weg, macht man selbst oder kauft man fertig? Den Kuchen würde sie backen, das ließ sie sich nicht nehmen. Die jüngeren Frauen widersprachen ihr nicht, sie entgingen so leichter der Versuchung, denn Mutters Kuchen mißlangen immer, sie blieben sitzen, waren fett und unverdaulich. Omas Küchlein, Kekse und Buchteln gelangen immer, aber das wußten die Töchter nicht, denn sie kriegten davon nichts ab.

Bloß nicht in die Gaststätte, sagte sie, sie wollte unbedingt zu Hause bleiben. Als erste war Schwiegertochter Judith aus allem fein raus. Sie griff nach einer naheliegenden Aufgabe, auf die vor ihr niemand gekommen war. Sie war nämlich mit Mühe verbunden. Die Gardinen mußten gewaschen werden. Möbelpolitur, Gläserwaschen und Aussortieren waren angesagt. Judith machte sich ans Werk, nachdem sie ihrer Schwiegermutter ausgeredet hatte, sie wüßte nicht, wie es geht, und es sei außerdem nicht nötig. Die Mutter gab nach, wohl mehr ihren Knochen zuliebe als wegen gewandelter Meinung. Da kriegst du dann noch ein Blümchen, und das ist unser Geschenk. „Blumen habe ich selber im Garten", das sind so Mütterworte. Es war eine gute Idee von Judith, und wer ihr eine Neigung zum etwas übertriebenen Selbstlob nachsagte, der sollte erst einmal mit einem eigenen Vorschlag rausrücken.

Vorübergehend war es, als hätte Judith allen anderen einen Vorteil vor der Nase weggeschnappt. Das wär's gewesen, das hätten wir auch gern gemacht. Aber zur Hilfe bot sich keiner an. Wenn, dann soll sie es auch allein machen. Judith gewann noch einen Vorteil, nämlich Überblick, der Omas erwachsenen Leibesfrüchten und Schwiegerkindern durchaus fehlte. Sie könnte eine Seniorenmatratze gebrauchen, sagte Judith. Die Antwort kam postwendend: „Die kann sie sich doch allein kaufen."

„Sicher, aber dann wird sie keine oder die billigste nehmen." –

„Die teuerste können wir uns jetzt auch nicht leisten, mit

unseren Krediten, und bei uns fehlt's ja auch noch vorne und hinten." –

„Wir wollten mit ihr eine Elbe-Dampferfahrt machen."

Das war doch aber ihre Hochzeitsreise gewesen, würde das so kurz nach Vaters Tod nicht taktlos sein?

Als sie es erfuhr, freute sie sich daran, schlug es sich sofort aus dem Kopf, und die Reise wurde niemals gemacht. Aber nicht, weil ihr die Erinnerung an die Gefühle eines Anfangs schmerzlich war, nicht, weil sie damals noch hätte über Bord springen und allein an Land schwimmen können. Sie wich aus, weil ihr übel wurde, sobald sie den festen Boden unter den Füßen verlor, sie mußte erbrechen und hatte Angst, gegen die kein Zusammenreißen half. Schmerz, das war eine andere Sache. Sie war achtundzwanzig, als ihr etwas so grauenvoll weh tat, daß, daran gemessen, jeder andere Schmerz in ihrem Leben die Dimension einer Unpäßlichkeit bekam. Die Leute, von denen sie herstammte, genierten sich für Krankheit und gaben Schmerz nur im äußersten Fall zu. Wenn deine Arbeitskraft nicht intakt ist, dann hast du schlechte Karten. Hast du sowieso, aber dann eben noch schlechtere.

Während der Entbindung einer neunpfündigen Tochter war in ihrem Becken etwas zerbrochen, und sie schrie, weil die Messer sie zerteilen wollten. Die Geburtshelfer glaubten jede Art von weiblichem Notruf zu kennen. Die Geburt muß vor sich gehen, und weh tut's allemal. Die Frau aber, die schon drei Kinder geboren hatte, erfuhr eine Qual, die alles vorher Erlebte hinnehmbar machte. Sie fiel in Ohnmacht, und als sie aus der erwachte, war das Kind in der Welt, so ein hübsches gesundes Mädchen, aber seine Mutter schrie und schrie weiter, bis die Ärzte von der Vermutung der Zimperlichkeit abließen und zum Grund des Leidens vordrangen.

Marga sagte, von dieser Geschichte habe in der Familie niemand gewußt. Der Vater vielleicht, aber der hat sowieso nicht geredet. Warum hat sie uns das nicht erzählt? Marga sprach, als wäre dies eine Schlüsselgeschichte, mit deren

Kenntnis die Familie plötzlich zum ständig gutgelaunten amerikanischen Clan geworden wäre.

„Warum hast du darüber nicht gesprochen, Oma Hilde?"

Sie guckte, wie oft, in eine Ferne, in der sie sich gut auskannte.

„Man macht keine Angst, eh sie selber geboren haben", sagte sie, und „beschreiben kann man das sowieso nicht, wenn man's schon überhaupt überlebt." – „Aber du hast doch wieder geboren, warum denn, hast du da nicht zu große Angst gehabt?" – „Angst hatte ich schon beim ersten Mal. Hab noch dreimal geboren. Wie denn nicht?"

Die Lippen waren ganz schmal, und wieder schien die Antwort in jener Ferne zu liegen, die ihr niemand streitig machen konnte.

Damals hatte sie mit dem ganzen Quatsch für sich selber Schluß gemacht. Sie hatte Vergnügen, Liebe und heitere Zärtlichkeit nicht kennengelernt, aber irgendwie doch immer noch erhofft. Daß der mürrische Mann mit ihr durch die Stube tanzt und sie beschmust, bis sie ihn haben will. Sie wollte ihm von dem entsetzlichen Erlebnis erzählen, aber er hatte nur die Schultern gehoben. Was biste auch 'ne Frau. Er wollte vielleicht Mitleid ausdrücken, aber es gelang ihm nicht, und dieser Satz hatte den Krebs in die Ehe getragen. Dagegen kam nicht an, daß er ihr, ohne Murren und ohne je darin nachzulassen, alle schweren Lasten abnahm, sofern er sie als solche ansah. Er schleppte die Kohlen, grub den Garten um und hackte das Holz. Daß eine viel Wäsche hat und sieben Kinder großzieht, kaum je ausschlafen kann und nicht zu sich selbst kommt, so daß die Füße nie abschwellen und der trokkene Husten nicht ausheilt, das lag für ihn in der Natur der Sache. Er machte keinen Tag krank, und niemand in der Familie kann sich daran erinnern, daß er je untätig war, außer manchmal abends beim Fernsehen. Aber dann schlief er ein. Wie sollte ihn stören, daß für sie Feiertage noch mehr Arbeit brachten, als die gewöhnlichen, daß sie kaum eine halbe Kartoffel aß, weil sie dauernd hinaus in die Küche und wieder an den Tisch lief.

Da ihn die Erde deckt, wird niemand mehr erfahren können, ob er sie je geliebt hat. Und wenn er noch leben würde, könnten wir es auch nicht erfragen, weil wir nicht wissen, ob er selbst je geliebt wurde und es gemerkt hätte, wenn es Liebe gewesen wäre.

Die eigenen Kinder sagen, vor Mutter hatte er Schiß. Wenn die geguckt hat, da war Ruhe.

Ich glaube gesehen zu haben, daß er sie respektierte. Weil sie die Mutter war. Weil er es nicht anders kannte. Und weil sie die Schuld nicht eintrieb, die seine verschlossene Seele ihr gegenüber empfand, auch wenn er diese Schuld nicht hätte benennen können.

Sie war immer eine furchtsame Person, aber am meisten fürchtete sie eine neue Schwangerschaft. Man hätte glauben können, es gäbe viele Wege in sie, so ängstlich und abweisend war sie geworden. Kein Silvesterknaller in ihrer Nähe, keine Kissenschlacht. „Endet alles mit Tränen", sagte sie immer, und ihre Kinder verdrehten die Augen. Mag sein, daß sie ihre Mutter heimlich ein wenig verachteten, aber keine von ihnen hätte sich zu einem Leben verurteilen lassen, wie sie es von ihr kannten. Die schleppte die schweren Federbetten in die Sonne, hatte immer viele Stunden, noch beim Kochen, ein Kind auf ihrer Hüfte, aber auf ihrer blassen Stirn standen oft die Tropfen vom Schweiß der Angst vor dem nächsten Augenblick, in dem ihre Füße sie nicht mehr tragen würden.

Sie hätte die Fürsorge der anderen gebraucht, aber sie verscheuchte schnell mit ihrer Voreingenommenheit und ihrer Art von Borniertheit, mit der sie ihr geringes Wissen wichtig machte. Ihre Meinungen waren fest und galten für immer. Wie zwei verschiedene Salben trug sie die für gut und die für böse bei sich. Und gesalbt war gesalbt.

„Also, was wünschst du dir denn nun zum Geburtstag?"

„Nichts. Ach ja, neuerdings kann man doch im Kaufhaus eine Liste anlegen, da könne jeder eine Tasse oder eine Suppenterrine kaufen, als Service. Das Muster sucht ihr für mich aus, ihr habt doch den Geschmack."

Ich trug den Vorschlag weiter, aber er fiel unter den Tisch. Mutter habe die Schränke voll. Aber doch von Angeschlagenem? Vielleicht will sie wirklich ein neues Service, dann kauft ihr doch eins.

Damit sie uns wieder die riesige Rührkeule aufdrängeln kann und die häßlichen Sammeltassen aus den Dreißigern. Sollen wir dann wohl nehmen. Wenn sie mir ein schönes Kaffeeservice schenken, sagte sie, dann stell ich's mir in die Vitrine. Und benutzt es nie, sagten die Töchter. Nie, bekäftigte sie, und später ist es dann eures. Ist sowieso mein letzter Geburtstag.

Margas Kinder hatten ein Geschenk, das sie vor ihren Eltern versteckten. Es machte ihnen Spaß, und sie hatten lange damit zu tun. Die Eltern hätten es ihnen wohl zu entwinden versucht, und vermutlich haben ihre Kinder ihnen das auch zugetraut und hatten es darum sorgfältig verheimlicht. Es war ein selbstgemachtes Fotoalbum mit Witz und Charme, Bösartigkeit und schockierendem Hang zur Offenheit. Die ganze Familie, wie sie sich anderen nie präsentieren würde. Die Kinder hatten Fotos geklaut, die als mißlungen in Schubladen darauf warteten, weggeworfen zu werden. Als sie an Oma Hildes Geburtstag damit herausrückten, wurde es ein voller Erfolg. Ihr Vater war nur einen Moment lang verlegen, und vielleicht suchte er nach einem pädagogischen Einwand, aber dann lachte er, und alle lachten und lasen die Unterschriften laut vor, bis auch Marga lachen mußte, die für eine Sekunde ausgesehen hatte wie ihr Vater.

Ich wollte Marga überreden, aber die winkte ab. Für so was hat sie keinen Sinn. Ich wollte sagen, daß für so was jede Frau einen Sinn habe, manchmal halt einen verkümmerten, aber ich war ganz froh, daß es nun bei mir blieb. Denn ich wollte ihr etwas schenken, das sie sich selbst nie leisten würde. Es sollte die teuerste Creme sein, die zu haben war. Schon die rosenholzfarbene Schachtel war zu schön, sie je wegzuwerfen. Die Verkäuferin hob ein rosiges Glas heraus, ein Tiegelchen mit rosenförmigem Deckel, ein Schmuckstück, wie weder Oma Hilde noch ich es je besessen hatten. Die hübsche Verkäuferin hatte ein Probedöschen und tat mir von der sahnigen Duftigkeit etwas auf die Hand. Ich verrieb es und atmete den Duft ein, wie sanfter Schlaf auf einer Juniwiese, Heu und frische Blumen im selben Strauß. Geld macht nicht glücklich, natürlich nicht, aber was man dafür kriegt, das kann schon glücklich machen.

Für einen sehnsüchtigen Moment hatte ich die überwältigende Vorstellung, ich könnte mich in eine Wanne legen, und die wäre gefüllt mit dieser Köstlichkeit. Es würde gut sein für Hilde. Ihr Gesicht war faltig und viel zu trocken. Es strammt immer so, hatte sie mal gesagt und sich mit ihrer Niveacreme eingerieben, die sie ohnehin für die Kinder immer nahe bei ihren Händen hatte. Die Verkäuferin meinte, für wenig sei die Creme so geeignet wie gegen Strammen. Und sie kaufe sie für ihre Mutter auch immer. Das war gelogen, sie hatte den Preis nicht im Kopf. Mit hübschen weichen Mädchenhänden verpackte sie das Tiegelchen als Geschenk.

So stand es dann auf dem Geburtstagstisch. Während ich vorsichtig an einem Klumpen Torte naschte, flüsterte Marga mit mir über die Geschenke. Blamiert hat sich keiner, alle haben sich Mühe gegeben.

Das hatten sie, aber die Gaben der Kinder waren mehr als vernünftig, sie waren liebenswürdig. Eine Kuschelkatze fürs Bett, und vor allem ein langer, gemeinsam von den Kindern verfaßter Brief an die Oma, in dem die Totalbeichte aller unentdeckten Schandtaten abgelegt wurde, so lustig, so ungezwungen, wie der Dank für alles, den die Kinder in vertraulichen Wörtern für die Oma ausdrückten. Es klang so zusammengehörig, da war etwas entstanden, das niemand mehr ungeteilt für sich beanspruchen konnte. Ein Engel flog durch den Raum, der streifte jeden von uns eigensüchtigen Erwachsenen mit seinem Flügel. Ich sah zu ihm hinüber, dem Mann meiner besten Freundin, ihm war eng in der Kehle, er räusperte sich, sah nach unten und dann doch zu mir hin.

Die Kleinste hatte die ersten Topflappen ihres Lebens gehäkelt. Und die letzten, sagte sie. Oma Hilde meinte, nichts habe sie so gebraucht wie Topflappen. Und den Fliederbusch, sagte sie. Daß der eingegangen war, habe ihr schlimm getan. Da sei sie ihrer Jüngsten sehr dankbar, daß sie nun wieder einen Fliederbusch habe, für die Vögel ja auch. Aber Topflappen, wenn man keine hat, dann braucht man sie dauernd. Und sie selbst könne nun nicht mehr häkeln und stricken.

Ich sah Margas Blick auf den Händen ihrer Mutter und mir entging nicht, daß ihr die dicken geschwollenen Finger erst jetzt auffielen. Für einen Moment winkte der Tod ihrer Mutter der kundigen Tochter zu. Ich sagte leise: „Warum untersuchst du sie nicht mal gründlich?“ Marga warf mir einen Blick zu, der die ganze Antwort enthielt. „Schaff du sie mir hin, dann ist das kein Problem. Aber sie kommt nicht. Die Nieren arbeiten nicht mehr richtig. Wir müssen sie notfalls mit dem Lasso einfangen.“

Drei Wochen nach dem Geburtstag rief mich Marga an. „Ich brauche dich. Komm her.“ Sie hatte mich oft gebraucht, die fleißige, ehrgeizige Marga. Nicht so leben wie die Mutter, das war ihr fanatischer Antrieb. Bloß nicht abhängig sein, von keinem Mann, von keinem Kind, von keiner Unwissenheit, von keinem Ungenügend. Sie hatte geackert, sich keine Pause gegönnt, denn sie wollte nicht nur gut sein, sondern erstklassig. Dabei hatte sie andere für sich eingespannt, benachteiligt, verschlissen und abhängig gemacht. Bis sie ihren Kindern fast fremd geworden war. Bis ihr Mann den Fuß sozusagen schon in der Tür hatte. Bis ich beinahe zugrunde ging an der Erfahrung, daß es einen Menschen gab, den ich geliebt hatte. Wir waren Freunde, die beiden wollten es noch einmal miteinander versuchen, und ich drückte mich vor Aussprachen mit ihr. Sie wußte nicht, ob es da eine andere gegeben hatte, sie wollte es gern wissen, denn es fachte über die Eifersucht ihre Gefühle für den Mann an. Auf mich wäre sie nie gekommen, und es war ja auch nichts gewesen. Eines Tages würde ich einen anderen lieben, und wir würden trotzdem viel voneinander haben, Freundschaft bricht man nicht ab. Nur, das hätte sie nicht sagen dürfen, das nicht. „Ich bin froh, daß ich ein paar andere Hirten ausprobiert habe. Die hatten auch nicht mehr zu bieten. Wenn er die Erfahrung auch gemacht hat, um so besser. Ich habe ja vor lauter Arbeit sowieso den Überblick verloren."

Natürlich begleitete ich sie zu ihrer Mutter. Wir kamen unangemeldet.

„Ihr tretet euch ja neuerdings fast auf die Füße", sagte Hilde und forschte im Gesicht der Tochter nach der Ursache für ihr Auftauchen. „Ist was mit den Kindern, oder klappt's nicht mit deinem Mann?"

„Wir haben beide Arbeit, es klappt alles", sagte Marga. „Die Kinder sind zu Hause Bestien und woanders Schätzchen, alles ganz normal. Ich habe für dich Termine gemacht. Wir müssen mal nachgucken."

Die Mutter schwieg. Marga hatte Widerstand erwartet und sich dagegen gerüstet. „Ja, ist gut", sagte die Mutter. Die beiden sahen sich an, und wie immer hielten sie den Blick nicht lange aus. „Aber machst du es", sagte Hilde, „nicht, daß da andere an mir rumfummeln." Im Hinausgehen hörte ich Marga noch sagen, für ihre Kollegen müsse auch noch ein bißchen zu tun bleiben. Und Hilde sagte: „Na ja, ich werd mich mal legen. Sucht aber nicht zuviel, früher war'n die Leute auch krank, und dann sind sie eben gestorben."

Ich ging in das kleine Badezimmer, aus dem Judith eine Art Boudoir gezaubert hatte. Gardinchen, ein Spiegelschrank, kleine Hausapotheke, ein niedrig angebrachtes Regal für Handtüchter und überflüssige bildhübsche Schwänchen für kleine Seifenkugeln in bunten Farben und für andere Kinkerlitzchen. Judith mußte mehrere Säcke alter Dosen und Pastenbehälter, halbgefüllter Medizinflaschen und Seifenreste, Pastillen und Säfte weggetragen haben, auch Tütchen mit schimmligen Teeblättern und vermoderten Kräutern aus Gottes Apotheke. Judiths Geschenk war nicht nur eine gute Idee, sondern auch von Großmut getragen, denn sie hatte solide eingekauft, das hat seinen Preis. Warum ist Marga nie zu ihr gegangen, als es ihr schlecht ging? Als sie ihrem Mann an allem die Schuld gab, bis sie begreifen mußte, daß sie selber etwas falsch gemacht hatte? Sie hätte zu Judith gehen können. Marga kam herein, nahm den Raum in ihren Blick auf und pfiff anerkennend. Bloß gut, daß wir den Kaffee und den Kuchen spendiert haben, sagte sie, und die leckeren eingelegten Heringe, Benzin noch gar nicht gerechnet, und die Blumen.

Und dann hing sie mit dem Kopf in der Kloschüssel. „Du brauchst jetzt nicht zu kotzen“, sagte ich, „du hast kein Gramm zugenommen.“ Aber sie konnte vor Weinen nicht erbrechen und vor Würgen nicht richtig weinen. Ich hob sie hoch und hielt ihr Gesicht unters Wasser. Sie atmete wieder tiefer, aber ihr Gesicht war noch immer weiß, und in den Augen mischten sich Tränen und eine Müdigkeit, die der Verzweiflung nahekam.

Sie sah in den Spiegel. „Guck sie dir an“, sagte sie, „die Pfennigfuchserin, die Versagerin, die eines Tages Chefin ist in einem riesigen Haus, in das ihretwegen kein Mensch einen Fuß setzen wird.“

„Fühle dich geohrfeigt“, sagte ich, „um dich geht's jetzt nicht. Hör auf, dir leid zu tun. Ich pack' die Tasche.“ Wir taten die Schwänchen hinein, ich nahm die Creme in die Hand, öffnete das Schächtelchen. Das Tiegelchen war unberührt. Es würde sich gut ausnehmen auf ihrem Nachttisch. Die köstliche, vielleicht wirksame Wohltat sollte luftdicht verschlossen bleiben. „Ihr Gesicht strammt immer“, sagte ich, „vielleicht findest du die Zeit, sie einzucremen.“ – „Wenn sie stillhält", sagte Marga, und dann gingen wir hinaus, packten das Nötige. Hilde sah uns zu, und ihr Gesicht wurde so ausdruckslos wie das einer Muschel, aber ebenso barg es das Geheimnis eines Rauschens, vielleicht des Blutes, vielleicht des Meeres. „Komm schon", sagte Marga, „ich nehme dich morgen früh gleich mit in die Klinik." Ja, sagte die Mutter. „Aber deswegen bin ich noch lange nicht dein Kind." Nein, sagte Marga, zupfte am Schal und am Mantel der Mutter und redete schnattrig auf sie ein, unwichtiges Zeug.

Sieh nicht zurück, dachte ich, sieh bloß nicht zurück. Hilde drehte sich um und sah zurück. „Habt ihr auch richtig zugeschlossen?"

Ja, sagten wir wie aus einem Mund.

Wie ich eine Traumstadt ehrte, indem ich mir nützte

Obwohl mich während meines Lebens viele Einladungen ehrten, muß ich gestehen, daß ich es hasse, Betriebe, Burgen, Ausstellungen, Gedenkstätten, Kabinette und historisch wichtige Orte zu besichtigen.

Dabei war das in der DDR vieler Funktionäre liebste Vorstellung: Wir zeigen „unseren“ Künstlern unsere Werkskantine, darüber werden sie dann eine Novelle schreiben, und den Kindergarten führen wir ihnen vor, mit den selbstgemalten Bildchen und den singenden Kleinkindern, dann gehen wir gemeinsam zum Thälmanndenkmal und in die Erinnerungsstube für Pfurzenich Stürzner, der hat da mal in der früheren Ausspannung gegessen. Dort gibt's dann Kaffee, Brätel und Kuchen. Wenn ihr also kommt, dann zeigen wir euch einen ganzen Tag lang UNSER WERK.

Schriftsteller werden bei solchen Angeboten pfeilschnelle hurtige Leute. Schon sind sie um die Ecke und melden sich erst wieder, wenn der Termin vorbei ist. Das war mir auch immer gelungen, zusätzlich hatte ich offen gesagt, welche Gefühle mich bei dem Gedanken bewegen, daß mir jemand eine Stadt oder ein Werk erklärt.

Aber einmal hat's mich doch erwischt. Da waren schon alle anderen verhindert oder weg, ich hatte getrödelt, und dann bat mich einer, den ich gut leiden konnte. Er gab zu, daß er sich auch nicht darum riß, nach S. zu fahren.

„Komm doch mit. Wird bestimmt interessant.“

Das glaubte ich nicht. Aber der im Verband mit dem Zustandekommen beauftragte arme Mensch teilte mir mit, es gäbe großen Andrang, und von der Sache könne man sich schon etwas versprechen. Es tat meiner feigen Seele gut, daraus Trost zu schöpfen. „Wir fahren mit einem Bus, unsere Lilo, die kümmert sich dann dort um alles (klar, der laden wir jeden Quatsch auf, weil sie keinen Mann hat und der Sache so treu ergeben ist), und abends treffen wir uns in der wunderbaren Gaststätte mit den Originalstühlen – die einem eine kaputte Wirbelsäule einbringen und Gehörverlust, sobald nur drei Gäste mit den Stühlen rücken. Sie haben auch für den geselligen Teil eine Band bestellt. Wunderbar! Vermutlich eine Nachwuchsrockband, und hoffentlich sind die Verstärker laut genug. „Und dann machen wir uns einen richtig schönen Tag. Die Kollegen treffen sich sonst immer nur bei Versammlungen." Ja, das stimmte, aber ich hatte noch nie bemerkt, daß es ihnen nicht reichte.

Die Sternwarte hatte ich nicht gesehen, nicht einen der hundert Arbeitsplätze von Einstein und die selbstbemalten Ostereier im Spreewald auch nicht. Verglichen mit meiner jetzigen Zusage waren das aber alles Sommernachtsbälle in den Armen eines Geliebten.

Die Stadt wirkte trostlos, weil sie trostlos war. Wenn die Leute wenigstens Anschlüsse für ein privates Telefon gekriegt hätten. Aber vielleicht ist es ja wahr, daß Mielke nicht mehr Telefonanschlüsse duldete, als jederzeit zu kontrollieren waren. Es fällt schwer, sich eine andere Erklärung für fünfzehn Jahre Wartezeit auf ein Telefon zu denken.

Wenn sie wenigstens einen Zeitungskiosk gehabt hätten in dieser auf dem Reißbrett entstandenen Stadt. Im Bahnhof sollte es einen geben, von dem hieß es, der habe manchmal geöffnet.

Wenn sie wenigstens einen Stadtpark gehabt hätten. Der war vorgesehen, für später, jetzt haben wir andere Prioritäten.

Wenn der Nahverkehr wenigstens auch außerhalb der abgezählten Minuten beim Schichtwechsel funktioniert hätte. Ach, hier haben viele Fahrrad, das geht schon. Ging nicht, ich habe mir durch diese Stadt, die nur aus Vorstadtstraßen zu bestehen schien, die Füße abgelaufen, allein vom Weg zum Club und zurück. Wenn man wenigstens ein Taxi erwischt hätte, so billig, wie die damals waren. Aber das war aussichtslos. Eine Woche vorher bestellen; das ist dann aber der letzte Poäng.

In dieser Stadt hatte jeder Arbeit, der arbeiten wollte. Durch das große Werk und die nötigste Dienstleistung mangelte es nicht an Arbeitsplätzen. Es war auch für Unterkünfte gesorgt worden, kleine enge Vollkomfortwohnungen, in denen neben der Familie gerade noch ein Kanarienvogel Platz hatte. Aber das schien jungen Familien nicht so schlimm, wenn sie mit der Hoffnung auf eine Wohnung hierher gezogen waren. „Man ist sowieso den ganzen Tag außer Haus." Zu kleine Wohnungen machen zu enge Herzen, aber die Miete war spottbillig, niemand sparte an Strom, und es gab sogar Westfernsehen. Mehr gab es aber nicht.

Das Kaufhaus war einer der traurigsten Läden, die ich je gesehen habe. Sie hätten gleich draußen ein Schild anmachen können: „Hatten wir bis eben, haben wir nicht und kriegen wir auch nie wieder." Es wäre zu lang, alles aufzuzählen, was es nicht gab. Ehe aber einer von uns deswegen nach einem Watschenbaum rufen konnte, wurde uns sofort tröstliche Auskunft zuteil: „Die besonderen Sachen gibt's regelmäßig im Betrieb." Demnach zählte zu den besonderen Sachen der Herrenschlips, die Baumwollwäsche, Bettwäsche und das Kaffeeservice. Gab zwar zwei, aber es müssen die Sieger im Häßlichkeitswettbewerb gewesen sein.

Auf dem langen Trott durch das Werk, immerzu vorbei an Ungetümen, deren Sinn und Werkeln ich sowieso nie verstehen werde, begegneten mir überwiegend junge Leute. Sie arbeiteten, vielleicht gut, vielleicht im Weltmaßstab hinterm Mond. Ich sah ihnen an, daß die einzelnen Posten in ihrem Leben keine Summe ergaben, mit der sie zufrieden waren, die jungen Arbeiter, Techniker, Monteure, Ingenieurinnen und Computer-Fachfrauen. Es fehlte ein Hauch Erwartung, eine Art Neugier, eine Hoffnung auf was Fetziges, das nicht jeden Tag passiert. Wenn ich sie glanzlos nenne, habe ich ein schlechtes Gewissen, denn ich sitze ja auch nicht grinsend an meinem Manuskript. Das Wort fad trifft es nicht, auch sah ich niemanden seinen Gram über den Werkhof schleppen.

Sie kannten damals die Sorgen nicht, die sie inzwischen kennen. Das Werk ist geschlossen, dieses Kombinat wird nie wieder erstehen. Damals hatten sie ihre Unzufriedenheiten, die ergaben Mehltau, der lag als eine Art besonderer Staub auf den teuren Einrichtungen wie auf den Werksangehörigen. Sie verzogen keine Miene, grüßten zurück, ohne Interesse, auf keinerlei Kontakt aus.

Wir drängelten uns in einen eigentlich für Unbefugte verbotenen hochtechnischen Raum, waren keineswegs willkommen und hätten Luft sein können, denn die Geräte waren damit beschäftigt, eine Havarie aufzuspüren, die signalisiert, aber noch nicht geortet worden war. Als unser Herumführer nun launig und laut das Wesen von Havarien erklären wollte und wieviel jede ausfallende Stunde kostete, wurde er von einer jungen Frau um Ruhe gebeten, und die zuletzt Gekommenen unserer Gruppe drängelten gleich wieder raus, um nicht wie Affenglotzer herumzustehen.

„Also geh'n wir erst mal in die Gaststätte, gleich da drüben." Sie war so ungemütlich, daß wir am liebsten umgekehrt wären. Scharrstühle, Tischdecken aus Kunststoff, die meisten kaputt, volle Ascher, und im Raum ein Geruch von altem, schon zweimal verdautem Bier. Eine junge Frau mit Handfegerfrisur rannte als Bedienung hin und her, scheuchte uns von den Tischen wieder hoch, um uns anschließend woanders zu plazieren und reichte uns schließlich pro Tisch eine kleine speckige Speisekarte. Es gab Bockwurst mit Brot oder Kartoffelsalat, Soljanka, oder Broiler und noch etwas, das sah aus wie Hammerzehen, aber es waren vielleicht nur geschlitzte Würstchen. Die Bedienerin hatte ihren Arbeitsvertrag und nicht die geringste Existenzangst. Wir konnten die Gaststätte unbedient wieder verlassen, das war ihr Wurscht, ein zusätzliches Angebot. Es war ihr Wurscht, wie die Sprelacarttische aussahen, daß die Gläser noch Fingerabdrücke trugen, schwarzen Tee haben wir sowieso nicht im Angebot, und von 14 bis 18 Uhr gibt es gar nichts. Woanders auch nicht? Nein, nur im Werk, da haben sie ihre große Kantine. Und sogar einmal in der Woche Kino. Geht da jemand hin? Na ja, eigentlich nicht. Die Verkaufsstellen werden natürlich viel frequentiert, da gibt's sogar Bananen und Budweiser Bier. Sie haben auch eine eigene Poliklinik, da braucht man nicht so lange warten. Wie anderswo in der Stadt? Sie sagen es. Sind Sie Berliner? Na, da werden Sie sowieso mit allem zuerst versorgt. Weihnachten holen wir uns die Apfelsinen immer aus Berlin.

Das Werk war ein Riesending, ein Exportbetrieb, der brachte viel Geld ein, aber wie sollten wir beurteilen, ob die Säulen unseres eigenen bescheidenen Wohlstands auch auf dem Boden dieses Werkes ruhten – oder ob zuviel Schulden gemacht wurden, um auch hier zu unterstützen, zu subventionieren, zu halten, was am Ende nicht nur dem Plan der Abschaffung jeglicher Konkurrenz erlag, sondern der falschen Konzeption, der längst brisanten Überalterung und dem Wahnsinn viel zu teurer Produktion.

Romantik hatte ich nicht erwartet. Aber auch nicht diese Atmosphäre, die von Leuten erzeugt wird, denen ein Übelstand bekannt ist, den sie nicht beseitigen können.

Mein Kopf wurde immer leerer, meine Stimmung sank auf den Nullpunkt. Was tue ich hier eigentlich?

Nun, ich betrete mit den anderen einen potthäßlichen dunklen großen Saal, den Feierstunden oder Maibällen geweiht, für Auszeichnungen auch nicht geeignet, aber wohl gedacht. Wir nahmen Platz an Tischen mit Keksen. Die machten den Eindruck, als würden sie jeden Tag herein- und wieder hinausgetragen. Da auch wir keinen aßen, könnten wir die Sparmaßnahme unterstützt haben.

Nun kam der Minister, der mich hierher gelotst hatte, zusammen mit dem Generaldirektor herein. Den kannte ich nicht. Ich wußte nur, daß er von seinen Japan-Besuchen für seinen Sohn eine Tonanlage mitgebracht hatte, von der unsere jungen Rockbands nicht einmal zu träumen wagten. Sohni konnte die nicht bedienen und suchte nach kundigen Kumpels, aber es fand sich keiner, der mit ihm spielen wollte.

Es wären ein paar Worte über die erbärmliche Lage zu sagen, in der auch mein Einlader, der Minister, war. Sein trokkener Witz vertrieb manchmal auch nötigen aufkommenden Streit. Er war kundig, schlau, schlagfertig. Der Satz: „In Berlin fliegen dir ständig die Kugeln um die Ohren. Aber wenn du dich umdrehst, winken dir alle freundlich zu“, stammt von ihm. Ich habe ihn öfter so erlebt. Er konnte ein guter Kumpel sein. Aber er lebt nicht mehr, und bei seiner Beerdigung haben alle die gefehlt, die vorher ihren Fuß auf seine Schwelle nagelten, um einen Termin zu kriegen, die ihn nur mit seinem Freundesnamen nannten und in seine Nähe strebten, wenn er einen Raum betrat.

Es war nicht sein Tag, es war nicht seine Chance, aber ich muß zugeben, daß er daran auch nichts zu ändern versuchte. Er hielt eine Rede, vor der ich mich drücken mußte, wenn ich ihm wieder in die Augen sehen wollte. Es gehört zum Ruf des Politikers, daß er sieht, was er zu sehen gekommen ist. Aber der da, der war für mich wie zwei verschiedene Leute. Er wußte doch, daß gerade wir seine Phrasen durchschauten, daß wir ihm kein Wort glaubten. Aber wir trugen auch unseren Teil Erbärmlichkeit bei. Wir blieben sitzen.

Ich holte mein Büchlein heraus und begann zu schreiben: „Eines Tages bemerkte ich, daß ich domestiziert war ...“ Es war, als ob ich an Land schwimme, und ich konnte kaum so schnell schreiben, wie sich die Sätze einstellten. Es wurde ein Monolog, mehrere Seiten, aber als ich fertig war, sprach der Minister immer noch. Der berühmte Kollege neben mir beäugte neidisch mein Tun und sagte gnatzig: „Verdammt, ich hab eine andere Arbeitsmethode. Ich diktiere alles in mein Gerät. Das geht ja hier nicht.“

Nein, aber mich störte das nicht, ich war dabei, ein Gedicht zu schreiben.

„Morgen schreibe ich lauter HIERMITbriefe ...“

Mit der letzten Zeile meiner Verse beendete der Minister seine Ansprache, aber nun hub der Generaldirektor an zu lügen. Es mußte ihm bereits gesteckt worden sein, daß wir ziemlich über seinen Garten Eden meckerten. Er hätte das eigentlich nie zu erfahren brauchen, denn es war nicht vorgesehen, daß nach den beiden offiziellen Persönlichkeiten, sprich Amtshubern, einer der Gäste das Wort ergriff. Der GD redete nicht nur staubtrocken, sondern unfaßbar unehrlich, so daß ich abwinkte und mich wieder versteckte.

Ich schrieb einen Theatermonolog, den ein junger Schauspieler später viele Male gespielt hat, in einem Theaterabend für Männer, den vier Autorinnen gestalteten. Meine Aggressionen, meine Unzufriedenheit mit meiner Generation und mein Verständnis für die Jungen sind darin eingeflossen.

Der GD schloß: „Wir leben hier in S. gut. Wir leben gern in S. Jawohl."

Ich ging neben dem Minister zum Bus. „Ich kann dich nach dieser prima Rede nicht besonders gut leiden", sagte ich.

„Ich mich auch nicht", sagte er.

Der GD stieg gerade in einen Volvo. Eilt der zur nächsten Party?

Nein, der fährt nach Hause.

„Wohin? Aufs Dorf?"

„Nein, nach Berlin", sagte der Minister, „er hat in Grünau eine Villa."

So endete mein Versuch, mich gutwillig zur Verfügung zu stellen, um mir neue Welten der herrschenden Klasse öffnen zu lassen.

Ähnlich produktiv wie in S. war ich nur noch einmal. Als Delegierte, aber nur eine Frau und nur für die Unterhaltungskünstler saß ich auf der Galerie, während meine männlichen Kollegen im Parkett die Hühnerstange Reihe 10 verschönten. Dort oben schrieb ich eine Geschichte über das siebte Geislein, das die Sache mit dem Uhrenkasten kennt. Es empfahl sich, dem siebten Geislein geistig nicht nachzustehen.

Wie ich Bulgarien statt es mich kriegte

Fang an zu träumen. Stell dich dem totreifen Bitter des Holunder und dem Süßstoff der nachträglichen Heiterkeit. Kipp den Trank nicht ins Gebüsch, wohin das Unwesentliche verschwindet. Entlock ihm seinen Extrakt. Fang an zu träumen. Teil aus, aber vergiß nicht, daß dir Vorurteile bestärkt wurden, du hast von geheimem Groll etwas nach Hause getragen, aber auch den Verdacht, ungewollt einer anderen Frau geschadet zu haben. Sonst ist dir nichts passiert. Wenn es Klippen gab, an denen zu zerschellen war, so warst du damals zu hochmütig für die Angst, die zappeln und zerschellen läßt. Oder du hast die Klippe in ihrer Schroffheit gar nicht wahrgenommen.

Welch eine herrliche Nacht, ein viel zu lange nicht so gesehener Sternenhimmel schien über Rila zum Greifen nahe. Die Felsen hatten über die Jahrmillionen bewaldete Senken zugelassen, nun vermischten sich die Schatten rund um das ehrwürdige Kloster. Die Natur tat, als gäbe es unsere Geschäftigkeit nicht, sie zog sich nur um die nötigen Meter zurück.

In sie einzutauchen, hätte ein großes Erlebnis sein können. Aber ich war mit der Natur nicht mehr vertraut. Ich wohnte wohl ihren Ereignissen bei, aber was da in den Bäumen oder unter den Büschen sang, schlich, flog und knurrte, das konnte ich nicht mehr benennen. So war mir vielleicht eine huschende Katze unheimlich, und ich gewahrte einen Feind nicht, der mir die Nase abbeißen wollte. Die Atmosphäre aber war stärker als wir. Zu spüren als uralte Geschichte des Erdballs, holzknarriges steinkaltes Gemäuer mit dem Geheimnis von jahrhundertelangem mönchischem Leben, dessen Spuren sorgsam erhalten wurden. Neue Traditionen waren gegründet worden und wurden gepflegt, auch durch die Zeitungen und andere Medien.

Ich sollte zwei Tage am alljährlichen Fest und Wettbewerb internationaler Poeten teilnehmen dürfen. In den Kellern des Klosters gab es eine Ikonensammlung zu sehen, die unvergleichlich genannt wurde. Sie war so prächtig, es waren so viele einzelne Vollkommenheiten nebeneinander gehängt, daß mir die Augen ungewohnt schnell ermatteten und meine Sinne sich überfordert fühlten. So ging es mir viel später auch in der Eremitage in Leningrad. Dort habe ich mir nur das todtraurige Gesicht der Judith gewählt und lange mit ihr gesprochen. Da hast du seinen Kopf nun, und bist du deswegen schuldlos und aus allem raus? Nein, jetzt beginnt der lange Weg mit der schmerzenden Frage, ob es keine andere Lösung gab. Warum war er nicht so abscheulich, daß es ein Jubel wäre, ihm die Birne wegzuratzen? Aber kein Mann, jedenfalls keiner, der mir über den Weg kam und den ich am Rockzipfel festhielt, ist so abscheulich, und so müssen wir Weiber immer mit der Frage leben, ob wir nicht alles, oder ihn, oder uns hätten retten können.

Hier in Rila drängte sich mir die andere Frage auf, die ich auch bis zum Überdruß ausgelebt habe: Ich darf hier sein, ich, und wie geschieht mir dieses Wunder, unter so vielen Dichtern, vermutlich, Journalisten, wahrscheinlich offiziell Zugelassenen, das ist klar, und Kritikern, sicher vorher angeleiteten. Wie zu Hause.

Es hatte damit begonnen, daß ich in die Reiseabteilung meiner Gilde bestellt wurde. Dort teilte man mir mit, daß sich ganz Bulgarien um mich riß, jedenfalls um meine zweitägige Teilnahme am Poeten-Wettbewerb in Rila, mit Aufenthalt in Sofia. Nun, das Ereignis fand in jedem Jahr statt, wir schrieben die sechziger Jahre, und viele Kollegen waren schon in Oberlin statt Ostberlin, als Gastdozenten, oder in Schweden, Indien, die Welt ist groß. Es mochte immer schwieriger geworden sein, prominente Autoren zur Teilnahme am Poetenfest in Rila zu überreden. Ich war nicht prominent, es war leicht, mir zu schmeicheln, außerdem hatte ich bisher erbärmlich wenig von der Welt gesehen, und Mexiko oder Bulgarien waren für mich gleichermaßen geheimnisvolle Teile der Erde. Aber der Flug nach Bulgarien war erheblich kürzer, und nach Mexiko hatte mich niemand eingeladen.

„Wir bezahlen denen alles, hier ist die Adresse in Sofia, die holen euch ab, alles weitere erfahrt ihr von denen, und der Kollege S. fährt mit dir." – „Den kenne ich nicht." – „Na, er dich vielleicht ja auch nicht, da könnt ihr euch kennenlernen. Daß es nicht immer heißt, die Zentrale reißt sich alles unter den Nagel. Also, er fährt mit." – „Fliegt mit."

Die Auskünfte wurden karg und grämlich gegeben, der Kollege fuchtelte zwar unentwegt auf seinem Schreibtisch herum, setzte sich nicht mal, aber er förderte mehr nicht zutage. Einen Namen vielleicht, einen einzigen? Ein Mensch, nach dem man fragen könnte? Der Kollege hatte keinen Namen. Die wechseln doch auch andauernd. Ach, wieso auch? Wollte er gehen? Ich hätte nichts dagegen gehabt, Stiesel der. Jedenfalls zu Frauen, jedenfalls zu mir.

Ehe mich das Kloster Rila mit nächtlicher Pracht in seinen Bann schlagen konnte, gab es ein paar kleinere Hürden zu nehmen. Der Kollege S. erwies sich schon auf dem Flugplatz als ziemlich tückischer Depp, der an dem Komplex litt, zu weit weg von der Zentrale zu wirken und daher literarisch zu wenig gewürdigt zu werden. Da ich der Zentrale nahe lebte, war ich für ihn eine erreichbare Gegnerin. Es nützte wenig, ihm zu sagen, daß sein Nachteil, die Zentrale nicht als Nachbar zu haben, von meinem derzeitigen aufgewogen würde, ich war nämlich eine in Todesängste verstrickte Person, die vermutlich wie ein würgender Fischotter neben ihm die Wolken durchstoßen würde. Der Fischotter hat mit den Wolken gar nichts zu tun, aber Todesangst hilft den Metaphern nicht eben auf. Seine Ritterlichkeit glich der einer durstigen Mücke in der Tiefe der Nacht. Ich war neben ihm so verlassen wie mit einem defekten Jeep in der Wüste.

Aber ich dachte, ich sei wohl zu unduldsam, der leere Magen, die Angst, auf festem Boden würde ich mit dem Männeken schon fertig werden. Das wäre leichter gewesen, hätte ich vorher ein Buch von ihm gelesen. Aber er schrieb sich vornehmlich seine Soldatenzeit von der Seele, ich mir meine Zustände als Weib, was Wunder, daß wir uns nicht füreinander interessiert hatten. Nur gleicht sich das eben nie aus. Seinem Gehirn lag das Desinteresse an mir nahe, das meine an ihm war ein Frevel und Teil der Verschwörung gegen ihn.

Ich wandte auf dem Flug jedes falsche Rezept an, alle versagten, aber endlich hatten wir festen bulgarischen Boden unter den Füßen.

Es erwartete uns nur niemand. Wir hatten weder bulgarisches noch anderes international gültiges Geld bei uns, nicht eine Münze, waren gleichermaßen unerfahren, und da es verboten war, fremdes Geld auszuführen, hatten wir uns beide daran gehalten. Wir konnten nicht einmal telefonieren. Unsere deutsche demokratische Mark wollte niemand haben. Damit wir uns nicht vor seinen Augen erschießen, ließ uns ein gnädiger Bediensteter anrufen, nachdem wir ihm die Adresse und Telefonnummer des Schriftstellerverbandes vor die Augen gehalten hatten.

Wir erreichten niemanden. Es war Siesta, sehr heiß, und die hoben dort den Hörer nicht ab, weil es zu oft klingelte, aber das konnte ich mir erst später denken, und zugegeben haben sie es nie. Schließlich sammelten sich so viele Leute um unser Dilemma, daß wir die Münzen für den Bus in die Hand gedrückt bekamen. Während der sehr langen Fahrt kamen wir uns in unserem Zorn gegen die säumigen, schlampigen, typisch bulgarischen Abholer menschlich etwas näher, denn nun hatten wir einen gemeinsamen Gegner, der uns unser Gepäck allein schleppen ließ, bei meiner mörderischen Migräne. Ich darf auch sagen, daß ich damals Knoblauch noch nicht sehr schätzte. Der im Bus ausgedünstete war eine Zumutung. Aber die wurde noch übertroffen von der Schwere meines Koffers, in dem sich leider nicht nur Sommerfähnchen und leichtes Unterzeug befanden, nicht nur Proviant, damit ich das Geld für Reisesemmeln behalten konnte, sondern auch jene dämlichen Gastgeschenke, die wahrscheinlich hinter dem Rücken des Gebers immer im Orkus verschwinden. Diese Bildbände und Bücher für Kollegen, wie unsinnig, aber mein Verband tat sich da sehr wichtig. O ja, auch ich kenne Augenblicke von Haß, und als ich damals mit pulsierender Zeitbombe im Schädel meinen Koffer jeweils etwa zehn Meter schleppte, mit immer noch leerem Magen und ohne Ahnung, wie weit der Weg noch sein würde und ob wir nicht überhaupt im Kreis liefen, da haßte ich mich, mein Vaterland, meinen Entsender und diese Fremde, in der jeder Befragte lächelnd den Kopf schüttelte, wenn wir die Straße aussprachen, aber genau in die Richtung wies, in die wir gingen. Was war falsch? Sie hätten uns zu Hause sagen sollen, daß in Bulgarien ein Kopfschütteln Ja heißt, ein Nicken Nein. Ehe ich aber zugrunde ging, fesselte mich der Anblick einer Menschentraube vor Glaskästen. Ich drängelte mich durch, ließ Koffer und Taschen einfach stehen, jaja, liebe Kinder, solche guten alten Zeiten gab es, und kam vor zwei nebeneinander hängende Agitationshilfen. In der einen, vor der sich die Männer drängten, nur Männer, wie ich da erst bemerkte, waren lauter westliche dekadente Pfuibilder zu sehen, eher brave Ablichtungen aus Zeitschriften, keine barbusigen Mädchen, aber solche mit sehr kurzen Röcken und tiefen Dekolletés, ein Playboyhäschen und eine Dame mit laszivem Blick, Glas in der Hand und Zigarette im Mund, neben einem vermutlich stinkreichen alten Kerl.

Wie diese Fotos verabscheut werden sollten, las der bulgarische Genosse im Kasten nebenan. Aber dort stand niemand. Ich auch nicht länger, über solche Scheinheiligkeit waren wir zu Hause gerade hinaus und also besonders erhaben.

Wir kamen an. Seit unserer Landung waren drei Stunden vergangen, und es war wirklich das richtige Haus, eine alte kühlende Villa mit einem Schild neben der Haustür, einem

Garten mit kleinem Springbrunnen und mit Kaffeeduft, vor allem aber mit Menschen. Denen wir jetzt in höflichen, aber doch wie unter Freunden auch üblichen sehr offenen Worten sagen wollten, was wir von ihrer säuischen Schlamperei hielten, ihr weltweit bekannten balkanischen Arbeitsverweigerer, Siesta-Schlemmer.

Sie hatten uns aber nicht erwartet. Unsere Namen standen nicht auf der Liste, die uns der zuständige Carol vor die Augen hielt. Wir waren für ihn eine Ladung von 1 000 Flaschen Ketchup oder ebenso vielen Exemplaren der Parteizeitung. Das heißt, wir hatten ihm gerade noch gefehlt. Wir kamen auch in den Durchschlägen und handschriftlichen Nachträgen nicht vor, nirgends, wir nicht und nicht in Bulgarien. Ob wir uns vielleicht im Land geirrt hätten?

Sicher, es war, wie jedesmal, auch an die DDR eine Einladung geschickt worden, aber voriges Jahr wäre ja auch niemand gekommen, und Antwort hätte es nicht gegeben. Und nun waren sie hier wahrlich ausgelastet damit, alle die ordentlich angemeldeten Persönlichkeiten zu betreuen, für die in den Hotels rechtzeitig Zimmer angemeldet waren und die selbstverständlich mit dem Auto vom Flugplatz bis fast in ihr Zimmer gefahren worden waren oder würden, um ihr Gepäck müßten sich die Herrschaften keinen Augenblick kümmern.

Das klang nach Hektik und Streß, Allgegenwärtigkeit und äußerster Umsicht. Aber die hatten ihr Telefon immer noch ausgehängt und saßen ziemlich gemütlich vor ihren winzigen Täßchen und übervollen Aschenbechern. Wer wollten wir sein? Gisela wie? Hans von wo? Welche Bücher waren denn von uns bisher in Bulgarien erschienen? Oder wenigstens Aufsätze in Zeitungen? Nein? Porträts? Keine?

Im Budget war für uns kein Taschengeld eingeplant, sie hatten auch kein Zimmer für uns, und es wäre ihnen wohl nicht unlieb gewesen, hätte sich die Erde geöffnet und uns verschlungen. Aber einen Rückflug, nach dem ich kategorisch verlangte, hatten sie erst recht nicht. Es schien zwei Unmöglichkeiten zu geben: Einen Flugschein, einmal gebucht, wieder loszuwerden, oder einen Flugschein, noch nicht gebucht, zu kriegen. In Berlin anrufen? Von hier aus? Das müßten wir nachts versuchen, am Tag ist kein Durchkommen, sowieso nur mit langer Voranmeldung, und dann geht auch nichts.

Meinen Kollegen schien diese überaus peinigende Situation zu besänftigen. An der Front gab's das auch oft, als Soldat hatte er die besseren Nerven. Da es mehr Mühe gemacht hätte, unsere Leichen loszuwerden, verbrachten sie uns, getrennt voneinander, in die Vorstadt zu Privatvermietern. Wir konnten uns nur noch zurufen, wir würden uns am nächsten Tag mittags vor unserer Botschaft treffen. Aber er hatte die Adresse in der Tasche, ich besaß keine Münze, kein Telefon, keinen Anhaltspunkt, und ich wußte nicht einmal, wo ich war.

Meine freundliche Gastgeberin verstand nur bulgarisch, zeigte mir die Dusche und stellte mir einen Teller mit Fleisch und Brot neben roten Wein, und ich revanchierte mich, indem ich die Gastgeschenke aus meinem Koffer riß und sie ihr überreichte, samt Wandbild mit Kreml. Sie freute sich so, daß ich mich schämte. Aber ich würde den Kram keinen Zentimeter weiter schleppen, und übrigens hat die Gaben später auch niemand vermißt.

Am nächsten Morgen hatte ich mich entschlossen, mich bis zum Flugplatz durchzuschlagen und dort etwas anzustellen, so daß sie mich abschieben würden. Aber da klopfte es, herein kam Carol, der deutsch sprach, alles versprach, sogar meinen Namen richtig aussprach, was mir den Verdacht nährte, irgendwelche Papiere müßten sich wohl angefunden haben. Das machte die Blamage nicht kleiner, aber Carol brachte mich mit Charme zum Lachen und erklärte alles mit Bulgarien. Unter einer Flut verlogener Komplimente versteckte sich halb und halb, daß alles irgendwie schon in Ordnung sei, und dann schüttelte Carol mehrmals mit dem Kopf und erklärte mir, dies hieße Ja, daran solle ich mich gewöhnen, von jetzt an gibt es nur noch Ja, und nun ab ins Auto, in den Bus, ab nach Rila, alles wird wunderbar.

Nun war es Abend. Wer einmal im Rila-Gebirge so einen tiefen Sommerabend erlebt hat, der wird wissen, wie sich Düfte und Geräusche mischen, bis der eigene Atem langsamer wird und ruhiger. Mein Gemüt spürte nur noch die Kraft des Hierwardasalles, das Barbarische, das Großartige, Unverständliche. Aber das Lächeln löste sich, die Hände wurden leicht und nichts schien mehr unbedingt nötig.

Sie gaben mir Valja als Dolmetscherin. Wir lachten uns an, umarmten uns und waren unzertrennlich. Uns haben sie vertauscht, sagte Valja und wollte meine Rede haben, damit sie die nachher flüssig übersetzen könne.

Ich hatte keine Rede. Da mir meine Vorredner sehr langatmig vorkamen, machte ich es ganz kurz. Sagte, daß ich zum ersten Mal in Bulgarien bin, also fremd hier, aber ich würde gut hinschauen und zu Hause alles getreulich erzählen. Mir schien, es war ein wunderbares Publikum. Ich konnte aber im Dunkel nicht ausmachen, wie viele Menschen es wohl gewesen sein mögen, weil die Schatten von Bergen, Bäumen und Menschen ineinander übergingen. Nur die kleine Bühne war erhellt. Dort bekamen Valja und ich unseren Begrüßungsbeifall, wie alle anderen auch, aber als ich sprach und Valja übersetzte, lachten die Zuhörer. Das geschah uns in den nächsten Tagen noch öfter. Was, Sie sind die Deutsche ? Nein, Sie müssen doch eine Bulgarin sein.

Weil wir nur vier Minuten am Mikrofon verbrachten und damit alle Vor- und Nachredner weit unterboten, hatten uns vielleicht alle lieb. Der sowjetische Delegierte sprach über eine halbe Stunde und nichts davon war wissenswert. Die Geduld der Bulgaren, sich all diesen langweiligen Quatsch anzuhören, habe ich bewundert.

Inzwischen näherten sich mir einzelne Personen mit wichtigen Nachfragen. Zum Beispiel, warum ich darauf bestanden hätte, mit meiner Dolmetscherin in einem Zimmer zu schlafen? Das sei eigentlich nicht üblich. Ich sagte, um in ihr Domizil zu gelangen, müsse sie eine halbe Stunde ins Dorf laufen, und in meinem Zimmer sei ein Bett frei, so einfach ist das. Sie sei aber nur eine Dolmetscherin. Ja, meine, sagte ich und trollte mich. Nachdem wir also hundert Jahre vielsprachiges Pathos und stotternde Übersetzungen gehört hatten, gab es endlich das Abendbrot, in einem riesigen Saal, modern verbaut, herrliche Früchte und ein miserables zähes Steak, das sich alt gewartet hatte, schönen Dank auch, ihr lieben Redner. Die Kartoffeln waren kalt, aber man konnte sich an den Früchten laben. Wie erwartet, begann nun das Eigentliche, neue Reden und eine Überschwemmung mit Alkohol. Ich wandte meinen alten Trick an, Alkoholverbot wegen Antibiotika. Das war erleichternd, aber nun kamen endlich alle zu kurz gekommenen dran. Sie priesen die Partei und die Sowjetunion, die Bulgarien vom Türkenjoch befreit habe und jedes Jahr die größten Dichter aller Zeiten nach Rila entsendet. Der nächste pries all die erschlagenen Helden und die kommenden Generationen, den Weltfrieden und den Staatspräsidenten. Der war schon mehrmals begossen worden, aber niemand zögerte, ihm ein weiteres Mal die Ehre anzutun. Es gab fast nichts mehr, was noch verherrlicht werden konnte, da stand ein greiser Mann mit dem Kopf eines sehr alten Papageien auf und rühmte, daß ausgerechnet aus Germania eine Poetessa gekommen sei, die müsse als Kind aus Bulgarien entführt worden sein, vielleicht sei sie in diesem Raum die Bulgarin überhaupt, in diesem herrlichen Raum mit dem herrlichen Präsidenten und dem herrlichen Weltfrieden in diesem herrlichen Kloster.

Besoffene bringen mich kaum je zum Lachen. Ich find's nicht komisch, wenn jemand seine Würde verliert, aber der alte zapplige Herr wandte die Blicke aller auf mich, der Name Poetessa gefiel mir und übel war mir auch nicht mehr. Ich war nicht mehr unerwünscht, vermutlich wußten kaum drei Leute, daß ich dem Verband vom Himmel auf die Füße gefallen war, und meine Silberohrringe konnten sich auch sehen lassen. Ich hob mein Wasserglas, nach Damenweise bescheiden dankend, und er schwenkte das seine mir zum Ruhme maßlos, so daß sich der Inhalt auf seinen Nachbarn ergoß.

Inzwischen wurden die Blicke der Männer schwerer, die Andeutungen deutlicher und lästiger, schon begannen ein paar Trunkene, alte Mannestänze zu tanzen, zu sehr lauter und unschön gespielter Musik, die Raucher verminderten unsere Lebenserwartung und meine Zeit zum Abhauen war längst gekommen. Aber Valja mußte es wissen, sie bedeutete mir jedes Mal, noch nicht, es ist zu früh.

Schließlich stand der Präsident des Verbandes auf, der Genosse Gastgeber. Ein schöner, typischer Bulgare mit den ersten Zeichen der Verwüstung. Wie zu Hause, dachte ich, als die Kellner mit ihren Tabletts innehielten, die Bedienerinnen sich nach hinten verdrückten und als jene bedeutungsvolle Stille eintrat, die selbst von den Zechern nicht durchbrochen wurde.

Ich kenne solche Situationen und Augenblicke und warf Valja einen leidenden Blick zu, denn der Mann würde sich doch jetzt die Darlegung der Weltsituation nicht nehmen lassen. Nur war an der Stille etwas anders, als ich es kannte. Ich konnte es nicht deuten, aber die Mädchen mit den langen Schürzen blieben in den Türen stehen, die Kellner gingen nicht hinaus, die Gesichter wandten sich dem Mann zu, auch glasige Augen suchten seinen Blick. Ich sah wohl, daß dieser Mann Charme hatte, konnte der Übersetzung entnehmen, daß er kein Schwätzer war, kein Berufsfunktionär, und daß es zwischen ihm und einem Teil der Anwesenden eine Vertrautheit gab, die mich und auch andere ausschloß. Es wurde leise gelacht, und als er schwieg, standen zuerst die Kundigen auf, wir natürlich mit ihnen, sie hoben ihm ihr Glas entgegen und er sagte noch etwas, das nicht übersetzt wurde, aber das Lachen darauf wirkte anders, frecher, freier, eingeweiht.

Ich sah Valja an und hielt die Fragen zurück, die ich eben

stellen wollte. Sie hatte das Gesicht eines kleinen Mädchens, dem Lanzelot persönlich begegnet, oder Batman, oder wer immer ihr Traummann sein mag. Du kennst ihn, Valja? Valja sah mich an, als könne sie nicht glauben, daß jemand ihn nicht kenne. Ich lebe mit seinen Gedichten, sagte sie. Seine Gedichte sind die schönsten, die es gibt.

Wir wurden unterbrochen, denn ein Mann bat mich, an den Tisch des Präsidenten zu kommen. Ich wollte Valja mitziehen, aber die machte sich frei und drängte mich in die Richtung des Tisches, vor dem der Präsident in einem kleinen Kreis stand. Er hielt Hof, plauderte, hörte zu. Wir wurden einander vorgestellt, inzwischen war ich zur Poetessa Gisella avanciert, mein Nachname interessierte nicht. Der Mann küßte mir die Hand. Ich mag das, ich geb's zu, es ist fast aus der Welt, und ich will nicht, daß einer die Luft über meiner Hand zu küssen vorgibt, aber dieser altmodische leichte Handkuß, den könnte ich jetzt manchmal mitten im Alltag auch genießen.

Der Präsident wollte in einem kleinen Kreis weiterfeiern, in einem sehr kleinen Kreis. Er lud mich herzlich ein.

Auf einmal stand ich im Mittelpunkt. Hatte er ein Tüchlein geworfen, mir eine Rose angeheftet, mich auf ein Pferd gezogen? Oder wollte er in kleinstem Kreis letzte Einzelheiten über unsere Erfolge bei der weiteren Vervollkommnung des Aufbaus des Sozialismus in der DDR erfahren? Wohl kaum, das hat während der gesamten Dauer meines Aufenthaltes kein Schwein interessiert.

Ich sagte, es ehre mich, aber ich sei müde nach diesem langen Tag und würde mich gern zurückziehen. Der Dolmetscher sagte leise: „Das können Sie nicht machen. Er ist der Präsident."

„Sagen Sie ihm, das sei viel. Aber ich bin eine Königin. Das ist mehr."

Wie mutig das klingt. Aber es war nur der Mut der unausweichlichen Erkenntnis, daß es noch viele Flaschen gab, die geleert werden konnten und daß ich später in eine weitaus unangenehmere Situation kommen könnte, aus der mir dann auch kein frecher Satz heraushelfen würde. Also lächelte ich, ließ mir noch einmal die Hand küssen, und der Präsident versuchte nicht, mich zu halten.

Dieser Vorfall war kaum bemerkt worden, aber bis zum Morgen war er zur Anekdote gereift.

Noch war es Nacht, ich ging zum Tisch, streifte meine Handtasche von der Lehne und warf Valja einen Blick zu. Dann ging ich nach draußen. Wohin mir natürlich niemand folgte, außer Valja. Ich streifte mir die Schuhe von den Füßen und wir rannten die lange hölzerne Balustrade entlang, bis wir endlich unser Zimmer fanden, endlich aufgeschlossen hatten, und dann schob ich von innen noch einen Stuhl unter die Klinke. Wir ließen uns auf die Betten fallen, aber wir lachten nicht, machten kein Licht, haben uns im Dunkeln notdürftig gewaschen, dann schlüpften wir in die Federn, naschten vom Obst und tranken aus den bereitgestellten Flaschen das gute Quellwasser. Valja hatte Angst. Ich weiß nicht, was sie sich ausdenken werden, sagte sie. Wenn der Präsident beleidigt ist, dann müssen sie etwas tun. Und wenn nicht dir, dann mir. Sie werden sagen, ich habe dir unsere Sitten nicht gut erklärt. Ich habe dich taktlos gemacht.

Ich sagte gähnend, niemand kann niemanden taktlos machen. Und heute nacht kommt sowieso ein guter Räuber, der entführt uns in die Berge, ein Räuber schöner als der andere, und morgen sehen wir weiter. Laß uns schlafen, die Nacht ist ohnehin nicht meine Zeit, erklären wir alles damit, wenn uns nichts anderes einfällt.

Am Morgen war mein Status nicht mehr derselbe. Ich wurde zum Frühstück an einen kleinen Tisch geführt, der mit einer Rose geschmückt war. Valja zog ich neben mich, ehe sie wieder entwischen konnte. Dann sah ich mich um und fühlte mich beobachtet. Zwischen den anderen und mir war ein Abstand entstanden, den ich nicht durchbrechen konnte. Ich begegnete nur Lächeln und erwiderte es, aber dieser bereitwillig entstehende Gruß machte mich eher unsicher. Noch immer kannte niemand hier auch nur eine Zeile oder eine Meinung von mir, das schien unwichtig zu sein. Ich war eine Frau, eine Poetessa, sah aus wie eine Bulgarin, niemand wollte wissen, ob ich zu Hause auch noch herumdichte.

Wir wurden hinausgeleitet, um vor der Bühne die Ergebnisse des dichterischen Wettbewerbs zu erfahren. An ihm waren wir nicht beteiligt, andere Ausländer schon. Ich konnte kein Prinzip erkennen, und eine Erklärung bekam ich nicht. Um heute eine Antwort zu bekommen, hätte ich vorgestern fragen müssen, das ist so im Süden. Also stand ich dort herum, kannte die Spielregeln und die Teilnehmer nicht und verstand auch nicht, was rezitiert wurde. Ich wollte ein bißchen auf der hügligen Erde um die Bühne herumlaufen, aber Carol erwischte mich am Arm und bat mich, zu bleiben.

Nun, endlich, würden ein paar der eingereichten und natürlich die preisgekrönten Verse vorgelesen. Wahrscheinlich würde der sowjetische Dichter wieder den ersten Preis bekommen, das sei so üblich, weil die Liebe der Bulgaren zum Befreier vom türkischen Joch auch dies einschloß, jedes Jahr den ersten Preis in Rila, sagte Carol zynisch, aber diesmal gäbe es zwei erste Preise, das sei außergewöhnlich.

Einen ersten Preis bekam der sowjetische Dichter, dessen Epos leider auch übersetzt wurde. Er pries die Natur und wetterte dagegen, daß er mit dem Auto gekommen war. Nieder mit der Zivilisation! Und eine Tankstelle gab es nun auch hier, sogar eine Autostraße. Er beschrieb seine innerlichen Leiden bei der komplikationslosen Anreise. Ich verdrehte die Augen, aber der Mann bekam Beifall und machte nun dem anderen Preisträger Platz, der sein Gedicht verlas, das aber nicht übersetzt wurde, weil es erst in der Nacht entstanden war. Carol berührte meinen Arm und sagte: „Sie müssen jetzt auf die Bühne und den Dichter küssen."

Ich kannte den Mann nicht und stand ziemlich weit weg

von ihm. Bemüht, die einheimischen Bräuche nicht auch noch am hellerlichten Tag zu verletzen, rannte ich los, eilte auf die Bühne, küßte den alten Mann rechts und links auf die Wangen, hörte Beifall und bemerkte auf einmal, daß es jener fröhliche Glasschwenker war, den ich allerdings auf der Straße nicht wiedererkannt hätte.

Unser Betreuer Carol war ein spöttischer, gebildeter und verkommener Intellektueller, vermutlich ein erpreßbarer und erpreßter Mann. Durch Laster, die seinem Gesicht anzusehen waren, aber wohl auch durch eine Vorgeschichte, die ich nicht kannte. Mag sein, eine der verlorenen Seelen, die sich zuerst nicht widersetzen und dann keinen Spielraum mehr haben. Sie machen die Welt schlechter, damit sie ihnen selber mehr gleicht. Das verleiht ihnen eine Art morbiden Zaubers. War er gestern noch freundlich, ein bißchen flirtend und höflich, so benahm er sich nun zunehmend wie eine Puffmutter. Als ich zurückkam, sah ich Valjas Verlegenheit und sein Grinsen. Ich erfuhr, der Alte sei der Nestor und habe ein Liebesgedicht auf mich geschrieben, das mit der Zeile endete: „Verzeiht mir, Genossen, wenn ich den Wunsch habe, sie einmal zu küssen."

Wenn der Nestor das Gedicht erst in der letzten Nacht geschrieben hatte, so mußte er es besoffen getan haben. Und von der letzten Zeile ausgehend, schien es ein rechtes Machwerk zu sein. Das Publikum hier konnte nicht wissen, daß ich den Schwachkopf und seine Verse nicht kannte, wie mußte ich den Leuten vorkommen, daß ich zum Küssen und Danken auf die Bühne geeilt war.

Fluchttrieb, der uralte Rettungsring der Weiber. Aber in diesem sehr unangenehmen Augenblick begegnete ich den Blicken einer jungen Frau, die sich immer näher an mich heranschob. Erst als Carol weggerufen wurde, sprach sie mich leise an. In gebrochenem, aber intelligentem Deutsch. Wir möchten mit dir sprechen. Du mußt hier weg. Wir warten auf dich in der Teestube.

Sie tauchte ab und ich ahnte, daß auch diese Begegnung für Valjas Zukunft nicht sehr förderlich sein würde, deshalb fragte ich mich allein durch.

An einem großen Tisch saßen jüngere, nicht ganz junge Leute, zwischen dreißig und vierzig. Warst du schon einmal hier? Wer bist du? Was schreibst du?

Sie vertrauten mir, obwohl ich mir das nicht verdient hatte. Wenn du nach Hause fährst, sagten sie, dann sag, es soll niemand mehr zu diesem Wettbewerb kommen. Es ist immer abgekartetes Spiel, und das ist nicht das Schlimmste. Sollen sie doch die Preise haben. Aber von uns wird nichts gedruckt, und von denen werden die Zeitungen wieder voll sein, mit Lob und Ehre.

So fließend bekam ich das alles nicht serviert, aber schwer zu verstehen war es nicht. Laß dich nicht benutzen, sagten sie. Wenn wir dir das Gedicht übersetzen, wird dir das nicht recht sein. Doch, sagte ich, übersetzt es mir.

Ich besitze das Originalblatt noch. Es ist ein sehr gutes Mittel gegen Eitelkeit. Meine Haare so schwarz wie der Wald in der Nacht, meine Augen zwei Waldseen. Gibt es nebeneinanderliegende Waldseen?

Als die Zeit für die Rückfahrt nach Sofia kam, sollte ich nicht im Bus Platz nehmen. Mit zwei vielleicht berühmten Dichterinnen, die erst allmählich auftauten, weil sie mir übelnahmen, was ich mir wohl denken konnte, fuhr ich zurück und wurde samt Gepäck vor einem großen Hotel herausgebeten. Im Appartement gab es Blumen, ein Telefon, Radio. Nichts Besonderes? Nun, wir schrieben die sechziger Jahre.

Mein Telefon läutete, erst hob ich nicht ab, dann siegte die Neugier und ich nahm Einladungen entgegen, entschuldigte mich bei dem einen mit dem anderen und traf mich mit den jüngeren Künstlern in einer Szenekneipe. Sie hatten sehr recht, soweit sie alle anderen kritisierten, verabscheuten, ablehnten, haßten. Aber als wir mit diesem Thema durch waren, gelangten wir zu ihren eigenen Absichten. Da zeigte sich, daß sowohl die Männer als auch die Frauen uraltes Rollenverhalten längst verinnerlicht hatten. Die Frauen glaubten nicht, daß sie auf dieser Erde irgend etwas verändern können, und die Männer achteten sie dafür, daß sie es auch gar nicht erst versuchen wollten. Wir saßen in einer Knoblauch- und Weinwolke, die hüllte uns ein und blieb unser einziges Gemeinsames. „Bulgarische Frauen sind anders, versteh doch mal, sie achten auf ihre Reinheit, vor der Ehe bleiben sie unberührt, sie besingen die Liebe und machen den Mann stark im Kampf." In welchem Kampf, gegen wen? „Gegen die Alten in der ganzen Welt." Das wird nicht reichen, aber warum nehmt ihr die Frauen nicht mit? „Nein, sie sollen von der Liebe singen und auf die Kinder achten."

Die schwierigsten Kinder seid ihr, die Männer, sagte ich. Männer, die nicht erwachsen werden wollen.

Meine bezopfte Schöne, die mich am Vortag geangelt hatte, sagte: „Was würdest du tun, wenn deine siebzehnjährige Tochter ihre Unschuld verliert?"

„Ich hab ihr einen Ring geschenkt", sagte ich, „und wir haben nur das Nötigste darüber geredet."

Sie verstanden mich nicht. Ich fragte sie nach dem Präsidenten des Verbandes, dessen Mitglieder nur wenige von ihnen waren. Sie wurden nicht aufgenommen oder wollten nicht ins Establishment, aber da politisch eindeutige Bekundung das Eintrittsgeld war und sie keine Hoffnung sahen, die Alten rauszuwerfen, verweigerten sie sich. Leidenschaftliches Für und Wider, aber auf die Frage nach dem Präsidenten wichen sie mir aus. Als ich das sagte, wollten sie es nicht dabei belassen. Wir haben ihn alle geliebt, sagte die junge Frau. Er war unser Dichter. Aber Präsident hätte er niemals werden dürfen. Nun schreibt er keine Gedichte mehr. Und wenn, dann wollen wir sie nicht lesen. Es sind schlechte Gedichte. Er hat seine Sprache verloren.

Es kam der Abend vor unserer Heimreise. Carol teilte mir mit, der Präsident möchte für die deutsche Delegation ein

Abendessen geben. Sie hätten in einem typisch bulgarischen Restaurant die Garderobe ausgeräumt und für uns eingerichtet.

Wir kamen vor dem Präsidenten an, und Carol drückte mir einen Strauß langstieliger dunkelroter Rosen in die Hand. „Die überreichen Sie ihm. Bitte!“ Das war ein Befehl. Aber wie kam ich dazu, als Frau einem fremden Mann rote Rosen zu schenken, so aufdringlich viele? Wie schamlos, wie peinlich. In Carols Augen war die Verzweiflung eines Mannes, der sich selber verabscheut und ebenso den anderen Menschen, der ihm den Spiegel vorhält. „Bitte!!“ Hinter dem Ton des Wortes lag: „Mach mir das Leben nicht schon wieder schwierig. Es hat vier Seiten und ich klemme dazwischen.“

Das ging mich nichts an. Ich warf einen Blick auf Valja und glaubte, die rettende Idee zu haben. Valja! Sie kann ihm doch sagen, wie sehr sie seine Gedichte liebt, und wie glücklich sie ist, ihm jetzt zu begegnen, wo sie Sprachen und Literatur studiert. Für seine Gedichte diese Rosen, diese Liebeszeichen. „Für welche Gedichte“, fragte Carol, „für die frühen? In welche Situation wollen Sie Valja bringen? Ohne Stipendium kann sie nicht weiterhin studieren. Wollen Sie morgen früh nach Deutschland fliegen und Valja fliegt auch, von der Uni? Gründe finden sich immer.“

Der Präsident kam, und ich habe ihm die Rosen gegeben, mit einer kleinen Ansprache im Namen der Delegation, des Weltfriedens, als Dank für Rila.

Er hat gelächelt und die Rosen beiseite gelegt. Mag er eine Kreatur geworden sein, er hatte immer noch alle Spuren von Sensibilität und jener Einfühlung, die mir zeigte, daß er verstand. Ich hatte neben ihm zu sitzen und nach ihm wurde mir vorgelegt, wenn er das nicht selber tat. Innerhalb von Stunden wurde soviel Atzung hereingeschleppt, daß man damit die Studenten einer Uni hätte versorgen können. Etwa nach dem achten Gang piekten wir nur noch mit dem Gäbelchen oder tunkten das Löffelchen. Aber da war ich schon bei der zweiten Flasche Wasser und die Trinksprüche näherten sich dem

Weltall. Alles Lebendige war aufgezählt worden, die Toten waren geehrt, die Kommenden begrüßt.

Der Präsident war nicht betrunken, längst noch nicht. Die angelebte Härte war aber weg, der offizielle Touch auch, er war angreifbar geworden. Wie schreiben Sie, Poetessa? Sagen Sie mir ein Liebesgedicht. „Sie sind der Mann, Ihre Gedichte sind berühmter." Mit einem wunderbar natürlichen Tonfall zitierte er eigene Verse, Valja nahm seinen Ton auf und übersetzte, sie überholte ihn sogar, er bemerkte es und lächelte sie an. Aus den beiden Sprachen, aus seinem und ihrem Tonfall, entstand eine kostbare Musik. Das Liebesgedicht nahm mir den Atem. So wild und so keusch dichten nur die ganz Großen. Jenseits aller Pose erzählte sein Gedicht von Sehnsucht, Unerfüllbarkeit und einem Augenblick, wo alles möglich wird.

Armselig der Versuch, auch nur eine Metapher aus dem Gedächtnis wiederzugeben. Der da, dieser langsam verfettende Schönling, in dessen Augen keine Lust mehr war, sondern nur noch der Spott, und vielleicht auch neben dem Zweifel schon die Verzweiflung, der da hatte mit Gott gespielt und war dafür bestraft worden.

Valja hatte Tänen in den Augen, und der Dichter nickte, vollbrachte mit Augenbrauen und Lidern eine resignierende Mimik, er gab etwas zu, das aber nicht im Raum bleiben durfte. So rief er nach der Zigeunermusik und nach Carol und wischte alles weg, was mich eben vor seine Füße geworfen hatte.

Ich war nicht wichtig für ihn. Vielleicht hatte ich ihm eine kleine Aufmerksamkeit entlockt, vielleicht kannte er die meisten anderen Teilnehmer „des alljährlichen" bis zum Überdruß, vielleicht auch gefiel ich ihm und er mußte nicht befürchten, ich würde mich an ihn kletten.

Es wurde Order gegeben, daß wir sofort aufbrechen, in die „beste Bar Sofias". Ich hätte auf die Knie fallen mögen und um Entlassung bitten, aber Carol war schon dabei, die Abfahrt zu organisieren, und meine Meinung interessierte nicht. Die beste Bar Sofias war ein neppiger Schuppen, ein häßlicher Raum mit farbigen Nierentischen, ungemütlich, tinniffig, aber natürlich bekam der hohe Gast hier Whisky an den Tisch geschleppt. Mein Kollege S. stänkerte, glotzte mich gehässig an und war stinkbesoffen.

Der Dichter tanzte nicht. Er war jetzt traurig und böse, könnte auch sein, daß er müde war. Da er nicht mit mir tanzte, tat es auch kein anderer. Ich war äußerst mißtrauisch und auf der Hut. Mir gefiel nicht, was ich sah, und ich konnte mir den weiteren Fortgang nicht vorstellen, bemerkte aber, daß Carol ein Zeichen bekam, er und die anderen sollten jetzt verschwinden.

An Valjas Gesicht konnte ich erkennen, daß sie bei mir bleiben wollte und es dafür keine Chance gab. Carol sah mich an mit den Augen des Verräters, ein bißchen drohend, ich solle keine Sperenzchen machen, ein bißchen bettelnd, ich solle einfach mittun.

Ich haßte den Gedanken, daß ein großer Dichter soviel Schnaps und Kreaturen braucht, wo mich ein Gedicht von ihm demütig gemacht hatte.

Draußen fragte mich einer der Lakaien, ob ich schon ins Zimmer wolle. Ich tippte ihm unsanft auf die Stirn und ging vor die Tür, wo gerade die bestellten Taxis erschienen. Es war ganz einfach. Ich kletterte hinein, nannte das Hotel und niemand hielt mich auf. Frida Duckmaus klopfte von innen, ob auch alles rechtens sei, aber ich sagte ihr, sie solle das Maul halten.

Eine Stunde nach mir kam meine arme mutige Valja, die von Carol nach Hause gebracht und verwarnt worden war. Wenn sie je wieder als Dolmetscherin arbeiten wolle, solle sie jetzt zu ihrer Mama gehen und dort bleiben. Aber sie war gekommen, hatte sich heraufgeschlichen und blieb die Nacht über bei mir.

Am Flugplatz, ich grüße dich, Dichter, überreichte mir ein Bote ein großes unhandliches Blumenbukett, im Flugzeug nicht unterzubringen. Ich wollte Valja den Strauß geben, aber die sprang entsetzt zurück. Ach mein armes Mädchen mit der Vorliebe für fette, süße, türkische Kuchen, ich hoffe, du hast es geschafft, irgendwie, nicht ruhmvoll, aber auch nicht mit der Nase auf der Erde. Das Bukett ließ ich im Transitraum und zupfte mir nur eine Blüte heraus, deren Duft und Name mir fremd waren.

Sechzehn Jahre später ließ ich mich überreden, Präsidentin eines Künstlerverbandes zu werden. Aber es waren nur Unterhaltungskünstler. Ich war nur eine Frau. Und es gab die DDR nicht mehr lange. Will sagen, wir leben und leben und lernen nix daraus.

Wie ich zu keiner IM-Akte kam

Ich bin unterm Regen durch. Aber wie? Nach meinem Geltungsdrang in der Jugend, meiner ständigen Angst, etwas zu verpassen und einer großen Aufregung nicht teilhaftig zu werden – ich hätte doch ein gefundenes Fressen sein müssen.

Erster Versuch: Ich sitze im Berliner Pressecafé, damals noch ebenerdig gegenüber dem Bahnhof Friedrichstraße. Vor mir liegt ein Zettel, ich markiere versunkene Dichterin, in Gedanken versunkene Dichterin. Bin Anfang zwanzig, wohne in Köpenick, habe ein eheliches Wunschkind bekommen und fange an, mich als überbehütete ganztägige Hausfrau zu langweilen. Ich suche das Leben, aber ich weiß nicht, wo es ist. Ich suche nach mir, aber ich weiß nicht, wer ich bin. Ich suche Bewährungsproben, aber meine größte Aufgabe besteht darin, mit dem abgezählten Wirtschaftsgeld und den Lebensmittelmarken auszukommen. Deshalb fahre ich manchmal in das Zentrum von etwas, das ich auch nicht benennen kann. Wenn ich es meinem Mann erzähle, würde er sagen: „Hättest du mich doch angerufen, da wäre ich hingekommen." Weil ich das weiß, erzähle ich es ihm nicht.

Ein Mann setzt sich an meinen Tisch, das ist ja nicht meiner, also an denselben Tisch und verwickelt mich in ein Gespräch. Das geht ja leicht. „Kann ich mal den Zucker haben, stört es Sie, wenn ich rauche?" So eine schöne Frau und so allein, das hat er nicht gesagt. Wir kommen trotzdem ins Gespräch. Ich rede natürlich verzickt, erotische Ablehnung signalisierend, wo ich noch um gar nichts gefragt bin.

Er kriegt heraus, ich sei Journalistin und schriebe gerade Impressionen. Diese Angaben waren nicht reine Angabe, aber ein bißchen hochgestapelt schon. Außer Artikeln für die Schülerzeitung meiner Berufsschule, auch nicht meiner, sondern ganz in den Händen unseres vertrockneten Gewerbelehrers, gab es noch keine gedruckte Zeile unter meinem Namen. Ich hatte noch nichts vorzuweisen, daher kamen meine vorläufigen ehernen Ansichten. „Schreiben ist wie ein kleines Sterben", oder „wenn ich einmal etwas aufgeschrieben habe, kann ich nie wieder etwas daran ändern", und ähnlicher Schund kam geschwollen aus meinem Mund, als hätten meine Worte eine magische Kraft, die mir von nun an fürs Leben die Arbeit erspart.

Wilde Liebesgedichte hatte ich, die ich immer gut vor den Augen des Heimdetektivs zu verstecken wußte und die ich später beschämt den Flammen des Küchenofens übergab, statt den sorgsamen Händen eines Setzers.

Aber ich nenne mich Journalistin auf dem Weg in Impressionen. Das ist auch eine Schutzbehauptung. Ich wollte nicht für eine gehalten werden, die in einem Café feilsitzt und in Wahrheit nur eine überbehütete gelangweilte junge Ehefrau ist, die etwas erleben möchte.

Er will meinen Tee bezahlen, das kommt nicht in Frage. Bei meinem schlechten Gewissen käme mir das wie eine Bezahlung meiner Person vor. Aber er will mich wenigstens auf den Bahnsteig begleiten. Das ist mir auch nicht recht, denn die S-Bahn nach Köpenick wird um diese nachmittägliche Stunde auch von Köpenickern genutzt, die von der Arbeit kommen. Schnell kann mein eifersüchtiger Mann erfahren, mich hätte ein Kerl an die Bahn begleitet. Vielleicht hätte ich es darauf ankommen lassen, aber der Kerl gefällt mir nicht. Seine Haare sind fettig, er hat eine lange Nase und flitzende Augen. Außerdem verstehe ich das Gespräch nicht mehr. Er erzählt mir, wie wichtig seine Arbeit sei, aber er allein könne sie nicht leisten. Es brauchte mehr junge Menschen mit Idealen und Intelligenz. Junge Menschen wie mich? Mein Mann würde mir nicht erlauben, arbeiten zu gehen, er erlaubte mir weder ein eigenes Konto noch Abwesenheiten ohne seinen vollständigen Überblick über Zeiten und Gesellschaften. Selbst ein Besetztzeichen im häuslichen Telefon mußte am Abend vor zweifelnden Blicken begründet werden, und es kam schon mal vor, daß er eine Angabe blamabel durchsichtig kontrollierte.

Solche ängstlichen und eifernden Gemüter werden immer am ehesten hintergangen, enttäuscht und verlassen.

Meine Begriffsstutzigkeit zwingt den Fremden noch mit in die überfüllte Bahn. Er nutzt die Gelegenheit und drängelt seine Großartigkeit an meine Schenkel. Ich sage, daß ich ihm eine kleben werde, und ich sage es nicht besonders leise. Das Leben ist wieder einmal so dramatisch, so hochwogend, daß ich eine Woche davon zehren kann. Wie ich das gesagt habe, wie ich geguckt habe, wie der ausgestiegen ist, linkisch und abgeblitzt. Wir sehen uns nie wieder.

Jahre später war ich in arger Not. Meine Mutter war nach kurzem Gefängnisaufenthalt wegen Schiebereien mit meinen Geschwistern noch vor dem anstehenden Prozeß in den Westen abgehauen. Ich war geschieden, und da ich die Einstellung meines Mannes zu Geld und Raffen ablehnte, hatte ich stolz auf Teilung des beträchtlichen ehelichen Gutes verzichtet. Mein damaliges Bild von mir machte das nötig. Aber der große Augenblick verrauschte, und es kam eine äußerst nüchterne Zeit des Mangels und der Entbehrung. Der Arzt bescheinigte meinem Kind die Unfähigkeit für den Kindergarten, das setzte mich außerstande, einem normalen Arbeitstag nachzugehen.

Aber wir hatten auch kein Obdach, keine Möbel, kein Geld. Eine Zeitlang nächtigten wir auf Notbetten im Bekanntenkreis und bei Freunden, aber gerade denen schmilzt bei solcher Inanspruchnahme der gute Wille dahin und es folgten unangenehme Kommentare über die Blödheit der Nichtschwimmerin im Raum hinter der Rettungsbake. Nur eine Freundin, ebenso spinnert wie ich, versuchte mir zu helfen. Aber sie wohnte selber zur Untermiete bei einer unfreundlichen Frau, die mehr Angst um ihre über den Krieg geretteten Möbel hatte, als um eine Mama mit Kleinkind.

Und in Köpenick weiß man außerdem, wie eine dort ansässige Ehe war und woran sie gescheitert ist. So ein guter Mann, und diese Vogelagathe.

Gerade da lernte meine Freundin ihre große Liebe kennen. Vielleicht bot er die Lösung, die sie dringend brauchte. Sie wollte schreiben, war aber nicht begabt.

Ich sollte den Mann unbedingt kennenlernen. Da ohnehin alles gerade wieder auf Tod und Leben ging, warum sollte ich nicht nach einmaligem Draufblick auch über ihn ein endgültiges Urteil abgeben, das ich zwar nicht verantworten konnte, aber sie hatte mich schließlich gebeten. Diese Bitte mußte sie äußern, weil er bei jeder Begegnung mit ihr die Rede auf mich brachte. Darauf wäre sie gern eifersüchtig gewesen, aber die Fragen gaben das nicht her.

Einmal kam er, als er mich bei ihr wußte. Wir erzählten ihm viel über uns, forderten ihn kokett heraus, ohne damit Wirkung zu erzielen, aber wir waren ohnehin beschlagnahmt vom eigenen Witz und Charme. So erfuhren wir nichts über ihn. Ich seh ihn noch vor mir, könnte ihn immer noch für ein Wanted-Blatt beschreiben. Halber Haarkranz, Magenfalten von der Nase zum Mund, ironisches Blinkern in den Augen, Vielraucher, kleine Hände, kleine Füße, kurze Beine. Guter Zuhörer mit immer rasch verstauten Reaktionen, irgendwie attraktiv und nicht zu fassen.

Das alles ist über vierzig Jahre her. Damals litt meine Freundin um ihn. Und mußte von mir nicht sehr bedrängt werden, von ihm als einem verheirateten Mann zu erzählen, natürlich unglücklich gebunden und nur noch der Kinder wegen. Er habe umfangreiche heimliche Missionen zu erfüllen und würde mit ihr davongehen, wenn die Zeit gekommen sei. Vorher könne sie ihm helfen, die wichtigsten Aufträge schneller zu erledigen, als ihm allein das möglich sei.

Sie war ganz entschlossen, jede Gefahr mit ihm zu teilen, die sich nach seinen Worten außerhalb der Landesgrenzen in noch größerem Ausmaß ergeben würde.

So arglos wir aber waren, oder uns wähnten, wir kamen

auf einmal mitten im Gespräch doch an eine Stelle, die hieß: Was will er wirklich von dir? Will er dich vielleicht werben?

Ich weiß heute nicht mehr, was wir uns damals darunter vorstellten. Wohl eine Mischung aus Abenteuer und Verließ, nicht ungefährlich, aber auch nicht langweilig.

Sie litt an ihm und liebte ihn und krepierte beinahe an ihren Gefühlen, die er für sich arbeiten ließ. Denn er ging nicht mit ihr ins Bett. Als erwarte er eine Art nie zu vollendender Vorleistung, so ließ er es bei Präluminario und Interruptio.

Sie hat ihn verloren, ehe es zu irgendeiner Tat oder Untat kommen konnte. Denn wie sie in all ihrer bedauernswerten Aufregung bei mir den Mund nicht halten konnte, so erfuhr natürlich wiederum er, daß sie ihrer besten Freundin alles erzählt hatte.

Er machte sich dünne, aber vorher sahen wir ihn noch einmal. Meine Mutter hatte Stapel von Westzeitschriften hinterlassen, die sie immer beim Altpapierhändler in Westberlin kiloweise kaufte. Ich schleppte die Hefte zu meiner Freundin. Nachdenklich beobachtete der unerwartet Aufgetauchte, wie ich inmitten der Illustrierten saß und kommentarlos in den feindlichen Erzeugnissen blätterte. Er nahm keins der Blätter in die Hand. Das ärgerte mich. So ritt mich der Teufel, und ich steigerte mich in den Vorschlag hinein, ich würde am nächsten Mittag mit meinen Persilkartons und meinem Kind auf der belebtesten Kreuzung Köpenicks sitzen, um den Hals ein Schild mit dem Wort „Obdachlos“.

Er muß geglaubt haben, ich würde das tun. Der Schneid dafür hätte mir ganz gewiß gefehlt, aber das konnte er nicht wissen.

Als ich am nächsten Tag wie an jedem anderen wieder das Wohnungsamt aufsuchte, flog ich sozusagen durch die offene Tür. Nett und auf Dankbarkeit erpicht, gab mir eine Mitarbeiterin die Zuweisung für eine Mansarde in einer Villa Unter den Birken. Miniküche, Ofenheizung, kein Flur, Hühnerstiege und elf Quadratmeter Wohnfläche. Wir haben dort gelebt, mein Kind und ich, während meine Freundin erst sterben wollte, aber dann heiratete sie einen anderen Mann, den sie erst nicht recht mochte, mit dem sie dann aber ganz glücklich wurde.

Sentimentale Gefühle habe ich nicht, wenn ich an jene Wohnung denke. Sie war im Winter unerträglich kalt, im Sommer brütendheiß, aber das Schlimmere war, daß keins von uns beiden einen Winkel für sich allein hatte. Wir haben es überlebt. Ich aber hatte mich ein zweites Mal als unbrauchbar erwiesen, dem Staat heimlich auf die Füße zu helfen.

Die dritte Begegnung mit dieser Chance war noch interessanter. In Berlin hatte sich ein Club gegründet, der zunächst eine Art Novität war, ehe er viele Nachahmer fand. Talente jeglicher Art konnten sich dort betätigen, und die jungen Leute hatten mich geholt, weil sich in den künstlerischen Zünften kaum jemand darum riß, auf eigene Ideen zu verzichten und sich von dieser Kollektivbestie, wir wie sie tauften, ausbeuten zu lassen. Mir aber machte eben das Spaß. Ich konnte im Gehen lernen und war unersättlich beim Zuhören, Proben und Experimentieren mit neuen Programmen. Zwar war ich erheblich älter als die meisten Mitglieder des Oktoberklubs, all die Schüler, Studenten und Lehrlinge, aber ich war noch jung genug, als ihresgleichen angesehen zu werden. Jung genug, sich in meine damalige Lehrerinnen-Rolle zu verlieben und aufeinander eifersüchtig zu sein. Sie aßen bei mir, brachten Strickzeug oder Liebesbriefe mit, auch die ersten eigenen Textversuche. Sie tranken meinen Kaffee, rauchten meine Zigaretten und erzählten immer ein bißchen mehr, als sie wußten.

Eines Tages bekam ich einen Anruf und wurde um einen Termin gebeten. Es ginge um den Oktober-Klub. Nun, über den konnte ein Veranstalter reden wollen, ein Filmemacher, Journalist, Sangesfreudiger, Dichtender, einer mit Gitarre. Aber solche Kandidaten sprudelten ihr Anliegen meist am Telefon langatmig heraus. Dieser Anrufer war zurückhaltend, wollte nur einen Termin, und um die Nennung des Themas gedrängt, meinte er, es ginge um ein Gespräch, das man am Telefon nicht führen könne.

Bis zum Ende der DDR war es üblich, daß niemand dem Telefon traute. Ob jemand Künstler war und Abträgliches vermelden wollte, ob von einer Behörde angerufen wurde, vom Künstlerverband oder sogar von Leitungen der Partei, am Telefon wurde nur das Nötigste gesagt.

Nun gut, wenn jemand mit mir über den Oktober-Klub sprechen wollte, dann konnte das schon Neugier wecken. In meiner Erinnerung war es eine Zeit der beginnenden Lieben und Freundschaften, der schmerzlichsten Abschiede, auch von Ankunft und Abreise unserer jungen Freunde wegen wechselnder Arbeits- und Studienorte. Es kam Wind von draußen herein durch internationale Besucher, von denen mir Victor Jara in unauslöschlicher Erinnerung geblieben ist, und es war eine Zeit schwieriger Gratwanderung zwischen Anpassung und Risiko. Wir lernten, wie wir eine Institution oder eine Machtzentrale gegen die andere ausspielen konnten, aber wir strotzten nicht gerade vor Realitätssinn. Es blieb anderen Zeiten vorbehalten, jene damals als reich und prägend zu begreifen.

Die Herren kamen zu zweit. Ich hatte mir keinen Zeugen unseres Gespräches geladen, darin lag ein Teil Verweigerung von Mißtrauen oder Bequemlichkeit, die Welt zu erkennen. Die Männer waren lächerlich unverkennbar und es kränkte mich ein wenig, welche Hanseln da für mich ausgesucht worden waren. Sie entsprachen ganz dem Klischee, diese Schlapphüte, sogar einen Ledermantel trugen sie trotz sommerlicher Wärme. Ihr Berufsstand war im Klub häufig im Gespräch und nicht selten überlegten wir, wer wohl von all unseren intelligenten jungen Leuten hinaustrug, was sich drin begab. Wir kriegten es nicht heraus, aber gar so besorgt waren wir darüber auch nicht. Damals ging ich davon aus, daß alle am Klub hingen und jeder dort seine Freunde hatte, sich eine

Verliebtheit fand oder sogar eine Liebe. Ich dachte, wir alle seien einander irgendwie verschworen und zugetan.

Schönhauser Allee Ecke Milastraße hatte gerade eine Broilergaststätte ihre fettigen Pforten geöffnet, dorthin lotste ich die Männer und überließ sie ihrem Grillvogel, während ich in einer Hühnerbrühe rührte.

Sie machten lange Schleifen, aber dann kamen sie doch damit heraus: Sie wollten wissen, was die Mitglieder des Oktober-Klubs über China denken. Mich verblüffte das. Die Frage griff nach einem völlig entlegenen Thema. Über China hatten wir eigentlich noch nie gesprochen, niemand von uns war je dort gewesen, warum gerade China und warum gerade jetzt?

Ich sagte: „China! China? Das ist ja hochinteressant. Darüber muß ich unbedingt mit dem Klubrat, mit meiner Tochter, meiner Freundin und meinem Freund reden. So was! China!"

Die Herren meinten, genau das ginge nicht. Ich müsse dieses Gespräch gänzlich vertraulich behandeln.

Ich sagte meinerseits vertrauensvoll, ich sei eine Person, die nichts für sich behalten könne. Es sei ja mein Leben, mich zu verbreiten.

Wir haben uns getrennt, ich habe wiederum meine Suppe selber bezahlt und hatte sie nicht ausgelöffelt.

Mehr und mehr ausgeschmückt, habe ich dieses Treffen wirklich noch am selben Abend herumerzählt. Es wurde dann üblich. Kam jemand herein und fragte nach unserer Meinung über China, dann wußten wir um den Versuch der Anwerbung.

Diese Geschichten von damals erzählen sich heute wie einfacher Alltag. Es kam aber eine Zeit, da wuchs meine Angst. Es war eine Angst ohne Hysterie, aber eine nie ganz verschwindende. Sie war kreatürlich und bilderreich, bediente sich aus der Erfahrung und der Ahnung, speiste sich aus Träumen und aus der Zeitung. Ich hatte Angst um meine Kinder, um mein eigenes Leben, vor Krieg, Monden und Kernkraft, vor der

Rüstungsschraube und der angemaßten Göttlichkeit beschränkter Männer fast aller Nationen.

Diese Angst war berechtigt. Mehrmals sind wir auch selber des Messers Schneide gewesen. Aber damals war ich davon überzeugt, daß wir eine Alternative bieten, mit unserer Friedfertigkeit und unserer unmotivierten Armee. Unser Wissen reichte nicht aus und unsere Ansichten waren ungefestigt. Der kalte Krieg machte unser Leben karg, er stieß uns in immer neue Krisen, aber wie leicht hätte es bei uns auch kommen können wie in Vietnam, wie in Korea, wie in Chile. Unser Experiment, wie unvollkommen auch immer, könnte in heißen statt kalten Krieg gebracht werden.

Ich dachte, daß wir zu wenig dagegen tun. Und zu wenig richtiges. Und ich wäre gern mutiger gewesen.

Im Dunkeln denke ich darüber nach, wie wohl mein Leben verlaufen wäre, wenn damals, wenn in jener Zeit ein kluger, behutsamer, in richtigem Maß beruhigender und beunruhigender Mensch mit mir so gesprochen hätte, wie ich es brauchte. Vieles, was ich hätte sehen können, habe ich nicht sehen wollen, anderes war genauso schrecklich, genauso bedrohlich, wie ich es sah.

Was mir unerklärlich schien, hätte ich mir gern erklären lassen. Wenn man lange genug Angst hat, läßt man sich die Angst gern erträglich machen.

Es muß in den siebziger Jahren gewesen sein, als ich schon auf vieles fluchte, mich aber trotz allem auf der richtigen Seite der Barrikade fühlte. Ich sah wohl, daß es nicht voranging, aber die auf der Hand liegende Alternative war mir ein unerträglicher Rückschritt in Verhältnisse, die ich aus meiner Kindheit kannte. Den antifaschistischen, linken und friedensbedürftigen „eigentlichen“ Charakter meiner Heimat ließ ich mir nicht antasten.

Es wäre damals möglich gewesen, mich glauben zu lassen, daß meine Gedanken etwas bewirken können, als Vorschlag verstanden vielleicht sogar zu reformerischen Ansätzen führen würden. Aber es kam niemand. Ich galt wohl als eine Art Volkstribun in Einzelfällen, immer gut, jemanden herauszuhauen, aber undiszipliniert, unberechenbar, und für größere Zusammenhänge nicht zu gebrauchen.

Ich bin mir annähernd sicher, daß ich nicht zu erpressen war. Diesen Gedanken verdränge ich, er läßt sich nicht durchspielen, sonst komme ich an Punkte, wo meine Überzeugung von Standhaftigkeit schwankt. Aber es wäre doch auch gar nicht nötig gewesen. Ich hätte mich überzeugen lassen.

Das macht mein Verständnis anderen gegenüber größer. Es ist der Grund, daß ich meine Akten nicht lesen will. Und nicht zulasse, daß sich mir jemand offenbart. Ich kann die Leiden, die Skrupel, die Motive und ehemalige und jetzige Überzeugungen eines anderen Menschen nicht nachvollziehen, ohne in der Seele selber wieder Schaden zu nehmen. Was soll ich ihm vorwerfen? Daß er den Lauf der Welt mit konspirativen Mitteln beeinflussen wollte? Dafür erntet nur der Verlierer die Schmähung, an den Sieger gehen Orden für dieselbe Tätigkeit.

Er hat es nicht gut genug gemacht. Zu viele haben ihr Ohr auf ander Leut' Küchentisch gelegt und Schmäh berichtet, sich wichtig getan und sich an der Nase herumführen lassen.

Aber nun ist ja wieder nur eine unheile Welt zustande gekommen. Noch immer am Rande des Abgrunds zanken wir uns um vergangene Zwänge, längst verstrickt in neue, die tief ins Fleisch schneiden. Rache? Soll ich meine Verluste aufzählen, soll ich beklagen, wen ich verloren habe, weil uns Meinung trennte, dieses veränderliche Gut, oder was alles in meinem Leben nicht zu seinem Recht gekommen ist? Auch, weil die Obrigkeit so mißtrauisch war und sich bei zu vernachlässigender Drittrangigkeit martialisch gab, während sie sich an die Prioritäten nicht herantraute.

Wir sollten als Künstler den Übermut wachrufen, wo der Argwohn sich längst eingenistet hatte. Wir sollten ausbügeln, was die Politik zerknitterte. Das ging nicht und geht jetzt auch nicht.

Es schmerzt, zu erleben, wie die lebensrettenden Maßnahmen unterbleiben. Über alles wird, von notwendiger Aufhellung bis zu widerwärtiger Unterstellung, ein Netz von Wertung und Berichterstattung gezogen, aus der ich mich heraushalte.

Ich bin unterm Regen durch, merkwürdig genug.

Wovon spricht mich das frei? Das ganz normale Leben reicht aus, daß wir anderen weh tun, uns schuldig machen im alltäglichen. Da gibt es nicht einmal die Entschuldigung, es sei immerhin für eine große Sache. „Die gab es nicht, die hat es nie gegeben." Doch, es gab sie, in meinem Kopf. Bei meiner Arbeit habe ich lange an eine mögliche Alternative noch zu meinen Lebzeiten geglaubt. Und fange unvorsichtig genug an, mich noch einmal dieser scheinbar unverrückbaren Welt zu widersetzen und mich wieder gegen die Religion Eigennutz und Rücksichtslosigkeit zu wehren.

Was wir verloren haben und daß wir verloren haben, wir haben es selber verpatzt. Aber ich beanspruche das Recht, über diesen Verlust zu trauern.

Wer mir das abspricht, kommt in meine ganz persönliche Herzens- und Gedächtnisakte. Mir reicht das. Und mehr sehe ich bei anderen auch nicht.

Wie ich ihn an die Oliven verlor

Leute gibt's, sagte mein Freund, die gibt's gar nicht.

Die Redewendung ist alt, sagte ich, es steckt nichts Neues dahinter.

Laß es mich doch wenigstens noch einmal versuchen, sagte er, also:

Er kam zur Tür herein und sah sie zum ersten Mal. Sie saß einfach da.

Und? Sitzt sie noch?

Nein, sie ist aufgestanden und weggegangen. Für immer.

Du kannst erzählen, was du willst, sagte ich. Es bleibt eine Geschichte von Übertreibungen, Illusionen und Verrat. Und du bist bereits wieder an der krummen Biegung zur Sentimentalität angekommen. Die Eigenliebe wird sich dazugesellen, die Verklärung ist nicht weit, in der Volksbühne neulich hast du mir kein Drops angeboten, deiner Neuen wohl, du hast die Sektgläser von uns aber gern entgegengenommen, alles wie früher.

Was willst du denn damit sagen?

Nichts, eigentlich nichts Besonderes. In dieser Geschichte waren es aber seltsamerweise immer die popligen Kleinigkeiten, die alles entschieden haben. Ich wollte deinen Koffer nicht in meinem Schrank haben, und als ich meine Aggressionen dagegen bemerkte, wußte ich, daß ich dich nicht in der Wohnung haben wollte. Einfach und durchschaubar.

Aber da war doch schon so vieles passiert, sagte er. Das war doch nicht von Anfang an so. Es hätte alles ganz anders kommen können. Wie? fragte ich. Wenn Bismarck nicht gewesen wäre und das Sozialistengesetz, wäre dann alles anders gekommen, oder wenn sich die Vier nicht auf Jalta getroffen hätten, oder du deine jetzige Frau früher oder die erste nie? Wäre dann alles anders gekommen, und in welchem Ton rede ich denn schon wieder. Jeder Mann holt ein anderes Wesen aus einer Frau. Du hast mich zänkisch gemacht.

Ich wußte, er würde diesen Raum nicht verlassen, ohne sich erleichtert zu haben. Der Orgasmus seiner Meinung sollte hier stattfinden. Und ich war es müde, ihn vergeblich an seinen Analysen zu hindern. Dieser Beziehung haftete vom ersten Augenblick die Priorität des Zerquatschens an. Ob ein Rehlein über den Weg lief, seine Ehefrau ihm draufgekommen war, daß er neben ihrer Ehe feste Beziehungen hatte, sein eigentliches Vergnügen war die endlose, variantenreiche, witzige, gescheite, unglaublich ermüdende Quasselei.

Ich wollte zu nötigen Erledigungen aus der Wohnung gehen. Aber er mußte zehn Tassen Kaffee trinken, mindestens so viele schwarze filterlose Zigaretten rauchen und seine Gedanken öffentlich machen. Falls ich nur einmal aufstand, um das Fenster zu öffnen, würde er mir vorwerfen, daß ich nicht zuhöre.

Aber dieser Mann hatte unbestreitbare Vorzüge. Sein Französisch klang zwar grauenhaft, aber immerhin hatte er Frankreich gesehen, wenn auch nur in billigen „Pengsionen“ oder per Urlaub im Zelt am Meer.

Er konnte in sehr lautes Lachen ausbrechen, auch und vorzüglich über die eigenen geistreichen Bemerkungen, was den Gedanken nahelegte, er werde auch bei der Liebe spontan und heftig sein. Dagegen ist ja zunächst nix zu sagen, die Zeit dämpft ohnehin allen Überschwang.

Den Betrug habe ich in diese zunächst unschuldige Beziehung getragen, einen, der fortzeugend böses gebiert. Diese Dimension hätte mir bewußt sein müssen, ich war alt und erfahren genug und es widerfuhr mir auch nicht zum ersten Mal. Das konnte er nicht wissen. Und so war es Betrug. Obwohl ich nur das Beste wollte, aber was will das schon heißen.

Unsere gegenseitige Anziehung war gewaltig. Nachdem wir viel Geld für Ferngespräche verpulvert hatten, auf die wir nach der Anmeldung mindestens acht Stunden warten mußten, kam endlich die beiderseits ersehnte Begegnung. Wir waren allein und konnten uns haben. In mir brach vor Aufregung nicht die Sinnlichkeit aus, sondern Panik und der eiserne Wille. Ich wollte ihm keine Schwierigkeiten machen und um Himmels willen nicht kompliziert sein. Er war auch alt genug und viel erfahrener als ich, aber er hat nicht über die wundersam prompte Abhakung meines Anteils an der Paarung gelacht. Da er fast alles über fast alles wußte, hätte er mir sofort draufkommen müssen. Statt dessen lobte er mich über den grünen Klee, und allen Frauen vor mir widerfuhr das vernichtende Urteil, schwierig und langsam zu sein, auch kompliziert, und wie man sich als Mann immer „entsetzlich" darum kümmern müsse, daß die Dame auch irgendwie in Fahrt kam. „Entnervend!" Wie anders dagegen ich, wie erlösend, ein ewig erhofftes Vollweib.

Es war Betrug an ihm und Verrat an den anderen Frauen, daß ich es dabei bewenden ließ. Sollte ich ihm sagen, daß ich weit davon entfernt war, mich ihm anzuvertrauen? Daß mein Kopf ratterte und alles andere schwieg? Nein, dann hätte ich ihn ja des Wunders beraubt und in Gang gesetzt, was immer mühsam ist und oft auch erfolglos, sich kennenzulernen und jene Sicherheit zu erlangen, die nur durch Vertrauen und Erfahrung möglich ist, nur durch Zärtlichkeit, und manchmal geht eben gar nichts. Gar nichts geht aber nur, wenn beim Mann nichts geht, eine Frau ist offen und damit immer parat.

Als ich ihm bei unserem endgültig letzten Gespräch als Zeichen der Ernsthaftigkeit meiner Absichten die Wahrheit sagte, hat er sie nicht geglaubt. Er nahm sie als Verletzung, als weibliche Bösartigkeit. Aber es war ein Betrug, der mir nur Lustlosigkeit eintrug und ihm ein falsches Bild von den Möglichkeiten der Weiber, für die er ein neues Maß gefunden zu haben glaubte. Das er sich auch drei Jahre nach jener unverzeihlichen Nacht nicht mehr nehmen lassen wollte.

Er war Halbjude, stammte aus verfolgter und armer Familie und hatte sich Halbbildung angelesen. Seine Fähigkeit, Idole als Freunde zu gewinnen, verschaffte ihm viel zusätzliche Schule. Daß er bedroht war und als Jugendlicher mit der Aussicht konfrontiert wurde, sterilisiert zu werden, damit sein unreiner Same nicht blonde Locken verhindere, ließ ihn ewig in diesem hungrigen Kind steckenbleiben. Seine Sucht, bestätigt und gelobt zu werden, war nicht zu befriedigen.

Ein gescheiter Bursche, der mal den ganzen Tag über Freud redete und alles mit Freud erklärte, mal war es Brecht, der uns die richtige Art, einen Fisch und die Gesellschaft zu zerlegen, hinterlassen hat.

Manchmal entdeckte er auch ein Talent. War er wirklich der erste, jubelte er es zum Genie hoch, zu kommender Unsterblichkeit. In der Freundschaft zu Männern war er unverbrüchlich, eine solche zu Frauen gelang ihm nicht, für die war er zu untreu.

Er hatte sehr jung geheiratet, und wenn er sich je ganz auf seine Frau konzentriert hat, muß er die paar Tage ganz gut überstanden haben. Zum Ehebruch gehört das Hintergehen, das Herumlügen, Sichdummstellen und dumm machen, gehört die ganze Kette von kleinen Verrätereien, ohne die es aushäusig nicht zu machen ist.

Aber er war seit langem sorglos und leichtsinnig. Wenn sie es also wissen wollte, sie hätte es wissen können. Falls er in der ersten Zeit ein schlechtes Gewissen hatte, muß daran etwas Angenehmes gewesen sein, er behielt es bei. Machte er sich ein Vergnügen, bekam sie ein Geschenk. Ein denkbares Arrangement. Sie kochte für ihn, hielt die Wohnung nett, ging halbtags ins Büro arbeiten und war zuverlässig wic ein Hausbesitzer beim Mieteneintreiben.

Nachdem er nun damals zu einer Tür hereingekommen war und die Dasitzende ihm Eindruck hinterlassen hatte, bemerkte er in der anderen Stadt, in der ganz anderen Wohnung, daß seine Frau eine ungünstige Frisur trug und ihr farblich unpassender Pullover hinten hochrutschte, wodurch die Beine kurz aussahen. Daran erkannte er, daß er heute hinsah, daß sein schlechtes Gewissen gerade schlummerte und gewissen Aggressionen den Vortritt ließ, wodurch er sich nicht besonders verheiratet fühlte, zumal er neu verliebt war.

Der Gegenstand seiner Gefühle war sehr sehr weit entfernt. In einem anderen Land, das so ohne weiteres weder zu betreten noch zu bewohnen war.

Aber wie er so dalag und sich aus dem allzu vertrauten Atem seiner Gefährtin in einen aufgeregten und stockenden der anderen Frau dachte, wie er vorausträumte, sie zu erobern und sich von ihr lieben zu lassen, gedieh sie ihm zur Königin, und jenes Kleinebruderland, das er mochte, wie man eine alte Dorfkneipe mag, in der sich Aufsässige trafen und treffen, in die man immer mal einkehrt, nur um zu merken, daß die Kartoffeln noch immer minderwertig und die Portionen noch immer zu groß und zu billig sind, zur eigentlichen Heimat.

Auch den Wein kriegte man sonst nirgendwo so billig. Schlecht gehalten war er natürlich. Dieses kleine, nur eine Spur verachtete Ländel, das besonders bei der Abreise immer übertrieben gelobt wurde, weil es in ein Experiment von weltweiter Bedeutung verwickelt war und nur besser damit umgehen müßte, dieses dahinten, gelegentliche Zuflucht für höhere und wahrhaftig auch niedere Bedürfnisse, wuchs dem geistigen Auge, dem willigen Herzen und der korrumpierbaren Seele zum ersehnten Alterssitz auf hohem Niveau. Endlich kein kapitalistischer Lebenskampf mehr zwischen Leuten mit vergifteter Stiefelspitze, denen er ausgeliefert war, wenn er auch andererseits selber, obwohl links, zu ihnen gehörte, diese Raffer ohne Ideale, denen er nicht zuzugesellen war. Und die anderen, diese am Ende doch immer käuflichen Buntfinken, wie hingen sie ihm doch zum Hals heraus. Manchmal ging es großartig zu, dann war auch er großartig, vor den Wahlen oder anläßlich einer Kampagne gegen den Staat und seine

Unternehmungen. Gegen, das ließ sich noch ertragen. Aber immer tauchte einer unter, auf den man sich eben noch verlassen hatte, winkten andere ab, gingen ehemalige Verbündete ins Wirtschaftsleben oder in die innere Emigration: „Machst Wahlkampf wie für einen Präsidenten, rennst dir die Beine ab und dann hast du zehn Stimmen. Nicht mehr mit mir."

Natürlich hatte er sich an solchem Alltagskrempel nie beteiligt. Das ließ sein Hochmut nicht zu, was auf den Emporkömmling verweist. Seine Ideale waren ihm kostbar, aber auf gewisse Sorten von Restaurants hätte er nicht verzichten mögen. Spaghetti kann man nur in München essen, sagte er, und dergleichen wußte er für Spargel ebenso wie für Bouillabaisse. Unter Fasan mochte er Huhn nicht, und der Umgang mit Gewürzen war eine Welt für sich. Wie amüsant, ihn beim Kochen zu beobachten. Welche Zeremonie für Möhrenbrei à la Provence. Und so aufwendig tat er auch mit Büchern, Theaterstücken, mit Klassikern der Philosophie und Gardinenstöcken zum Anschrauben. Oder zum Festhaken, je nachdem. Und darauf kam es eben an. Um ihm Freundin zu sein, ihn gar zu akzeptieren, brauchte es Geduld. Seine Quasseligkeit, seine Aufgedrehtheit, seine Wichtigtuerei und sein ganzer spleeniger Aufwand um die eigene Person waren nervend und wären nicht hinzunehmen gewesen, hätte da nicht immer jene frühe Tragödie gemahnt, die dem Vater das Leben zerstört hatte und allen anderen in der Familie die Seele.

Es war möglich, sich in ihn zu verlieben. Er war ja nicht nur dieser unablässige Selbstdarsteller, sondern auch ein halbsemitischer Proletenbengel, ausgebufft, eigentlich eine Mischung aus Strizzi und Professor, ein Mann von beachtlicher Intelligenz und jenem Charme, den die Gosse nur ihren Lieblingen mitgibt. Manchmal wirkt das wie ein Klacks Kacke am Hacken, manchmal aber auch fürstlich. Er hatte von beidem. Zwischen ordinär und unnahbar drahtete er sich durchs Leben, steckte immer voller Heimlichkeiten, Nachrichten, Herrschaftswissen und Klatsch, den er hemmungslos verbreitete, wobei es ihn nicht im geringsten störte, wenn er selber der Gegenstand selbst ausgefallener Unterstellungen war. Auch wenn er den Erfinder einer infamen Story kannte, wäre ihm nicht in den Sinn gekommen, ihn zur Rede zu stellen. Er liebte Intrigen, Meineide, falsche Zeugenaussagen, konnte gar nicht genug darüber hören und wäre am liebsten in jeder Schurkerei der Hauptdarsteller gewesen. Es mußten große, beeindruckende Feinde und Gegner sein, damit man sich gegenseitig nach Kräften schaden konnte. Der vielleicht heimlich bewunderte Baum mußte aber trotzen und stehenbleiben. Moral leugnete er. Außer in der Liebe. War es sie wirklich, oder glaubte er, sie sei es, dann galten die uralten Gesetze von Anstand und hoher Verflechtung. Im Zustand der Verliebtheit war er gut, progressiv, verzieh allen vorerst und wollte alles richtig machen. Er wollte treu sein, alle vorangegangenen Herren ermorden, jedem alten Widersacher der Frau übles antun und ihr die Geschenke der Könige vor die Füße legen. Neue Liebe brannte ihn frei von allen Schlacken, und unter der Oberfläche des Zynikers glühte die Flamme der Angst kleiner, war vorübergehend heruntergedreht, wenn nicht ausgepustet. Aber naiv war er nie. Er stellte das Stühlchen nicht weg, auf dem er saß und sich selber zusah.

Heroisch schrieb er jeden Tag sehr lange Briefe, nahm endlose Fahrten im Zug oder Auto auf sich, um in allen Wettern zu ihr zu eilen, und die Intensität, mit der er sich ihr als dem nun wichtigsten Menschen zuwandte, war eindrucksvoll.

Er hatte nichts verwunden, nichts. Daß der Vater im Lager das eigene Leben gerettet hatte und sich schuldig machte, wo niemand das Recht hat, über Schuld zu sprechen, überschattete alles andere. Aber wer weiß denn, ob der Sohn nicht auch sonst ein Maschenschlüpfer geworden wäre, ein intellektueller Grenzgänger, der sich nun, mit dem neuen mächtigen Gefühl beschäftigt, darin müde fand, ständig auf einem Seil zu laufen. Das Land verhieß ein friedliches Alter ohne ständige Beobachtung durch den Verfassungsschutz. Eine neue

Liebe ist wie ein neues Leben, dädädädädädamdam, alle Schlager haben immer recht. Was bedeutete dagegen die sorgsam eingerichtete Unordnung eines ausgefüllten Manneslebens mit Grauzonen, Illusionen und lauter Höhepunkten ohne Abflachung durch Alltag.

In meinem Land war die Miete billig, die Kunst hatte bedeutende Züge, und der Charakter der Menschen war, auch mangels Gelegenheit, düstere Seiten auszuleben, weniger verkommen als in der großen, weiten Welt. Natürlich waren die Regierenden unfähig, halbgebildet, borniert und senil, aber das sind sie woanders auch. Außerdem waren Änderungen überfällig, man konnte auch mit natürlichen physischen Lösungen rechnen. Aber die Vision stimmte und konnte tragen, trug wohl auch, denn selbst mit blanker Gewalt ließe sich bei soviel Schlamperei und Inkonsequenz, verbunden mit Gruppen-Autismus, die Macht nicht halten. Es ist ein friedliches Völkchen, sagte der Mann und fügte hinzu: „Wenn es auch dergleichen nicht gibt. Aber sie haben derzeit kein anderes Interesse. Intershop für alle und Pässe, dann bleiben sie die nächsten hundert Jahre hocken."

Und dann rechnete er vor, daß es etwa eine halbe bis eine Stunde dauern würde, bis im Fall eines Angriffs die Armee des Volkes auf der anderen Seite ankommen würde, um sich erst einmal eine Büchse Bier zu öffnen.

Auch darüber ließ sich lange reden, und wie erst über die eigenen Gefühle. Mit hysterisch ausbrechenden Schuldgefühlen, deswegen ungerecht nachträglich Schuld zuweisend, vollzog er die Trennung aus einer langjährigen Nebenbeziehung, die er aber wie eine Seemanns- oder Truckerehe gelebt hatte. Daß die Frau aus der langen Zeit auf tiefe Bindung schloß, nahm er ihr übel. Sie war ihm bisher im kleinen Land sehr dienlich gewesen, als Zweitfrau mit Zweitwohnung, und sie stand selber erfolgreich mitten im Leben. Sicher belud sie ihn mit Schaffensproblemen und künstlerischen Krisen, aber mit Alltagskrempel kaum. Sie mußte umgehend zur guten

Freundin mutieren und begriff das nicht ohne Tränen und Verzweiflung.

In solchen Zeiten werden kitschige Sätze geboren, an die man sich später nicht ohne Scham erinnert, aber wenn sie gerade aus dem Herzen drängen, gelten sie als wunderbar. „Sei nicht so hart“, sagte ich einmal zu ihm, als er von zermürbender Auseinandersetzung kam, ob der verdammten Tränen fast mordlüstern, „sei nicht wie der Sheriff von Cansas City“. Der Vergleich gefiel ihm, fast hätte er nach der Hüfte getastet.

Sieh hin, wie einer seine Mutter behandelt und wie er sich trennt, dann weißt du, wie es dir ergehen wird. Das wußte ich und sagte es mancher anderen, aber fürs Eigene gibt es andere Truhen, aus denen ewige Wahrheiten geholt werden können.

Ich hatte ihm zu danken. Er half meinem Muffkopf unter der Käseglocke hervor und brachte Leben ins Hirn, durch kritischen Einwand, auch durch schmerzende Aufhellungen und zusätzliche Informationen durch reingeschmuggelte Zeitschriften und Bücher. Nicht eben zart staubte er Ausreden einfach ab, und es war unmöglich, sich gewissen politischen Tatsachen nicht zu stellen. „Du mußt es nur wissen, du mußt es nur sehen“, sagte er, und damit hatte er recht. Wir hatten auch Ähnlichkeiten, verdammte Ähnlichkeiten. Die ergaben Übereinstimmung, wo uns beiden der Streit besser angestanden hätte. Ich sah, wie er sich durchschummelte. Wo er nicht weiter wußte, gab er an und überspielte Nichtwissen ohne Skrupel. Das kannte ich von mir. Daß man über Bücher schwafelt, die man nie gelesen hat, zum Idioten erklärt, wen man nicht versteht, ausgenommen davon alle, über die das Urteil Klassik feststeht, das tut der Pöbel auf dem Weg nach oben halt. Zwei solche waren wir, und es paßt ins Bild, daß wir die tatsächlich erworbene Bildung, die kostbare Erfahrung und ehrlich gewonnene Kompetenz eher gering achteten. Das alles war uns sicher, also nicht aufregend.

Wir waren fern jeder Demut. Das umgab uns wie eine Aura der Unverletzlichkeit, wenn auch auf dünnem Boden. Zusammen konnten wir immer dreister sein als andere, immer absoluter, immer anmaßender.

Wir sahen ein großes Leben vor uns. Die immer wiederkehrenden, durchaus starken Zweifel wurden zerredet oder als ganz normal eingeordnet. Der schönste Augenblick, so dachten wir, würde sein, wenn er seinen Paß als Einheimischer im kleinen Land empfinge.

Nur das vorige Leben war noch zu regeln, da mußte geteilt werden. In mir kam ein bißchen Erstaunen auf, gar so ärmlich schien es nicht zugegangen zu sein. „Eine halbe Pampelmuse jeden Tag, das ist das Einzige, was ich mir leiste." Wie rührend. Aber es gab eine wertvolle Bibliothek, mit vielen Werkausgaben aus dem kleinen Land, es gab Antiquitäten in Glas, Porzellan und Holz und es gab Verpflichtungen. Er mußte die Genehmigung bekommen, aus dem aussichtslosen Kampf aussteigen zu dürfen. Da er sich Verdienste erworben hatte und mit Anfang vierzig nicht mehr der Jüngste war, würde man ihn wohl gehen lassen. Und hier bei uns würde er sein Dach und sein Tun finden, daran konnte kein Zweifel sein, genügend Verbindungen gab es. Oft wurde in unseren Briefen ausgeschmückt, wie kommende Nächte ohne Alpträume sein werden. Keine Observierung mehr, keine Verhaftung bei Rückkehr aus dem kleinen Land, kein Lauschohr mehr im Telefon. Das war natürlich nicht ernstgemeint, aber doch keine Gefahr für einen aufrechten Linken.

„Bei uns", sagte er jetzt schon, „bei uns gibt es alles, was der Mensch wirklich braucht. Wer braucht neunundachtzig Limonaden?" Eine Bouillabaisse würde er trotzdem hinkriegen, ach, was soll's, er hatte alles gesehen, alles gegessen, genug gehurt, genug gekämpft, endlich heim.

„Wird dir der französische Käse nicht fehlen?" –

„Den kann ich in Westberlin kaufen."

„Vielleicht lassen sie dich nicht. Das könnte der Preis sein.

Stell dir vor, wie das wirkt, wenn einer hier lebt und kann immer raus und rein. Und die Gewürze, deine Teesorten, bei uns gibt es grusinischen, deine Weine ..."

„Es gibt den Intershop. Aber vor allem gibt es uns. Das ist das Wichtigste. Mit dir würde ich in der Dachkammer mit vier Apfelkisten, Nägel noch drin, anfangen."

Sind in Apfelkisten Nägel? Egal, es war schön, solche Bekenntnisse zu hören, und niemand würde sie je auf die Probe stellen, da sei unsere Erfahrung davor.

Er erklärte mir die Erziehung zu Niedertracht und pathologischem Egoismus, die jeder Kapitalismus dem Individuum aufzwingt. Ja, das konnte sein. Bei uns war es anders und das dort kannte ich nicht.

Ich dachte, nichts liegt näher, als daß jemand hinter solche Erkenntnisse nicht zurückkann. Es ist doch logisch, wenn die Liebe den Anstoß gibt, daraus den Schluß zu ziehen.

Das hat er auch geglaubt.

Wir trafen uns zum ersten gemeinsamen Urlaub in einem Dörfchen in der Mark Brandenburg. Erreicht den Hof mit Müh und Not, nun hatte es auch zu Hause die großen Tränen gegeben und die vielen nächtlichen Auseinandersetzungen: „Du hast mir doch vor achtzehn Jahren auf der Schloßtreppe gesagt, du würdest mich niemals verlassen." – „Ja, aber damals war ich ein anderer Mensch, verstehst du das nicht, ich habe es ehrlich gemeint, wie ich dich jetzt ehrlich zum Teufel wünsche."

Frieden, ein Dorf, ein Schlößchen mit Spuren des Wirkens von Bettina, die besten Freunde sind mit in den Urlaub gekommen, es stehen wunderbare Gespräche an. Urlaub in der Mark, statt in Spanien oder Südfrankreich.

Einen Zeitungskiosk gab es im Ort nicht. Auch kein Radio im Zimmer. Macht nichts, was kann in den paar Tagen schon passieren. Aber nicht einmal ein Zeitungskiosk, im kleinsten Kaff in ..., egal. Die Post öffnete nur für zwei Stunden am Tag, dort gab es fünf Zeitungen, drei nur unter dem Schaltertisch, aber nicht für Urlauber. Also keine Fernsehzeitung, „keine Weltbühne“.

Ungewohnt, sehr ungewohnt, „ich hätte mir wenigstens die Theaterzeitschrift nachschicken lassen sollen. Aber bis die ankommt“ ... sind wir wieder weg, schwang da mit.

Es gab keinen Salat. Ich esse immer vorher Salat, jeden Tag. Ja, zu Hause in Berlin hatte ich das bedenken und irgendwie regeln können. Hier gab es jeden Tag hinterher Pudding. Das ist es, sagte er, damit richten sie den Staat zugrunde. Keine Vitamine, aber jeden Tag Pudding. Für die halbe Pampelmuse morgens hatten wir auch beide nicht vorgesorgt. Das wird schon mal gehen, die vierzehn Tage. Ist jetzt Ruhe, Frieden, sind wir jetzt Familie? Die Töchter wollten das gern wissen. Ich auch.

Er erzählte beim Verzehr von Hackbraten mit Soße, daß der ganze Kampf um die Rettung der Erde natürlich nicht ohne griechischen Bauernsalat ginge. Große Teller voll, mit Oliven, Pepperoni, Schafkäse, Paprikas, rote, grüne, kleine und große, scharfe und milde. Und kein zerkochtes, mehrfach verarbeitetes Fleisch, sondern ein gutes Steak und vor allem eben der Salat. Fisch gab's auch nicht, einmal in der Woche Seefisch ist eigentlich ein Muß. Man muß Fisch essen und Salat. Deswegen bin ich ja so schlank, sagte er. Und so schön, sagte ich. Da war ein zickiger Ton drin. Aber an solchen Stellen konnte er lachen und sich selber ulkig finden.

Dennoch kam in unsere abendlichen Gespräche ein gereizter Ton. Wir sammelten Pilze, ließen die giftigen stehen, der gereizte Ton aber blieb. Er kam von mir. Wir trotteten die Dorfstraße entlang, weit und breit nix zu sehen außer Vorgärten und verschlossenen Ställen, ein Dorftümpel, langweilig. Er legte mir den Arm um die Schulter und sprach. So lernte ich Südfrankreich noch viel näher kennen, die Algarve, München und die sieben Zwerge, als die ich mich fühlte.

Er schickte von der Minipost ein Telegramm ab. Das erzählte die Postfrau unserer Heimköchin, diese der Serviererin und die berichtete es mir, weil sie mir ja von ihrem Unterleibsleiden und ihrem Freund bei der Armee, ihrer Unfähigkeit, mit Geld umzugehen, und der Frechheit mancher namhafter Gäste auch alles erzählt hatte. Sein Telegramm enthielt die Frage, ob die Gattin zu Hause ihn noch wolle.

Wir gingen wieder die Dorfstraße entlang, nun war es nicht langweilig. Sprich! sagte ich. Er schlug mir vor, es müsse zwischen uns alles so wunderbar bleiben, wie es vorher gewesen war.

Zu Anfang hatte ich ihm vorgeschlagen, er solle sein Leben nicht ändern. Es bleibe ein jedes, wo es ist, und wenn wir uns treffen, dann wollen wir es beide. Aber man kann eine Liebe nicht leben wie eine Liebelei. Er hatte sich heftig gewehrt, es bei einer Beziehung zu lassen. Ich wußte noch, wie er das begründete.

Von ihr war keine Antwort auf das Telegramm gekommen. Sie wird doch nicht etwa allein nach Südfrankreich gefahren sein? Das vorher immer bedauerte huschlige „Jungreh" wurde in seiner Darstellung auf einmal zur zupackenden autofahrenden Person, die vielleicht schon mit einem anderen im Zelt lag.

Nimm ein Taxi zum Bahnhof, sagte ich.

Als er fort war, packte ich unsere Sachen und hinterließ auf ewig gekränkte Freunde, die sich von uns ein Vergnügen versprochen hatten und uns nie vergaben, wie wir diesen Urlaub schmissen.

Wie immer in meinem Leben half mir die Arbeit. Eine Woche nach seiner Abreise kam ein Telegramm aus Südfrankreich. Darin stand: Komm doch wieder zu mir.

Aber ich war dort, wo ich immer gewesen war. Und gäbe es das kleine Land noch, ich würde noch immer darin leben, meckern, mich manchmal unterordnen und manchmal auch nicht. Nach meinem menschlichen Maß, mag jeder das seine werten.

Die Geschichte war damit noch nicht zu Ende. Es gab nur

die Illusion nicht mehr. Da half es nicht, daß er sich eine eigene Wohnung im Kleinen Land einrichtete, dort hofhielt und mich verwöhnen und bekochen wollte.

Aber es gab mich auch nicht mehr. Ich saß mit dem halben Hintern auf einem Stuhl, stocherte mit halber Gabel im Fasan und hörte überscharf alles, was gesagt wurde.

Wann ist es zerbrochen? Nicht in den Konflikten, die waren nicht zu umgehen. Nicht, als ich ihn zum Taxi brachte, da waren wir beide unglücklich und zu verwirrt. Es war nicht das heimliche verräterische Telegramm an die Frau und nicht das blödsinnige aus Südfrankreich an mich. Das war es alles nicht. Es waren nicht die nun eben nicht mehr ehrlichen neuen Werbungen, Appelle, Selbstbezichtigungen. Es war nicht die Reue und nicht meine Bitterkeit, die aus der Ahnung kam, alles sei viel banaler gewesen, als wir beide zugeben wollten.

Es war ein Augenblick in meiner Küche. Er wollte etwas haben, das befand sich in kleinen Plastbehältern und war von beiden beim Kochen benutzt worden. Es war Ware, billige ersetzbare Ware, angebrochene Speisezutat. Die wollte er mitnehmen. Das hätte mir damals hier niemand und würde mir heute jeder glauben. Ich war fassungslos, und vor Verlegenheit zeigte ich ihm einen Piep. Im gleichen Augenblick begriff er, wie nichtswürdig er eben gewesen war.

Der aufrechte Revolutionär hatte mir einen Vorgeschmack gegeben auf eine Spezies, die es damals für die meisten Leute hier noch nicht gab. Die Straße, in der wir wohnen, färbt auf uns ab. Schtetl oder Avenue, im Saum unserer Gedanken tragen wir Ruch und Huch mit. Diese Lehre holen wir hier im Kleinen Land eben unter Tränen nach.

Er hat seinen Paß behalten, und nun sind wir doch noch Landsleute geworden, einander fremd.

Aufgespielt und vergeigt
oder
Das weite Feld der Liebe

Einmal verliebte ich mich in einen Mann, der war auf der Bühne ein mittelmäßiger Schauspieler und im Leben ein exzellenter Versteller. Er war verheiratet und einer von den Ehrlichen, die sich jede künftige Ausrede ersparen, indem sie gleich erklären, was Sache ist. „Sie kann mir etwas geben, was du mir niemals geben kannst, weil wir solange zusammen sind. Du kannst mir etwas geben, was sie mir nicht geben kann, weil an uns alles neu ist."

Er war bekannt, geachtet, und es gab Kritiker, die ihn für großartig hielten. Ich traute mich das zwar nie zu sagen, aber ich fand nicht, daß er sich für diesen Beruf besonders eignete. Er schaffte es nicht ohne Hilfspuscheln, auch nur einen Satz natürlich zu sprechen, was ja die höchste Kunst des Künstlichen ist. Immer mußte er entweder noch mal die Lippe schürzen, sich ans Ohr greifen, schniefen, den Kopf scheinbar bedeutungsvoll verbiegen, oder er fletschte die Zähne und übersprang so die Angst vor dem ersten Satz, der ihm dann doch irgendwie mokant herauskam, nasal oder huschig.

Ein wirklich guter Schauspieler hat ein ganzes Ensemble im Gesicht. Die Augen können eine andere Rolle spielen als die Zunge, Mundwinkel haben ein ganzes Spektrum, der Nakken kann mitmimen, die Stirn trägt das ihre bei oder setzt Unglaubwürdigkeit entgegen.

Ich habe Augenblicke der Schauspielkunst erlebt, da hätte ich auf Knien danken mögen für das Erlebnis. Immer dann hörte ich innerlich auf, mitzumimen. Robert de Niro spielte einmal einen Mann, der aus jahrzehntelangem Koma erwacht, in wenigen Wochen das ganze Leben nachholen will und den die Krankheit wieder einholt. Sekundenlang vor der neuen verdunkelnden Ewigkeit tanzt er mit dem Mädchen, das vielleicht für ihn bestimmt war, das er liebt und das er nie wiedersehen will. In Tanz und Nähe hat der Schauspieler ein Universum ausgedrückt, das mir nicht Tränen entlockte, sondern Ehrfurcht vor dem Leben abnötigte, vor Liebe überhaupt, vor dieser verlorenen Liebe, vor einem Menschen, der für Sekunden die Grenzen des Menschenmöglichen übersteigt.

Es gibt mittelmäßige bis miese Zeitgenossen, die wunderbare Darsteller von Größe und Elend sind. Also damit würde ich ihn, in den ich mich verliebt hatte, nicht vergleichen.

Er hörte nie ganz auf, sich wichtig zu tun, und außer in einer einzigen Rolle blieb es halt beim professionellen Aufsagen.

Einmal aber kam er dem Gral in die Nähe, und ich denke mir heute, daß auch geniale Künstler noch die abseitigste Darstellung aus dem eigenen einfachen Bauch holen, aus allem, was sie selber betrifft.

Er spielte einen König, der immer als Schurke und Brudermörder gegeben wird, was er im Stück ja auch ist. Aber nicht nur, er ist auch Liebender, er ist der Klügere, Weitsichtigere, und er will den Krieg abwenden, was ihm nicht gelingt, weil auch er zaudert. Ein Verbrechen mehr und vielleicht der Frieden, sicher die halbe Familie, wäre gerettet. Er müßte nur noch diesen gefährlichen Idealisten aus dem Weg räumen. Er, der Schauspieler, weckte das Verständnis für den Plan zur Tat und daß Skrupel auch Untat sein können. Uns Zuschauern gab er ein Beispiel für große Gefühle, die treiben und nicht aufzuhalten sind.

Ich wüßte gern, woher er die Rundheit dieses literarischen Charakters genommen hat. Warum ihm, und nur dieses eine Mal, Verse zu Vorgängen gediehen. Er hat sich und auf diesem Umweg den König verstanden. Wie der kriegte er ja auch nicht alles auf eine Reihe. Dauernd wollte jemand was von ihm und ständig hatte ein Spaß ernste Nachwirkungen. Das Leben war ziemlich belästigend, mit seiner ganzen Folgerichtigkeit und daß eben eins mit dem andern zu tun hat. Dabei liebte er grandiose Vorgänge ohne jede nachfolgende Verpflichtung.

Seine Seele war vorzüglich aufs eigene Wohlergehen bedacht. Vernichtende Urteile über alle und die nächste Intrige waren ihm nicht ferner als anderen Mimen. Die verstehen durchaus, wozu Kreaturen so fähig sind in ihrem irdischen Erlangen und maßlosen Verlangen. Weisheit geht nicht ohne Leisheit und Zweifel, Güte ist nicht möglich ohne Demut. Die Schauspieler denken vielleicht, da sie dies alles darzustellen wüßten, brauchen sie nicht auch noch im Leben nach solcher Meßlatte zu handeln. Sie tun es zumeist nicht.

Ich bin eine gläubige Zuschauerin. Obwohl ich weiß, daß der Mime ohne den Text des Autors aufgeschmissen wäre. Und wenn er dreimal nicht klüger wäre als er ist, das macht ihn uns gleich. Aber häufig ist er sich des eigenen geistigen Abstandes zu Shakespeare oder Hacks nicht bewußt. Der Geistesblitz, kaum ausgesprochen, ist sein eigener, er hält sich nicht nur des Witzes und der Metapher für fähig, nein, auch der edle Verzicht, der Todesstoß statt Ehrverlust liegt auch in seinem Wesen. Es findet sich keine Nötigung für Größe, aber erschiene sie am Horizont, er würde sich seines alltäglichen Quatschkopfes entledigen und den Nathan leben, was denn sonst.

Ohne einen Anteil an eingebildeter Größe ist die gespielte vielleicht nicht möglich. Sich auf die Bühne oder vor die Kamera zu stellen und sich herauszunehmen, die Menschen mit den eigenen begrenzten Fähigkeiten zu konfrontieren, das erfordert ein Selbstbewußtsein, das als stabiles nicht zu haben ist. Was heißt hier Genialität? Was uns so scheint, ist das Ergebnis harter Arbeit, die gedeiht immer nur vorerst und nie vollkommen. Das weiß der Schauspieler jeden Augenblick. Er untermauert sich, er borschtelt sich auf, er dringt tiefer in das Wesen der Kunst vor, erwirbt Methode, wird fleißig, dieser geborene Faulpelz, er wird unermüdlich, diese Schlafmütze – und dann hat er es, manchmal, er hatte es einmal, und also ist es durch alle Prozeduren der Anstrengung hindurch immer wieder herzustellen.

Das ist der Beruf, das ist die Passion, das ist auch die Chance. Davor meinen Respekt, mein Interesse sowieso. Aber es ist die Ausnahme, daß sich auch der Schauspieler vor das Pistol stellen würde und im Streit zwischen Menschenwürde und finsterer Erpressung pathetisch das Verlies wählte. Im Leben gönnen sie dem Rivalen keine Pointe. Wenn man erlebt, wie sie sich streiten, um den Vorteil eines Satzes mehr, und Profil oder Hinterkopf, dann erledigt sich die Illusion.

Ein Teil der Gefährdung kommt sicher aus dem Beruf, aus der ständigen Tarnung durch Verstellung, der Vortäuschung von Lebensende oder rettender Großtat. Sie dürfen so viele Charaktere darstellen, daß sie kaum noch einen für sich brauchen. Und da ihnen die Klugheit der Weltkultur im Kopf herumliegt, müssen sie nicht gar so intensiv denken. Klügere Menschen habe ich unter Taxifahrern, Kellnern, Hauswarten und Schalterbeamten gefunden. Edlere Wesen kenn ich unter Streetworkern, Gärtnern, sogar Notaren, als unter diesen Darstellern von Weißkitteln, Widerständlern und Heroen. Wenn man sie nach der Vorstellung auf Kantinengröße geschrumpft erlebt, wie sie sich gegenseitig Bier auf den Scheitel tröpfeln, Schinken als Ziertuch dekorieren, oder das Stück, den Abend und alle anderen Mitwirkenden gnadenlos veralbern, ehe der Blutdruck sinkt und sie langsam wieder zu sich selber kommen, in ihre Üblichkeit rutschen, aus der sie am nächsten Abend der sich hebende Vorhang wieder erlöst, dann gibt es nur Entrüstung oder Verständnis. Aber trifft es nicht auch für die meisten Autoren zu, daß sie beim Schreiben klüger sind als andere? Die nächste gewöhnliche Situation im Leben überfordert uns als Tölpel, die sich nicht entscheiden können, ob das Badezimmer nun weiß oder violett gefliest werden soll und ob wir es draußen kühl oder schwül finden. Welche innigen Zeilen vom Wesen der Zärtlichkeit wußte jener junge Dichter in derselben Nacht zu verfassen, in der er meiner noch unberührten Tochter antrug, sie möge ihm doch bei der Linderung drückender Potenz behilflich sein. In Klammern, da sie doch sowieso gerade so dumm rumstand und nichts Besseres vorhabe.

Meiner, der Schauspieler, spielte nicht nur einen König, er machte mir auch königliche Vorschläge, zum Beispiel: Ändre dein Leben. Tu es für mich. Schmeiß alle Freunde, Bekannten und mit dir in Arbeit Verflochtenen raus, und am liebsten wäre mir, du hättest immer von dann bis dann Zeit, das wäre dann zwischen meinen Proben. Mag ja sein, daß das deine Arbeitszeit ist, aber begreif doch mal, du arbeitest freiberuflich, da kannst du dich umstellen, bei mir hängen viele andere mit dran. Da bin ich abhängig.

Er sah aus, wie viele Männer aussehen, die Frauen wegen ihres Mangels an Auffälligkeit leicht für weniger anmaßend und egoistisch halten. Darum ist es nicht wichtig, wie er aussah. Vielleicht wenig über mittelgroß, also ein bißchen zu klein für mich Mittelgroße, vielleicht dünne oder fast gar keine Haare, plumpe barocke Nase einer barocken Natur, Knubbelfinger, etwas über idealgewichtig, nach jedem Urlaub diätbedürftig. Aber man konnte auch sagen, daß er eine shakespearische Genießernase hatte, einen schönen blanken Schädel, einen wunderbar leicht gezeichneten Mund und dicke behutsame Hände. Zu seinen Gunsten sprach auch ein Repertoire fast kindlicher Albernheiten, die ebenso zu ertragen waren wie die ewig ruhelos trommelnden Finger, Zeichen einer Gegenströmung, verheißungsvoll wie alles Widersprüchliche. Unbehaglicher seine Eigenart, mißtrauische Kontrollfragen abzufeuern und schon Unsicherheit bei der Antwort als Anzeichen von Schuld zu werten. Davon war er dann nicht mehr abzubringen. Einmal betrogen, immer betrogen. Hat die mich damals wegen eines anderen verlassen, ist die hier auch sicher gerade dabei, sich die Schuhe zu schnüren. Wo stehen die Schuhe? Warum dort, so nahe an der Tür? Er geriet aber zur Starre und Erhabenheit eines Denkmals, bekam er eine Frage über Verbleib und intimeres Ergehen zu hören. Wie andere Männer auch, konnte er bei den Antworten Ironie und Zynismus so gekonnt mischen, daß nur Scham und Zurückkriechen blieb. Solche Niederlagen gab es nicht in den ersten Tagen, aber dann erwies er sich als Schuldzuschieber wie aus dem Buche. Er konnte, aus dem Bett einer anderen Frau kommend, die Reinheit der anschließend Aufgesuchten gnadenlos in Frage stellen, weil er zu einem grundsätzlichen Unterschied zwischen den Ansprüchen einer Frau und eines Mannes entschlossen war. Das war das Bügelbrett, auf dem er zu turnen gelernt hatte: Ein Mann gibt nur etwas ab, das ihm anschließend nicht fehlt. Eine Frau nimmt etwas auf, und zwischen diesen beiden Vorgängen liegen Welten. Eine Frau, das ist etwas ganz Besonderes. Nicht alle, aber viele Frauen sind besser, als ein Mann jemals sein kann. Und das muß sie auch bleiben. Ihr Los ist es, den Mann zu erwarten, jederzeit, vor allem zwischen Probe und Vorstellung. Da wir Weiber dazu neigen, uns eher zu entschuldigen, als uns jemanden den Buckel runterrutschen zu lassen, kommen Männer damit durch: „Wenn du den unbedingt anrufen mußt, dann ruf ihn doch an. Jetzt gleich. Oder muß ich dazu erst weg sein?“

Warum soll ich den anrufen? Ich weiß nicht, was er von mir will. Loriot würde die Zeichnung durchstreichen und drunterschreiben: Falsch. Heute würde ich den Hauswart anrufen, oder Prinz Charles, oder meine erste Liebe, oder ich würde sagen: „Ich werde anrufen, wenn ich Zeit und Lust habe. Basta.“

Dann würde er beschwichtigen oder kuschen, ich weiß das, und er hätte auch viele Gründe dafür, jedenfalls den wichtigsten: Unterstellung, das geht in Ordnung, aber Gewißheit wäre unerträglich. Bloß nicht die Wahrheit erfahren. Drohen, das ja. Kleine Tischknaller abfeuern oder unsichtbar angebrachte Mikrofone befürchten lassen.

Hinter solchem Verhalten steckt immer das Wissen um die eigene Unfähigkeit zur Treue, die eigene Impotenz des Herzens. Die führt zum unausgesprochenen Text: Dir ist alles zuzutrauen. Du hast dich schließlich auch mit mir eingelassen. Obwohl ich verheiratet bin. Aber das scheint dir ja egal zu sein.

Die „Hure“ wird nicht einmal gedacht, noch längst nicht. Erst viel später, wenn von der Frau die Befreiung gesucht wird, die noch nicht in die männlichen Pläne paßte. Dann muß diese Person kleingemacht werden. Da sie sich kaum vergiftete Limonade zubereiten wird, muß ihr Bild entfärbt und umgemalt werden. Nicht, weil er ein schlechter Mensch ist, sondern weil er ein Schauspieler ist, der ohne seine Überzeugung von der eigenen Unwiderstehlichkeit nicht unwiderstehlich sein kann.

Ich wußte das alles, oder nach und nach, aber es war mir lange nicht bewußt. Er hatte zwei Leben, ein ganzes und ein besuchtes, das meine, das gern zweimal „hier“ rief, wenn Verpfuschen angeboten wurde. Läßt man das ganze Geturtel weg, dann blieb, daß ich ihm eben auch nur eine Frau war. Wie Lulu, wie Hedda Gabler, wie das dumme Gretchen, wie die unbelehrbare Marketenderin oder die sentimentale Taube. Er empfand ja nicht nur sich als den Mann, den er spielte. Auch wir wirklichen weiblichen Wesen waren nur Abkupferungen von Modellen. „Du hättest mich doch auch erschossen, wenn du bei den Roten gewesen wärst und ich bei den Weißen und ich wäre in Gefangenschaft geraten.“

Nein, das hätte ich nicht. Die Geschichte von der soldatischen Kommissarin, die den Geliebten eher erschießt, als ihn wieder auf die andere Seite der Barrikade zu lassen, ist mir im Wesen fremd. Ich hätte mich auf die neue Situation eingelassen, mich dumm gestellt, beobachtet und dann gesehen, was sich machen läßt. Ich ertrage diese weibliche Figur so wenig wie ihr männliches Pendant, den Kortschagin. Aber was soll ich darunter leiden, ich kenne eh kein Weib und ohnehin keinen lebenden Mann, der so handeln würde wie diese beiden papierenen Wesen.

Aber natürlich ließ sich auch diese Mascha (oder wie sie hieß) gegen Frauen benutzen. Mein Schauspieler gehörte zu jenen Männern, die sehr wohl wissen, daß sie zu Frauen ziemlich mies sind. Wenn er das aber zugibt, muß er sich ändern und Konsequenzen ziehen. Die Notwendigkeit dazu läßt sich schwer leugnen, verdrängen schon. Er konnte ausweichen zu weitaus jüngeren Frauen. Aber wenn er sich mit einer von uns einließ, die im Alter zu ihm paßte und über jenen Fundus an Erfahrung verfügte, den er eigentlich gern für seine Arbeit nutzte, dann war es eine, die nach 1930 geboren war. Wir haben heißen und kalten Krieg erlebt. Nicht nur, wir durchlitten auch die Geschichte unserer Mütter und Großmütter. Im Gegensatz zu unseren Enkeltöchtern fanden wir noch nichts vor, was unser Leben erträglicher gemacht hätte als das unserer Ahninnen.

Und sie, diese schwierigen, so schwer zu verstehenden Männer waren kaum zur Mannespotenz gelangt, da zeigte sich, daß auch sie kriegsversehrt waren, von falschen Gesinnungen tätowiert, und auch sie waren unfähig, sich vom ersten Familienleben zu emanzipieren. Die Pflanze des Herrenmenschen war schon in ihre Erde gelangt, und so sehr sie aus besserer Einsicht rupften, so wenig sie selber den Fuß des Eroberers auf fremden Boden setzen wollten: ein Terrain erlaubte ihnen, ein bißchen mehr zu sein als jede Frau, das war das weite Feld der Liebe. Ihre Seele blieb in einem Gefängnis, in das sie unschuldig geraten waren, aber das macht die Sache nicht gerechter. Und gab es nicht für jeden Schwachmatikus alle Beweise gegen Frauen? So viele große Taten und Denkleistungen von Männern, was ist dagegen eine Sappho, eine Marie Curie, eine Jeanne d'Arc? Viele Männer meiner Generation haben nie gelernt, sich einer Frau wirklich anzuvertrauen. Sie konnten oder wollten nicht damit aufhören, aus sich und ihrem Tun oder Unterlassen ständig ein Geheimnis zu machen. Sich zur Undurchsichtigkeit aufplustern, das schwächt die Schwäche ab.

Ich kann nur geliebt werden, wenn ich allmählich sichtbar werde und mich einem anderen Menschen überlassen kann. Nicht für immer, aber für Augenblicke, wenn beide es brauchen. Niemand muß Angst haben, daß dann zu wenig Welträtsel übrigbleiben. Wenn das Mysterium möglich ist, dann bedarf es der Tricks nicht mehr.

Daß er ständig auf die Uhr sah, sollte mir seine Verlierbarkeit vorführen. Carpe diem. Daß er meine Arbeiten nicht sehen wollte, um sie nicht durch seine (kompetentere) Meinung zu beschädigen, war für ihn prima, so konnte er die Gedanken über seine Arbeit in langen Monologen vorbringen, ohne mich zum Mitdenken aufzufordern, weil ich ja, bei kleinen Einwänden, immer das Ganze nicht so überblicken konnte wie er. Wenn ich Ovationen äußerte, war ich eine kluge und zuständige Person.

Sobald er im Korridor erschien, erwartete er das Anspringen meiner totalen Hingabe. Weil er doch so wenig Zeit hatte. Weil Frauen das können, er kannte solche. Vergiß das brutzelnde Kotelett, freust du dich denn nicht, daß ich hier bin? Denk an mich!

Denk an mich? Das war schon möglich, das kann jede Hure. Aber es kommt, wenn ich nur an ihn denke, leider nicht auch noch auf mich an. Ich konnte weder das läutende Telefon überhören, das mir den Anruf bringen wollte, der für mich wichtig war, noch das brutzelnde Kotelett in der Küche vergessen. Meine Ohren erwarteten die Kinder, mein Gehirn den Anruf und in meine Seele nistete sich Unbehagen. Oder war es schon Unwille? Gedämpft durch seine beim Gehen geäußerten Wünsche nach ein paar Tagen allein mit mir, und einer ulkigen kleinen halbherzigen Entschuldigung für seine durch übergroße Sehnsucht nach mir hervorgerufene Rücksichtslosigkeit. Als ich mich das erste Mal schlicht weigerte und das nicht einmal in Ausreden verpackte, war der Ulk weg, der Charme, es blieb ein glitzernder böser Blick und die Behauptung, ich sei so blaß, da müsse wohl vorher der Major bei mir gewesen sein.

Er ging immer sehr spät schlafen und hatte also viel Zeit, durch Anrufe bis in die tiefe Nacht alles zurückzunehmen und das Gegenteil zu behaupten. Ich wußte, daß ich ihn zu teilen hatte. Nicht nur mit der vertrauten Ehefrau, die er belagerte, als sie ihm das Ehebett aufkündigte, und er verbarg nicht seine Freude über das Gelingen der Umstimmung, sondern auch mit Gelegenheiten, die sich ergaben. Daraus machte er kein Geheimnis. Ein solcher Mann kann mit der Tatsache seines Geschlechtes alles erklären. Aber obwohl ich mir seiner Treulosigkeit sicher war, ertrug ich wie eine Art Orden seine Eifersucht und seinen Argwohn, ertrug Attacken von Herabsetzung.

Erklärte ich ihm geduldig, daß ich ihn nicht betrügen würde, weil ich dazu kein Bedürfnis habe, war das eigentlich in der Luft liegende Thema Treulosigkeit wirksam abgewendet. Es ging nicht um seine streunende Potenz, also konnte er anfangen, blumige Seiten zu zeigen. Leise und wohltönend begann er zu pfeifen. Er zog sich in sich zurück, ließ sein Gesicht menschenfreundlich sein und pfiff Liebeslieder. So wurde er unangreifbar, sogar unansprechbar, das wußte er auch. Wenn ich dachte, nun sei das Tischtuch wohl aus seiner Sicht wieder glatt, endete er, immer abrupt, immer mit einem unfrohen Lachen, deutlich wie ein bitterer Satz. Etwa so: Ich hänge mich hier mit ganzer Seele aus dem Fenster, ich bin bei der Sache, und glücklich sind wir damit beide nicht.

Aber was stand er sich denn aus? Eigentlich nichts. Er wirkte meinen damaligen allseits schwierigen Verhältnissen gegenüber immer abwinkend. Wir teilen das Romantische, laß uns nicht zu profan sein, das macht jede Ehe kaputt und jede Liebe sowieso. Es ermüdete ihn, Post aus meinem Alltag zu erhalten, ohne daß er sich in ihm je angestrengt hätte. Damit meine ich nicht, daß er mir außer düsteren Rätseln auch immer den Abwasch hinterließ. Eher, daß er mich zweimal ins Restaurant einlud und sich anderthalb Jahre lang von mir bekochen ließ. Das kostete mich nicht nur vom knappen Geld, sondern Zeit, viel Zeit, es kostete dringend für mich selber nötige Arbeitskraft. Aber er aß halt lieber zu Hause. Nach diesem Wort habe ich nie geschnappt. Zu Hause? Bist du bei mir zu Hause? Wohl kaum, denn wenn er aufsprang, kündigte er ja an, er müsse jetzt nach Hause, „noch bissel was arbeiten".

Aber beim nächsten kurzen Anruf rannte ich wieder los, kaufte ein und gab mir Mühe wie Biolek.

Komplikationen meines Lebens setzte er oft eine Art Amüsement entgegen, gegen das ich mich wehrlos fühlte. Es hätte mir ein Bein abgefallen sein können, und er würde so lächeln, als sei ich die einzige Frau, die dergleichen überhaupt erwähnenswert fand. Schnall's wieder an, ganz einfach.

Er reiste ab oder schneite herein, ohne daß er je fragte, ob ich es gern habe, im Schlaf unterbrochen zu werden, ob mir der Verlust eines halben Arbeitstages etwas ausmache und ob seine rituell einzuhaltenden Telefonate mich denn immer anzutreffen hätten. Aber wie komme ich dazu, ihm das vorzuwerfen? Ich öffnete ihm doch die Tür, wie immer mir gerade auch zumute war. Ich ließ ihn herein und zwang jeden Unwillen nieder, weil mir die eigene Person nicht wertvoll genug erschien, um für sie einen Aufstand zu machen. Und weil ich noch nicht wußte, daß ich lieben kann. Das zweifelte ich an und das machte mir die Beine der Beflissenheit.

Ich war ein Kind, das niemandem gefehlt hätte, wäre es so unbegreiflich verschwunden, wie es auf die Welt gekommen war. Die Folgen der frühen Ungeliebtheit litt ich auch bei ihm bis zur Blödigkeit ab. Die besten Bissen für ihn, für ihn das Schnäppchen im Antiquitätenladen, für ihn meine beste Arbeitszeit. Er hat meine Zuvorkommenheit nicht verdient und sie angenommen wie einen Schluck Wasser. Aber ich hebe die Schultern, denn das widerfuhr einer, die das alles mit sich machen ließ.

Mein Gefühl, jemandem auf ewig verpflichtet zu sein, weil er sein Auge auf mich warf, erlaubte mir keine Müdigkeit. Es gaukelte mir Wünsche vor, die ich nicht hatte, und ich begünstigte seinen Egoismus, weil mein eigener versagte. Manchmal schenkte er mir eine Rose. Manchmal, wenn wir über seine Arbeit redeten, saßen wir einander gegenüber und waren uns die, die wir uns, in einem anderen Leben und mit tausend Jahren anderer deutscher Geschichte, hätten sein können.

Er war dann stark, klug, phantasievoll und ließ Freundlichkeit zu. Einfälle nahm er entgegen, hatte mehrere Lächeln, an denen zu erkennen war, wie trächtig er sie fand, und unterließ das Fingertrommeln. Mit heiterem Blick in meine Augen pfiff er nur ein paar Töne einer Melodie, die ich mochte.

Solche Situationen hatte ich mit ihm immer dann, wenn ich mich vorher stark gemacht hatte und entschlossen war, dieses Verhältnis zu beenden. Wenn alles klar war, die Unwürde der Situation, die Ungleichheit der Chancen, und daß er mein Leben eigentlich belastete, statt es mir je leichter zu machen. Manchmal konnte ich kaum erwarten, daß er kommt, damit er endlich für immer geht.

Dafür hatte er einen siebten Sinn. Er ahnte es nicht nur, er wußte es. Und ließ mich nicht dazu kommen, meinen Text zu sprechen. Er gab mir keine Chance für hilfreiche Wut, für die erste Überzogenheit, aus der sich dann ein Abschied entwickeln kann. Als Regisseur brauchte er, was er in solche privaten Situationen einbrachte: den Blick für das, was man von einem anderen Menschen benutzen kann.

Ich habe es ihm am Telefon gesagt. Da war es auf einmal ganz einfach. All die ungewesenen Momente, all die Versagungen von Hilfe, all die Krümel und Nebensätze hatten sich gesammelt, und es gab keinen Vorhang mehr, hinter dem all der Plunder und das eine oder andere Wunder zu verstecken gewesen wäre.

Ja, bei dir ist natürlich alles ganz anders. Ich freu mich für dich. Dich liebt er wirklich, und von seiner Frau kann er sich aus tausend einsehbaren Gründen eben im Moment nicht trennen. Da sind die Kinder, die armen alten Eltern, sein angeknackstes Herz, da ist die Dankbarkeit, und sie kann ihm etwas geben, was du ihm nicht geben kannst, weil sie solange zusammen sind. Und du gibst ihm etwas, das sie ihm nicht geben kann, weil ihr euch so neu seid.

Er hat später Freunden erzählt, erst bei der Trennung habe er meinen wahren Charakter kennengelernt. Wenn du also jemanden triffst, der kein gutes Haar an mir läßt, das ist er. Ihm geht es blendend. Da er auf der Bühne öfter ein böses Gesicht gemacht hat, sieht man ihm das Privileg erstaunlich frühen internationalen Wirkens nach, und niemand wirft ihm vor, daß er nicht nach drüben gemacht ist. Wenn wir uns treffen, sind wir freundlich wie zwei Schlangen, die sich ohnehin nicht fressen können. Aber wenn ich weitergehe, muß ich immer erst den begossenen Pudel in mir verscheuchen.

Rosenblatt und Kamillensoufflé

Wieder komme ich zu spät. Mein Schwarzhaar fällt in weichen Wellen von den Schläfen die Schultern hinab, den Rücken entlang bis auf die Erde. Vom Mittelscheitel natürlich auch, denn ich hab ja keine Halbglatze. Zwischen meinen Brüsten duftet, mit der Pipette aufgetragen, ein französischer Ruf der Wildnis, schweineteuer. Mein Negligé ist fallsüchtig, könnte aber beim Gleiten auf den Hüften hängenbleiben. Daran will ich jetzt nicht denken. Jede Frau ist so schön, wie sie sich anfühlt.

Der Mann da hat auf dem Bildschirm eben eine Blondine kennengelernt, mit sehr steilen zarten Rosigkeiten, eine echte Blondine, sie bietet die Schamprobe an. Ich gleite langsam auf Mann und Sessel zu, will den Kuß zur Guten Nacht loswerden, meinen Racheschwur, meinen Treueeid: „Ich wart noch auf dich, oder ich schlaf schon schön ein." Meine blitzschnell aus der Verkniffenheit über den langen Abwasch nun gelösten schwellenden Lippen sollen den Mann ereilen, meine Verzeihung, mein Verständnis.

Der Mann kommt von der Blondine herunter, das Licht läßt sie und mich perlgrau erscheinen wie alle Katzen in der Nacht.

Er wendet sich mir zu, schiebt mich an den Schrank und reißt mir das linke Bein hoch. Meine Wirbelsäule bricht, mein Arm findet keinen Platz, nicht nach hinten und nicht nach vorn, in dummer Pose suche ich für ihn nach einer Lebensstellung.

Der Mann besetzt seine Provinzen, pflügt den Boden um und ist Herr auf seiner Scholle. Ich lasse nichts merken, aber mich durchzuckt es wie ein Blitz. Ich habe den Teekessel auf die Platte gesetzt und mit dem Pfiffel behütet. Wer ist schneller, der Mann oder der Pfiffel, aber nichts wird mich nachher vor dem Satz bewahren: Das hättest du doch einfach sagen können.

Mein Hüftknochen verläßt die Pfanne, die vom Eierkuchen steht noch unter dünnem Wasserstrahl im Abwaschbecken, aber ich will Siegerin sein über den Pfiffel, trenne mich von dem leblosen linken Arm, und während der Mann den Boden unter den Füßen verliert, kommen mir Tränen der Erleichterung. Jetzt könnte neben ihm ein Kran umfallen, oder der Pfiffel könnte sich entfalten, der Pfiffel ist ihm piepe.

Ich beneide ihn böse und unendlich.

Nun steht er auf meinem Haar, nicht auf einem, sondern auf Millionen. Er beißt mir ein Ohr ab, wirft es lachend hinter sich. Das Leben ist so schön und voller Wunder. Nie würde er das Ohr wieder ankleben, und warum war ich nun wieder von Kopf bis Fuß nur auf Pfiffel eingestellt? Irgendein Pfiffel kommt mir immer in die Quere, nichts ist so, wie es einem das Kopfkino vorgaukelt. Mein Ohr und meine Haare bereiten mir Phantomschmerzen, aber die Blondine hat sich vorhin ganz umsonst eröffnet, ja, zu Hause ist zu Hause. Obwohl es gefährlich ist, wer einem da abends in die Stube blickt. Die sehen uns auch, nicht nur wir die, ich weiß das.

Und wer jetzt alles in unser Haus einzieht. Früher kannte man die Leute. Vielleicht ist das eine Schauspielerin, die im Fahrstuhl so duftet, vielleicht ist sie aber auch eine Hure und erzählt mir was über ihre Arbeit. Wenn sie in Urlaub fährt, und ich gieße ihr die Blumen. Aber vielleicht fährt die auch nicht in Urlaub, weil sie ihre Arbeit nicht so empfindet. Darüber weiß ich eben nichts. Wir durften ja darüber nie reden, sie hätten das Thema doch einmal, nur ein einziges Mal in der Versammlung, aber nie, nie. Dabei würde mich nicht einmal die Stunde meines Todes so interessieren, wie endlich mal was darüber zu erfahren.

Der Mann taumelt zwei Schritte, fällt auf das Bett, gut, daß ich es noch nicht gerichtet habe, sonst hätte ich jetzt wieder meine Aggressionen. Er macht ja nie die Betten.

Aber da liegt er, das Haus ist gebaut, das Buch geschrieben, der Sohn hoffentlich nicht gezeugt. Kinder sind Nachtpfiffel, die hat er sich nach dem ersten verbeten. Es sei denn, du kannst mir eine Tochter garantieren.

Das hängt doch nicht von mir ab.

In unserer Familie doch. Du mußt nicht alles glauben, was die Wissenschaftler schwafeln.

Nun habe ich die Angst um den einen und die vor jedem anderen allein auf dem Hals.

Aber jetzt streckt das liebe Kind in ihm die Arme nach mir aus. Mach mal 'n bißchen tapptapp. Ich schwebe hinüber, mein Hüftknochen gleitet in die Pfanne zurück, und ich laufe mit nackten Füßen seinen Rücken hinauf und hinunter, trällere ein japanisches Liedchen und fächle ihm gleichzeitig das schweißnasse Brustfell. Er dreht sich um seine Achse, seine Augen öffnen sich widerwillig, und er sieht mir ins Gesicht, mit einem Erstaunen, als wäre ich ein Erdhörnchen. Du? Du hier? Nein, das sagt er nicht, das guckt er nur, und ich spiele diesen Federball ganz leicht zur Tür hinaus, fange mich auch gerade noch ab, daß ich nicht aus dem Bett fliege. Ja, im Lokal muß auch jeder auf seine Garderobe selber achten.

„Ist meine Haut auch nicht zu weich für deinen Bart?"

Nein nein, geht schon. Er tätschelt mir den Stutenhals, und gleich wird er Appetit haben, einen Bärenschinken verschlingen wollen, Met hinunterschlucken oder Metropolen durchforsten. Geliebt will er jetzt werden, gelobt und gerühmt, denn wie leicht hätte ich einem Serienmörder in die Hände fallen können und nicht ihm, der zu Weihnachten weint und mit dem Sohn lacht, dessen Freundinnen begehrt und das für sein Geheimnis hält. Der im Schlaf manchmal vor Angst stöhnt, dann könnte ihn jeder heimische Gartenzwerg bezwingen. Aber was ist der heimische Gartenzwerg gegen meinen Arm, meinen warmen Hintern und meine zuverlässige Anwesenheit, die ein Teil seiner Seele haßt, aber auch das kann er nie verbergen, und würde er nie zugeben.

„Was gibt's denn morgen zu essen?"

Es sollte eine Überraschung werden, aber bitte. „Blätterteigpastete mit Forellenfiletchen an Kamillencreme auf Soufflé von Naturreis mit Klößen ..."

„Aus der Tüte?"

„Ach bewahre."

„Schmecken aber besser."

„Niemals. O nein, halb gekochte, halb rohe Kartoffeln. Von sieben Uhr früh bis gegen Mittag geerntet, geputzt, gekocht, gerieben, gedrückt, gemischt, summsumm muß das Wasser sieden, aber nicht brodeln. Und wenn mir vom Stehen übel ist, wenn ich vom Geruch schon satt bin, dann ist das Essen fertig und kann aufgetragen werden.

„Daß aber nicht wieder der Blätterteig pappig ist. Und den Pudding nicht so süß und mit Klumpen."

Es gibt morgen gar keinen Pudding, könnte ich sagen, aber wozu streiten, vielleicht habe ich wirklich beim Süßen des Puddings das Maß manchmal zu voll gemacht, wie meine Mutter. Dabei wollte ich ganz gewiß im Leben den Pudding niemals so süß machen wie meine Mutter, aber wenn er es sagt? Die Zeit vergeht rasend, vielleicht sagt er nur Pudding und meint, nun war ich ganz wie meine Mutter, aber ich bin zu müde, um das zu untersuchen, schlummre kurz ein, und dann bette ich mich in die Bratröhre und lasse keinen Blick vom Blätterteig. Du wirst mir nicht unknusprig, du wirst mir den Sonntag nicht versauen, denke ich, während der Mann gerade Mandela berät, der sich natürlich wieder nichts sagen läßt und alles besser weiß. Dabei ist das ein Mann, mit dem sich sogar der Mann da befreunden würde. Den müßte man an zentraler Stelle haben.

Zentralafrika?

Sei nicht witzig, sagt er, das liegt dir nun mal nicht.

Das weiß ich. Ich hab auch schon seit fünfzehn Jahren keinen Witz mehr erzählt, weil sowieso keiner lacht.

Mandela ist natürlich eine Ausnahme, sagt er. Es ist nicht

so, daß sich Schwarze generell so rausgemacht haben und die schlechte Ernährung, er ist schon eine Ausnahme.

Na ja, denk ich, wir kennen ja weiter keinen Neger, wie soll man das vergleichen.

Der würde Europa ganz anders zum Flutschen bringen, sagt der Mann.

Was haben wir beide eigentlich unterm Strich von Europa, denke ich, aber das sage ich nicht, denn das weiß er auch nicht, und so was nimmt er mir besonders übel. Er liest zwei Zeitungen und guckt im Fernsehen alle Standpunkte. Nachher wird er sich die Dschudschuken vornehmen und ihnen verklickern, daß sie unter der Erde stinkereich sind. Aber wenn sie oben bloß immer hundertachtundfünfzig Jahre alt werden wollen, das flutscht dann natürlich nicht. Das können wir uns auch nicht leisten, alles liegen lassen und hundertachtundfünfzig Jahre alt werden, damit es in der Zeitung steht. Er würde gerne, daß sie was ändern, und er hat eine Menge gute Vorschläge, die will bloß niemand.

Er tut mir leid, und ich gleite aus allem heraus und in etwas hinein, das mag ich nicht. Ich kenne es und es hat mir weh getan, es ist wie aus Seide gewebt und hockt hinterm Brustbein, wie in der ersten Zeit. Aber ich will es nicht mehr. Besser, ich lasse alles über den Kopf laufen, damit komm ich ganz gut klar. Außer wenn die Fenster aufstehn, wenn er die Hände hinter seinem Kopf verschränkt und an die Decke guckt, die immer unsere Schlafzimmerdecke bleibt und nie der Sternenhimmel wird, den er sich vielleicht gerade wünscht. Dann zieht kalter Atem durch meine Brust, und ich denke: Läßt der vielleicht alles nur noch über den Kopf laufen? Das würde ich nicht ertragen.

Jetzt klebt seine Hand jedes Haar einzeln wieder an, sacht wurzelt er sich in meinen Schlaf, und ich denke noch, man wird auch immer klüger, ohne daß man viel dafür tut. Ich hab zum Beispiel heute den Teekessel nicht angestellt, aber ich bin in schwerer Hülle sterbensmüde, hab nicht mal mehr die Kraft, zu lachen. „Der Mann schläft nach der Geliebten ein und wacht vor ihr auf", hat er einmal gesagt, „weil er der Hausvater ist, da zieht er die Zugbrücke hoch und läßt sie wieder runter, so entgeht ihm kein Marder und kein Saukerl". Das Leben ist anders, aber das macht weniger, als man glaubt. Ich will noch nach ihm rufen, nach Halt, aber dann falle ich einen tiefen Brunnen hinunter, lande bei grüner Wiese an, bei reifen Äpfeln, die ich nicht pflücken werde. Mag das Brot im Ofen bleiben, niemand ist für alles zuständig, da kann das Wasser sich stauen, ich liege im Gras, das ich nicht schneiden werde. Und wenn die da oben mir deswegen schwarze Pampe runterkippt, werde ich sagen: So geht man mit einer anderen Frau nicht um. Behalt dein Pech. Gründen wir eine Weltregierung mit einer Weltpartei, in die nur eintreten darf, wer bereit ist, unvollkommen zu bleiben.

„Faulheit schafft Freizeit."

Du bist eine dumme Ziege, könnte sie sagen. Vor der Weltregierung kommt der Landtag, da wählen sie dich hinein und überlassen dir die Ressorts Unbekleidete, Untergetauchte, Schiffbrüchige und Wachstumsbehinderte. Fünf Jahre später werden sie dir beweisen, daß du nichts gekonnt hast. Wie gut, werden sie sagen, daß wir diese unfähige Person schon auf Kreisebene erwischt haben. Stell dich drunter. Unsere Geschichte geht so. Willst du sie verändern?

Nicht verändern, werde ich sagen. Aber auch nicht wiederholen.

Sein Leib ist meinem Leib nun wehrlos angegliedert, sein Tod wäre der meine, selbst wenn ich ihn eigenhändig umbringen würde, was für Minuten auch kein übler Gedanke ist. Bestätige mir das, du schlafendes Gesicht, gib mir ein Recht auch auf schlimme Lüste, und warum siehst du jetzt aus wie ein unschuldiger Jüngling, woher kommt es, daß sich dein Gesicht glättet, und liegt es vielleicht am Licht, daß du verletzbar aussiehst und als könntest du niemanden verletzen. Bist du so schön, weil du von mir träumst? Nein, so sieht er aus, wenn er von seiner ersten Liebe träumt. Die hat er geliebt, die wird er immer lieben, denn er hat sie ja nicht gekriegt. Was lieben wir alle am längsten und zähesten? Alles, was wir nie gekriegt haben.

Ich decke mich auf, unterkühle mich und wende mich seinem Gesicht zu, das nun wieder alle vertrauten Zeichen trägt. Aber warum blinzelt er, warum guckt er mich so vorwurfsvoll an, flucht sogar. Was ist dir?

„Du immer mit deinem neumodischen Quatsch“, sagt er. „Ich hab vorhin am Schrank gedacht, mir bricht das Kreuz. Bei dem Michael Douglas sieht das so einfach aus. Und Frauen sind gelenkig, die sind für so was gemacht. Aber bei mir mußte auf so ’ne Artistik schon verzichten.“

Spricht’s, dreht sich um und fängt an, einzuschlafen, während ich wieder einmal anfange, wach zu bleiben.

Alles wegen Venedig oder so

Steck ich meinen Hühnerkopf in ein Bündnis, zieht das zehn andere Mitgliedschaften nach sich. Jedenfalls war das bei uns so. Das meiste flatterte zwar gleich in den Papierkorb, von manchem angekündigten Höhepunkt des gesellschaftlichen Lebens notierte ich mir wohl das Datum, vergaß aber das Thema, weil ich wußte, in der Zunft hält sich ohnehin keiner dran.

Die lud regelmäßig ein, aber über viele Jahre waren höchstens jeweils ein Drittel der eingeladenen Mitglieder und Kandidaten erschienen.

Mitte der Siebziger änderte sich das. Da waren mehr Eierköpfe als früher zu erwarten, solche, in deren Nähe sich gern die Presse drängelt.

Auf das nächste intellektuelle Ereignis des Verbandes bereitete ich mich gründlich vor, indem ich viele kleine Strähnchen zu vielen schneckigen Gebilden drehte, die ich auf dem Kopf feststeckte, dann mit einem Stielkamm halb wieder herauszog und durcheinanderwirbelte. Nun hätte niemand sagen können, ob ich gerade aus dem Bett kam oder aus den Fingern eines Meisterfigaros.

Vorzeitig eilte ich los, denn die Stühle reichten seit kurzem nicht, und da die Angestellten aus ihren Büros samt Ersatzstühlen schon immer davongeeilt waren, noch ehe wir antanzten, sicherte rechtzeitiges Erscheinen einen Sitzplatz. Sollte es gar ein gewünschter sein, hatte man noch eher zu kommen. Immer saßen distinguierte Persönlichkeiten schließlich ergeben an eine Säule gelehnt auf der Erde, und verlegen mieden sich die Blicke der Bestuhlten und Unbestuhlten.

Von den Jüngeren stand für einen Alten seit langem keiner mehr auf. Er wäre sonst in den Verdacht geraten, diesen Alten als Vorbild anzuerkennen, während er doch abgeschafft gehörte. Zu alt, zu verbohrt, von Vorurteilen und bekannten Fehlurteilen übersät wie ein Teppich mit Tannennadeln. Vergreiste, vergrieste Gehirne, was krabbelt ihr aus euren ordenbehangenen Lehnstühlen, könnt nix, habt nie was gekonnt.

In jenem häßlichen, ewig überheizten Neubauraum blieben Karrieren zurück, hier fiel Stolz und stand nicht wieder auf, hier ging mancher und ward nie wieder gesehen, hier wurden Selbstmordabsichten oder schöpferisches Unvermögen freudig bestärkt, zufällig mitgehörter Zuspruch hämisch kolportiert.

Einmal redete ich mit einem jüngeren Dichter, der über einen Gedichtband von mir angenehm geschrieben hatte. Eine Dichterin ging an uns vorbei. „Na, ist das dein neuer Hofnarr?“ fragte sie und lachte über den eigenen Witz. So ging es zu, und wer anderes sagt, der spricht nicht vom letzten Jahrzehnt. Du mußtest auf deine Schienbeine achten, und spürtest du Unangenehmes, konntest du sicher sein, dich habe jemand in den Hintern getreten. Sollte einer singen, seine Kollegen würden ihm die Nachtigallenzunge oder die der roten Lerche schon aus dem Hals würgen.

Verein zur Entmutigung jeglicher Bemühung, so hätten wir uns nennen müssen, aber wir begrüßten uns nett, nicht jeder jeden, aber jeder jemanden, drückten uns die Hände, gaben uns Küßchen und fragten nach Befinden, das weder vorher noch nachher interessierte.

Die Cleveren und Selbstbewußten waren daran zu erkennen, daß sie am weitesten weg von der Versammlungsleitung saßen, immer am selben Tisch und jedesmal mit denselben Leuten.

Ich versuchte noch vergeblich, eine Tasse Tee zu kaufen, und bezahlte meinen Beitrag. Als ich zurückkam, ging es schon ziemlich kontrovers zu. Der Kollege an meinem Tisch war auch nett, mittelmäßig und zu nichts Höherem geboren, also ungefährdet. „Um was geht's jetzt eigentlich“, fragte ich ihn. „Was weiß ich“, sagte er. „Vielleicht um Venedig“, schob er pampig nach, „hast du die Einladung nicht gelesen?“ Nein, sagte ich, ich könne gar nicht lesen.

Venedig, das wäre ein schönes Thema. Ja, wenn es um Venedig gehen würde. Ich habe im Fernsehen einen Film gesehen, da begab sich in Venedig wie fast immer gerade Karneval. Die Kamera folgte einem aus gutem Grund ängstlichen Mann durch Dunkelheiten, die man freiwillig nicht aufsuchen möchte. Er wiederum eilte einer schönen Maske nach, hinter der ein Mörder her war, den ein Syndikat verfolgte, dem die CIA und der KGB auf den Fersen waren.

In einem noch viel spannenderen Film lehnt eine schöne junge Frau an einem Mann und schweigt, denn es ist alles gesagt. Außer: „Mann, das Wasser stinkt aber elende.“ Das hätte sie sagen können, aber ihr Weg bis in sein Boot und an seine Schultern war so dornenreich gewesen, daß sie nun des Stinkens gewiß nicht achtete.

Auf Venedig wäre ich gefühlsmäßig und oberflächlich gerüstet, aber mehr brauchte es in unserem Verband für Bücher, Zeitungsschmähungen, Theaterstücke sowie Weltpolitik und Bezirksergehen ja auch nicht.

Ach ja, Venedig. Dort wird viel gesungen und dieser Borgia. Aber alles Globale findet immer auch zu Hause statt, dieser Bock da drüben mit seinem unleserlichen Geschmiere hat sehr viel Ähnlichkeit mit Borgia.

Venedig sinkt, obwohl es zum Welterbe der Kultur gehört. Bleibt uns der Roman von Hemingway, über ein Liebespaar in der Gondel, auch mit singendem Gondoliere, und die Frau sagt: „Können wir es noch einmal tun?“, aber nicht zum Gondoliere, dem das weiter keine Schwierigkeiten bereiten würde, sondern zum schwer gezeichneten Kriegsteilnehmer, der lieber über den Fluß und in die Wälder abhauen würde, das ist ein anderes Buch, man verplaudert sich halt. Jedenfalls hatte es den Helden schon beim vorigen Mal beinahe umgebracht, aber wie jeder rechte Held und Schnauzbart will er sich nicht lumpen lassen, so wird sein letzter Seufzer der Lust sein letzter Atemzug sein.

Ich war noch nie in Venedig. Aber was ich weiß, das weiß ich.

Die anderen geraten in immer erregtere Diskussion, es geht um Sein oder Nichtsein. Der Grundstein dafür wurde gelegt, als die heutige Zusammenkunft unter diametral entgegengesetzten Vorstellungen über Inhalt und etwaige Gäste erfochten wurde.

Einer sagt, es gibt nur eine Weltöffentlichkeit und die besteht aus Öffentlichkeit. Und in die muß alles.

Das ist nicht die gewünschte Linie. Und auch ich erschrecke ob des Gedankens, daß wir nun auf das Gegenteil eines Fehlers losmarschieren. Was uns nützt, mußte immer breit raus, was uns schaden könnte, sollte unterm Teppich reifen wie Käse. Gib dem andern nicht Wahrheiten in die Hand, die er gegen dich benutzen könnte. Es ist ein natürliches Schutzbedürfnis, dem Gegner nicht Pistolen noch Phiolen zu liefern.

Jemand sagt, wir sollten nicht die ersten sein, die verbreiten, was los ist. Sagen wir das, wer soll dann noch einen Finger rühren? Was fallen will, wird derb gestoßen werden. Wenn es aber die Alternative ist, die dann verschwindet, wird es hundert Jahre keine Alternative mehr geben. Oder zweihundert Jahre.

Einer fuchtelt mit dem Arm, wird nicht beachtet, also pfeift er auf die Disziplin und ruft dazwischen: „Womit ihr hier so schlaubergerisch handeln wollt, das weiß die Welt längst, aber ihr braucht ja eure Geheimnistuerei, sogar bei Wetterberichten und Jahreszahlen."

„Ja", ruft ein anderer, dem auch niemand das Wort erteilt hat, „es ist an der Zeit, mit den Lügen Lügen Lügen aufzuhören. Ihr wißt, wo wir stehen, ihr wißt es, aber ihr werdet es nie zugeben und noch aus dem Sarg heraus Winkelemente schicken, als sei sogar euer eigener Tod nicht ernstgemeint. Hört endlich auf. Hört auf! Wollt ihr die Apparatemedizin für erloschene Seelen? Was wollt ihr aus den stärkeren Wassern heben? Ja ja, das könnte euch gefallen. Statt den armen Kindern im Geiste das Brot zu reichen, wollt ihr untergetauchte Steine waschen. Ruhmvoll und im rechten Augenblick Adieu, dieses Beispiel werde ich …"

Es geschehen mehrere Dinge. Zuerst ging es um die zusätzliche angestrebte Versorgung von Künstlern, die alt sind und nichts mehr verdienen, sofern sie früher erfolgreich waren. Beziehungsweise um die, die noch nie viel verdient haben und also auch nichts zurücklegen konnten. Der Streit darüber, wem der Staat mehr Dank schulde, denen, die so bescheiden waren, nie was zustande zu bringen, oder anderen, die nach großem Erfolg, aber wegen Papierkontingenten immer durch zu kleine Auflagen zurückgeworfen werden auf die Mindestrente, teilt die Anwesenden in so 'ne und solche Betroffenen, aber das Thema ist längst verlassen, nun geht es um Privilegien anderer Art, um Ideale und, wie immer, um alles auf einmal.

Jetzt wird jeder unterbrochen von seinen Kameraden, Mitstreitern und Kollegen. Ruhmvoll, haha. Rumvoll, dafür bist du bekannt. Dafür ist er eigentlich nicht bekannt, aber sie hätten den Gag ums Verrecken nicht weggelassen.

Einer erhebt sich und erklärt, warum er jetzt etwas, vermutlich Falsches, wesentlich Unzulängliches, von vielen nicht gern Gehörtes, sicher in manchen Details auch zu Bestreitendes, zu Bezweifelndes, weit von der letzten Erkenntnis Entferntes, von ihm eigentlich schon längst einmal gesagt sein Sollendes vor die geneigten Ohren der Kollegen bringen wolle … Er wird weggeräuspert und weggemurmelt. Das ist die freundlichere Variante. Du kannst auch weggelacht werden, das wenigstens bleibt ihm erspart. Aber er setzt sich hin und stirbt. Vielleicht deswegen habe ich seit der Wende keine Meinung mehr von ihm gehört.

Die Giftpfeile sind ausgepackt, die Furcht vor Langeweile treibt giftige Blüten.

Ich will es nicht, aber ich springe auf, angstvoll, jeglicher Niederlage gewiß. „Wie seid ihr nur", sage ich. „Soll alles umsonst gewesen sein, was Du Du Du – ich zeige auf Männer und Frauen, denen sofort die Tränen kommen –, was ihr drangegeben habt für mehr, als ihr für euch selber je gebraucht hättet? Seid ihr inzwischen so blasiert, daß euch nichts mehr wichtig ist? So seid ihr nicht gewesen, laßt euch doch daran erinnern."

Die Alten nicken, den Jüngeren wächst ein Lächeln des Ekels in den Mundwinkeln, und die Jungen, die Bunthühner, qualmen wieder los, was sie eine Viertelstunde auf Antrag und Abstimmung hin unterlassen hatten. Einige Männer grinsen, aber die Mehrheit der Frauen, chronische Minderheit, begibt sich irgendwie auf meine Seite.

„Wäre es nicht furchtbar", sage ich und achte darauf, daß meine Stimme in den Regionen warmer Tiefe bleibt, denn wenn eine schrille Frauenstimme hier Forderungen erhöbe, würden diese Männer selbst weitere Krebsforschung ablehnen.

„Willst du das auf dein Gewissen laden", sage ich und starre einen pausbäckigen Igel an, der bis zu diesem Augenblick kein Wort zur Meinungsbildung beigetragen hat. Ich kenn den, der lebt von Exposés, denen er nie eine Ausführung des Einfalls folgen ließ. Der hatte noch nie Stunk gemacht, und er würde ihn nicht machen. Langsam und schwer nickt er, hebt die Schultern und wirft unter zusammengezogenen Brauen einen Blick in die Runde. Zwar wäre auf meine Frage nach der Gewissensaufladung ein Nein korrekt gewesen, aber sein Ja tut es auch.

„Wir alle hier", sage ich und teile mit, daß das Lächeln unserer Kinder ebenso wie das der Gondoliere niemals verstummen dürfe.

„Lächeln darf nicht verstummen ...", las es sich dann in der Presse, und während es an mir hängenblieb, tat jeder Literat seine höhnische Version dazu.

„Und wenn ich mit meinen eigenen Händen ..." Das bringt's, die Stimmung tendiert zum Subbotnik für alles.

Nach mir meldet sich einer zu Wort, von dem alle wissen, daß er nach drei Sätzen für einen unzumutbaren Zeitraum auf seinen Lebenslauf und Werdegang kommen wird, auch auf abgelehnte Briefe und infame Kollegen, die überall erwähnt und gerühmt werden, während jemand wie er der Ignoranz des Verschweigens ausgesetzt bleibt. Am Schluß wird ihm die Stimme vor ungeweinten Tränen versagen. Da sich niemand traut, ihn zu unterbrechen, weil seine Lobby sicherer erscheint als die eigene oder weil es absolut unter der eigenen Weltwürde wäre, jemanden daran zu hindern, sich zu blamieren, versucht wenigstens der Tagungsleiter, die feingeformte Hand zu übersehen. Das wird unterstützt, denn nun, da Hannemann vorangeht, heben sich auf einmal viele Hände. Wieso es heute wieder keinen Kaffee gibt. Warum die schon wieder rauchen. Besser wäre, man hätte sich hier die längste Zeit getroffen. Von wegen Klimaanlage, kein Sauerstoff, wie immer.

Die zierliche Französin sagt, wir können uns hier streiten, aber in den Zeitungen wird nichts zu finden sein. Die Zeitungen sind schlecht. Franzosen würden sich solche Zeitungen nicht gefallen lassen.

Die Zeitungen sind schlecht, jeder weiß es, aber eine Wende später wird niemand glauben, daß sie nun besser sind, nur weil sie besser gemacht werden. Durch den Raum schwebt die Befürchtung, nun solle auch dieses Thema neu beatmet werden.

Nachher werden die Telefone klingeln und der Witz wird durch Berlin sprühen. Die gesammelten Kommentare zur heutigen Zusammenkunft würden einen Band Feuilletons ergeben, aber das bringt uns hier in der Atmosphäre der Verweigerung keinen Ausweg.

Dann geschieht etwas, das mich jedesmal fasziniert. Es ist nicht zu erklären und nicht zu verhindern. Niemand hört mehr zu und es breitet sich eine ungetrübte Heiterkeit aus, alles ist nur noch komisch bis zynisch zu sehen. Bonmots werden durch den Raum gereicht, und nur ein paar Augenblicke des Bemühens um neue Ernsthaftigkeit würden genügen, Albernheit ausbrechen zu lassen.

„So geht das nicht, gerade wir dürfen uns von niemandem Ignoranten nennen lassen“, ach Gott, warum eigentlich nicht, und er fügt zu vieles hinzu, was auch niemand hören will. Es erinnert ihn alles an eine Diskussion im Jahr 1947, als eine ähnlich entscheidende Fragestellung auch zu einem äußerst unbefriedigenden und dadurch den Gang der Weltereignisse ungünstig beeinflussenden Nichtergebnis führte.

Ob er nicht zugehört habe, dröhnt es zurück, es sei doch alles gesagt worden. Richtig, raunt eine Minderheit.

Von wem, will die Mehrheit wissen, die schon Autoschlüssel, Fahrausweise oder Mitfahrgelegenheiten sucht. Oder den Faden der Ariadne.

Nun werde ich angeguckt. „Sie hat doch alles gesagt, wie man es besser nicht sagen kann. Hört ihr denn niemals zu?“

Die meisten stehen grußlos auf, zünden im Hinausgehen ihre Stumpen, Zigarren, Zigaretten oder Piepen an oder eilen hinweg, weil die anderen ihre Stumpen, Zigarren und so weiter anzünden, und die Rauchzeichen steigen. Beim Hinausgehen drücken mir ein paar die Hand, gut gemacht, andere lassen mich durch ihre Blicke wissen, daß sie mich von nun an nicht mal mehr mit der Rückseite angucken werden.

Draußen, am Fuß der grauen Treppe und neben dem tosenden Verkehrslärm, ordnen sich die Grüppchen. Freund bleibt bei Freund, Geachteter bei Geschätztem. Kaum jemand würde zugeben, daß auch Angst voreinander mitspielt, vor Entmutigung oder einer Niederlage, die viel schwerer zu verkraften ist als ein Verriß in der Zeitung.

Mit dem unabweisbaren Gefühl, mich lächerlich gemacht zu haben, gehe ich nach Hause, kriege einen Nervenzusammenbruch und versuche, in den folgenden zwanzig Jahren, anderen zu erklären, was ich an jenem Tag dort überhaupt verloren hatte.

Traute Brautnacht

Wir hatten uns umarmt, wieder so ein langer Tag, ich geh in mein Zimmer, schlaf schön. Balkontür und Fenster standen offen, ich wollte noch lesen, aber dann hörte ich von draußen den wachsenden Lärm, steckte mir Ohropax in die Ohren, nahm die Dinger aber wieder heraus. Laut!

Mit nackten Füßen ging ich auf den Balkon, vom 25. Stock in der Leipziger Straße den Tscheckpointschaali direkt unter mir. Menschenmenge, Geschrei, Lärm, auch von weiter her. Vom Brandenburger Tor. Vom Brandenburger Tor?

Der Fernseher wird's wissen, der Fernseher weiß alles. Im Ersten besang einer den Schwarzwald, im Zweiten pustete grade einer eine um, und in Adlershof kreischte ein Wienermädel den Petta Alexonder an.

Im Radio endlich, um Mitternacht, erzählte eine Frau dem berauschten Reporter, sie habe sich den Mantel gleich über die Schürze gezogen, Puschen anbehalten, „nu is sie auch hier".

Er schlief und ich habe ihn nicht geweckt. Zwischen Bett und Balkon dachte ich: nicht so schnell. Schreit doch nicht so laut. Guckt doch erst noch mal hin. Wenn das 'ne traute Brautnacht werden soll, dann ist Eile und Geschubse das Dümmste. Beim Vereinigen erreicht man den anderen nur, wenn man sich selber ganz behält. Nur Keuschheit ermöglicht, daß wir nachher ohne falsche Scham sind. Aber doch nicht kreischend unterm Türrahmen. Ich renn da nicht mit. Bin ich deswegen schon tot, wie einer im Fernsehen sagt? „Wer jetzt nicht auf den Beinen ist, der ist doch schon tot."

Ich dachte, halt dich offen, halte alles für möglich. Auf dem Bildschirm schleppen Türken große Körbe mit Döner heran. Lachend und mit leuchtenden Augen kommen Griechen, Italiener, Jugoslawen, mit Musikinstrumenten und Flaschen, mit Fleisch und Brot. Gastfreundliche Menschen aus der Tradition ihres Herkommens, aber nun begrüßen sie Deutsche zu Hause. In einem Deutschland, in dem sie schon zu Hause sind. So gut wie. Viele. Zigarette? Hier, du gutes Deutsch, ich auch, nimm, nimm.

Durchreisende können vor Tränen kaum noch knipsen, der Alkohol macht zwar alles Zarte auch zotig, und diese Ansammlung von einander zwillingshaft ähnlichen Anoraks ist schon saukomisch. Aber die Freude, die ist tief und ehrlich, herschwappend, herübergreifend. Komm her, sagte eine junge Frau zu dem Grenzer, der nicht weiß, ob er morgen erschossen oder unsterblich wird, ich geb dir einen Kuß, und dann ... dann renne ich ... wirklich? dann renne ich zu meinen Eltern. Darf ich jetzt hier ohne alles durch? Wahnsinn!!

Ich glaube dieser Freude. Ich sehe sie ja. Aber an die Dauer der Freude glaube ich nicht. Sind wir über Nacht alle erwachsen geworden? Können wir umgehen mit solchen Dimensionen?

Schwarze, Weiße, Gelbe, Grüne, Rote, Braune auch? – woran sollte ich die erkennen? – tanzen wie in den Weltjugendnächten auf dem Alexanderplatz. Und diesen Vergleich woll'n wir mal ab heute vergessen.

Meine Mutter ruft aus Hamburg an und fragt, ob bei uns der Krieg ausgebrochen ist. Ich weiß es nicht, Mama, ich weiß es wirklich nicht.

Kind, du bist so ernst.

Na ja schon, 'ne traute Brautnacht ausgerechnet an einem 9. November? Ja, warum denn nichtwasistdennmitdem – Mama, hast du das vergessen? Dein nachtschwarzes Haar, der Schubs, Judenhure. Opa haben sie den steifen Hut zerhau'n, die Haarfarbe genügte an jenem 9. November, und du bist gerannt und hast dich wegen deiner wunderschönen lackschwarzen Locken tagelang nicht auf die Straße getraut. Deine Älteste brachte einen linken Kamelhaarhausschuh nach Hause, am Pappelplatz, Ecke Bergstraße hatten sie den jüdischen

Schuhladen auf die Straße geräumt, aber das Puppengeschäft in der Brunnenstraße war nicht jüdisch, wie ich es mir heimlich gewünscht hatte.

Nein, Mama, mach dir keine Sorgen. Vielleicht ist dies da unten der zweite Generalstreik an einem 9. November. An einem 9. November hat Karl Liebknecht die erste freie sozialistische Republik Deutschlands ausgerufen. Wer das war? Ach Mama, den Namen haben wir dann auf Straßenschilder geschrieben, mit Bindestrich, und ich dachte lange: dem Karli Knecht, dem haben wir's geschworen. Wer ist dieser Karli Knecht und was haben wir dem geschworen?

Kind, was macht denn dein Mann?

Der schläft.

Na, siehst du.

Ja, Mama, schlaf du auch.

Am Morgen schweige ich erst, laute Frauenstimme am Morgen haßt er.

Dann sage ich: „Die Grenze ist offen". Kleine Pause. Er hat gesagt: „Haben sie's also gemacht, ja? Das dachte ich mir. Mit Gewalt? Um Gottes willen, mit Gewalt?" Nicht mit Gewalt, habe ich gesagt, so irgendwie, so wie 'ne Panne, wie zufällig. Lange Pause. Ich sagte noch: „Die Menschen waren ganz außer sich." Er sagte: „Das werden sie auch noch eine ganze Weile bleiben. Ist ja verständlich."

Am Abend des 10. November 1989 traf sich das „glücklichste Volk der Erde" zu unübersichtlichem Gewimmel vor dem Reichstag. Aber erst, als die wackeren Würdenträger später vor dem Rathaus Schöneberg ein Lied anstimmten, das ich weder an einem 10. November noch sonst irgendwann in meinem Leben noch einmal wie in meiner Kindheit mitgrölen werde, erst da steckte Gott einen Finger aus den Wolken und ließ die Männer so jämmerlich falsch tönen, daß diese dokumentarische Kostbarkeit ewig und drei Tage lang lächerlich bleibt.

Ich bin ledig geblieben in jener Brautnacht. Ledig von allem Übermut. Meine Sinne blieben still bei diesem unbestreitbar potenten, sehr gerissenen, sehr kaltschnäuzigen, von lauter Sieg besoffenen, sentimentalen ollen Bräutigam.

Meinem Gedächtnis haben sich andere Bilder eingebrannt, die gehen und gehen nicht weg. Ich seh sie noch, die Türken, Italiener, Griechen, Jugoslawen, die Vietnamesen und die Kubaner. Sie haben sich so mit uns gefreut. Es war ein großes Fest und sie tanzten mittendrin, gehörten fast dazu. Ach, und die fremden Lieder und die Klänge der Instrumente, es schien, als fände ein jedes seine Musik und seinen Freund, der an die Brust zu drücken war. Wie viele Tränen sind geflossen über diese lange, unnatürliche und unterm Strich sinnlose Spaltung, um all das Versäumte, nie Gelebte, Gesehene, Gerochene, Geschmeckte. Was war los mit den Deutschen? Sie waren nicht bei sich, sondern außer sich, wirklich, das waren sie. So konnten sie Freude teilen und ohne Verachtung die Tränen anderer sehen, sie konnten umarmen und freundlich sein.

Erinnert ihr euch? Damals wurden noch nur Trabis „geklatscht“. Damals waren wir ein paar Stunden lang ein unverwöhntes liebenswürdiges Volk, das einmal lächelte und dann erst nachrechnete, was es kostet.

Aber wer nicht gestorben ist, der lebt so heute längst nicht mehr.

Der Palast muß weg, weg, weg

Der Palast der Republik muß weg. Weg, weg, weg. Ich bin dafür, daß wir gegen ihn sind. Hiermit fordere ich, daß der Palast der Republik verschwunden wird. Es spricht zu wenig für ihn.

Gut, er ist hübscher als das ICC in Westberlin. Aber das trifft schließlich für jedes alte Warzenschwein auch zu. Fast alles auf der Welt ist hübscher als das ICC, das aussieht, als ob ein Gebäude aus der Science-fiction-Kiste in ein anderes aus der Bunker-Ära hineingerast und steckengeblieben wäre.

Der Palast ist belastet, durch uns, denn wir gelten als belastet dadurch, daß er uns manchmal ein leichtes Herz gemacht hat.

Es war Mitte der achtziger Jahre, als die Idee aufkam, Berlin brauche einen „Tag der Künste", an dem sich alle Theater, Hochschulen und Werkstätten hinter die Bühne und unter den Tisch gucken lassen. Ein Familientag sollte es sein, an dem man die Museen ebenso wie das Schauspielhaus eintrittsfrei besuchen könne und an dem abends im Palast ein Ball hochschwingt und ausklingt.

Aber weiß ich denn, ob die Brautleute von damals ein glückliches Ehepaar geworden sind? Sie kamen an meinen Buchstand im Foyer, natürlich waren sie glücklich, sie kriegten von mir ein Buch mit Widmung, ich ein Röschen aus dem Brautstrauß. Aber die beiden können längst geschieden sein und denken getrennt voneinander vielleicht stocksauer an ihren schönsten Tag und an mich.

Der Palast muß auch weg, weil wir damals, als Vertreter der Künstlerverbände, am selben ersten Tag der Künste spätabends unterm Dach noch eine Talkshow gemacht haben, die live im Fernsehen übertragen wurde, meines Wissens eine Novität in der DDR. Jeder von uns sollte etwas mitbringen, wir brachten selbstgebackenes Brot und gekauftes Salz, Sitte steuerte seinen Unstrut-Wein bei, Marke säuerlich, Bellag sog an seiner Piepe und Holtz-Baumert hatte seine witzigen berlinischen Sprüche drauf, er war in Vertretung von Kant gekommen, der solcherlei tümliches Gemenge nie teilt. Wir redeten alle freiweg und nahmen die Chance wahr, auch kontrovers, so daß Besucher hinterher sagten, das wäre ja wie im Westen gewesen, also gar kein Unterschied.

Es tut mir weh, wie uns dieses Kompliment damals schmeichelte.

Inzwischen schalte ich Brüll-Talks als Festivals der blödesten Geschwätzigkeit ab. Falls ich mich nicht reinlegen lasse und die Erfahrung noch einmal persönlich vor Ort mache. Da kann jeder seine Dummheit zum Dogma erheben oder andere ohne Beweise denunzieren, wofür es das gleiche Geld gibt, als ob du mit dem Mikrofon wirfst, oder dich geprügelt rausschleppst.

Wir also sollen an jenem Abend damit schon vergleichbar gewesen sein?

Jürgen Walter wagte als erster Einheimischer im Palast eine Personality-Show, ohne Fliegenleim Weststar, mit nichts als seinen Liedern, dem Charme der Vondrackova, dem Witz der Mimosen und einer wunderbaren Clown-Nummer am Trapez und am Seil und mit einem Lied, das überlebt hat.

Es kam zu zwölf ausverkauften Veranstaltungen im großen Saal. Damals wurde auch gesagt: „wie im Westen, internationales Niveau". Das nahmen wir ebenso als Lob an.

Dabei schien mir doch, daß der Westen Deutschlands auf dem Gebiet der Unterhaltung von internationalem Niveau ziemlich entfernt war. Und wir dürfen ja auch nicht vergessen, daß solche gelobte Qualität damals auf Mitropa-Gaststätten noch keinesfalls zutraf. Und wieviel mehr Menschen wollten sich an Mitropa-Gaststätten erfreuen, statt am Chansongedudel von Jürgen Walter? Außerdem war es doch nur deswegen ausverkauft, weil die teuerste Karte, in Anzugnähe zum werten Künstler, 12 Mark kostete, in Ost. Da wählten viele Leute das kleinere Übel eines Konzerts, statt sich einsam in ihren „Arbeiterschließfächern" herumzudrücken.

Wenn ich bedenke, wie vielen internationalen Schmieranten, Dilettanten, ausgeleierten Lumichen und abgetakelten Weicheiern ich nach dem Anschluß an die große weite Welt einfach abgewinkt habe, dann denke ich wehmütig zurück an unsere Profis, unsere sehr gut ausgebildeten Künstler. Es ging ihnen, wenn sie Erfolg hatten, besser als dem Durchschnitt der Leute, aber die wenigsten von ihnen sind so reich geworden, wie es drüben für Schnullifutz üblich ist.

„Spaß muß sein", das war auch so ein Titel, typisch Osten. Jeden Sommer wurde bekanntgegeben, daß schon wieder irgend etwas sein mußte. Spaß muß sein!!!! Muß! Spaß muß nun nicht mehr sein. Niemand legt uns rein, daß wir lachen, wenn uns nicht so zumute ist. Wir haben jetzt die Freiheit, mit besorgter Miene in unser Portemonnaie zu gucken und auf die Kuverts mit den Fensterchen, wenn sie aus unserem Briefkasten rutschen. Da halten wir die Luft an und stoßen sie erleichtert wieder aus, wenn wir bemerken, es war gar nicht die neue Miterhöhung, sondern nur das dritte Mal die Nachfrage vom Finanzamt, warum wir die Pflichtabführungen für unsere Angestellten noch nicht geleistet haben. Wir haben keine Angestellten und die Pflichtabführung läge dringend auf seiten des Finanzamtes, weil wir schon anderthalb Jahre auf die Einlösung unseres Rechtsanspruches warten.

Aber die Vorführungen im Palast haben uns auf dieses wunderbare Leben mit all seinen bunten Vogelfedern und Zentnergewichten nicht genug vorbereitet. Obwohl es doch ein Palast des Volkes war. Oh, hätten wir ihn doch nicht so genannt. „Imbißhaus Mitte" oder „Lampenladen", das hätte genügt. Wissen wir doch: Immer schleift der Sieger den Palast des Besiegten und baut auf selbem Grund vom Geld des Besiegten seinen eigenen Palast.

Es stand in alten Zeiten ein Schloß, so hoch und hehr. Ich

kannte es nicht, aber ich hätte es gern gesehen, und ich wollte, es wäre nicht gesprengt worden.

Der Palast muß weg, muß auch weg, weil er nicht aufhört, uns zu beschäftigen. Es ist lästig, zu wissen, daß wir noch wissen, was dort das Essen für die ganze Familie gekostet hat, und daß wir nicht aufhören können, die Zugänglichkeit dieses vielleicht nicht edlen, uns Ossis aber teuren Klotzes zu vermissen. Wir haben ihn immerhin mit unseren Geldern bezahlt.

Eine meiner Schulbänke für die Kunst war ein Treppenhaus, das zum Theater ernannt worden war. Warum haben sich die Zuschauer freiwillig in unsere Abende gedrängelt? Über zweihundert Besucher saßen fast zwei Stunden vor uns, wir spielten, an jedem Abend durfte jeder Schauspieler mir als Autorin eine nicht abgesprochene Frage stellen, die ich dann zu beantworten hatte. Wegen dieser Stellen kamen manche Besucher häufiger. Wir sprachen über ernste Dinge, aber es wurde auch viel gelacht.

Wo bist du, der diese Stille gebraucht hat, nach dem Monolog, daß es bei uns angeblich keine Einsamkeit gibt?

Wo bist du, die so herzlich gelacht hat über meinen ersten gespielten Ehestreit? Geht's dir gut? Was hast du verloren seither? Oder gewonnen?

Wo bist du, die bei unserem Mama-Tochter-Dialog geweint hat, weil es sie als Mama gerade betraf? Was wurde aus dir? Muß ich dich sehr fernhin grüßen, weil du hier keine Arbeit mehr hattest und also keinen Boden unter den Füßen? Oder leugnest du heute, daß es uns auch gut gegangen ist, auch an einem solchen Abend, und bist du jetzt nur noch ein Opfer und suchst der Reihe nach deine Täter?

Eine Zeitlang verstellte mir von meinem 25. Stock in der Leipziger eine Attrappe, eine große kackgelbe Tüte, den Blick auf den ollen Palast. Aber was immer ihr hinbaut, wen immer ihr hier einquartiert, wer immer seine Bannmeile einrichten wird, sich verschanzt, sich anmaßt, wieder von unseren Steuern und nun auch noch in West – eins könnt ihr nicht. Ihr könnt nicht auslöschen, daß ich nach den Abenden mit über zweihundert Leuten, mein DDR-Sträußchen in der Hand, noch dampfend von den heizenden Scheinwerfern, noch durchwärmt von Umarmungen, mit offenem Mantel allein unter den Bäumen nach Hause geschlendert bin. In falschen Schuhen meistens und also mit schmerzenden Füßen, unzufrieden mit mir, das immer. Aber ganz sorglos, ohne ängstliche Rundumblicke bin ich unter den großen dunklen Bäumen an den sehr dunklen Häusern vorbeigelaufen, angefüllt von dem Abend, der hinter mir lag.

„Hol mich nicht ab, ich muß erst ausatmen“, das ist ein Satz, den würde ich heute nicht mehr sagen und er würde auch nicht mehr beachtet.

Wenn der Palast abgerissen ist, vielleicht vergeß ich dann die vielen Kinder in der Weihnachtsrevue, den Abend mit Branduardi, meine Schadenfreude angesichts der begrenzten Fähigkeiten von P. H., oder unsere Gefühle, als Hermann van Veen uns mit seinen Ansagen politisch ziemlich auf die Pelle rückte und mit seinem Programm ganz aus dem Häuschen brachte.

Wo seid ihr jetzt, ihr weltberühmten Künstler? Wo seid ihr, die ihr zehnmal mehr für einen Auftritt im Palast bekommen habt als unsere besten einheimischen Künstler? Zur Supergage für drei Abende noch ein kleines persönliches Geschenk, etwa ein komplettes Meißner Speiseservice oder den Flügel für die nette Trallaline in ihre nette Wohnung in Paris, der anderen den Jahresetat an Weißfuchsfellen aus Leipzig. Und die mit der Bescheinigung, die erlaubte, für Ostgage Antiquitäten zu kaufen und zollfrei auszuführen. Wo seid ihr jetzt, die von der Ehre sprachen, in diesem wunderbaren Haus vor diesem einzigartig sensiblen und kundigen Publikum arbeiten zu dürfen? Kein Einspruch gegen die neue Untat? Sie wird sein, die Hoffnung auf eine gerechte Lösung ist klein. Fluch für die Sänger, kein Stein soll bleiben auf dem anderen. Wir wollen mit unserem Wehren auch nur ehren, verhindern können wir wahrscheinlich nichts.

Ich grüße euch, die ihr nicht vergessen könnt und wollt, daß es neben soviel Vergeblichkeit, so vielen Fehlern und allmählich verkümmernder Chance auch unser ganz eigenes warmes Leben gab. Darüber ist heute schnell Abfälliges gesagt. Es ist zu früh. Wollen wir sehen, was die Erinnerung damit macht.

Aber solange die „angedachte Zahnstocherlösung“, also runter bis auf das Skelett, nicht durchgesetzt ist, solange dieses Haus noch steht, bin ich bei denen, die es sanft belagern.

„Kommst du dir da nicht blöde vor? Kampf gegen Windmühlen. Ist doch alles längst beschlossen, außerdem regnet es sonnabends meist und ihr fordert den Vergleich mit begossenen Pudeln selber heraus.“

Vielleicht ist das alles längst beschlossen. Aber ein eherner Politbürobeschluß scheint es auch nicht zu sein. Vielleicht, weil sie es sich in Bonn leichter vorgestellt haben, so einfach, wie sich anderswo in der Regel das meiste abräumen ließ.

Riesige Unterstützung finden wir nur in der Meinung, kaum im Mitmachen. Wir stecken Bemerkungen ein von Leuten, die vom Einkauf kommen und mit ihren prallen Tüten zum Auto und in die Gemütlichkeit nach Hause wollen. „Damit hätten se ma früher anfangen sollen“, sagte ein Mann zu seiner Frau, das war im Sommer 1992, und ich denke immer noch darüber nach, ob er Tage oder eine Epoche früher gemeint hat.

Begossenen Pudel auf Minibarrikade wollte ich schon lange mal spielen. Was soll daran blöde sein, blöder als die Idee, ein Haus abzureißen, nur weil sich die Leute darin wohlgefühlt haben und eine Volkskammer darin tagte. Sie sollen es doch mal probieren. Für einen Tag macht alles so, wie es gewesen ist. Aber das kommt natürlich nicht in Frage, da wären sie ja schön blöde.

Wenn es soweit ist, werden wir gehen müssen und den Schirm zuklappen, da kann dann niemand Regen von Tränen unterscheiden.

GlaubeLiebeHoffnung

Wir wären jetzt in den Jahren, die wir damals gemeint haben mögen. Falls wir überhaupt etwas meinten und nicht nur hochnäsigen Schnickschnack redeten. „Wenn wir mal alt sind", sagten wir, „dann sitzen wir uns gegenüber, die eine im roten Ledersessel, die andere im blauen dänischen, dann trinken wir Kaffee, rauchen und lachen."

Der rote Ledersessel ist längst verschenkt, weil er in Neubauwohnungen aussah wie ein Riesenbonbon. Der ehemals blaue steht mit anderem Bezug noch im Zimmer der Tochter.

Aber wir rauchen längst nicht mehr. Wir trinken auch keinen Kaffee, wegen unserer empfindlichen Gallen.

Worüber wollten wir denn lachen, die Tochter und ich, als womöglich noch immer Verbündete? Über uns, das wäre prächtig gewesen, aber ich mißtraue diesem Gedanken. Ich denke, wir wollten über andere reden und sie auslachen. Kein hübscher Gedanke, aber ein möglicher. Wir dachten an eine Zeit, die wir ungeachtet unseres natürlichen Lebensabstandes „unser Alter" nannten.

Wenn ich uns freundlich gesonnen bin, dann denke ich, wir haben uns eine Art Rettungsring ausgedacht. Wenn alles schief geht, dann schwimmen wir als Alte an irgendein Zipfelchen Land.

Wir haben es vermasselt. Massel heißt Glück, vermasselt wäre zumindest Nichtglück, lassen wir es so stehen.

Manchmal denke ich, wir haben Informationen, aber was wissen wir schon voneinander. Beide haben Wahlverwandte, wir haben beide ihre Tochter, um sie, jede auf ihre Art, zu lieben. Wie gut können wir das jetzt? Es reicht nicht aus, die Größe von Gefühlen anzuführen. Habe ich dich klug genug geliebt, dich zu lieben gelehrt? Auch so ein Satz, sperrig wie eine Kiste.

Von Zeit zu Zeit überfällt mich der Gedanke: Ich muß noch einmal mit ihr reden. Sie weiß zuwenig von mir.

Wie aber sollen wir den Ton finden, hinweg über alle Mißverständnisse und auch tieferen Verletztheiten, die sich ergaben? Vermutlich würde ich wiederholen, was ich zu oft gesagt habe, und sie würde wieder ungeduldig sein und abbiegen.

Vielleicht müßten wir uns schlagen wie die alten Ritter, damit es endlich um sichtbare Wunden geht, uns prügeln wie zwei Weiber im Saloon, damit wir zerzaust anfangen könnten zu lachen, denn aus dem Stand ist das ehedem Erträumte nicht möglich.

Warum merkt sie nicht, daß ich weise geworden bin?

Weil keine Tochter ihre Mutter jemals weise findet. Ihr wurde öfter jemand über den grünen Klee gelobt, dem sie dann guten Tag sagen mußte. Wenn er nicht mehr kam, mußte sie damit zurechtkommen, daß er Tränen oder nur Abwinken hinterließ. Genaueres über den glühenden Anfang und das matte Ende erfuhr sie vielleicht, aber zum Verstehen fehlte ihr die Erfahrung.

Ich habe sie manchmal als Lauscherin gewußt und dieses Wissen hergenommen, um ihr etwas mitzuteilen, was ich ihr anders nicht sagen wollte oder konnte. Das war nicht fair, aber ich ordnete es als pädagogische Pfiffigkeit ein und benutzte es ja nicht gegen sie. Es konnte gar nicht so viele Bedrohungen geben, wie sich angenehm klingende Entwarnungen fanden.

Sie hat hinter der Tür aber nicht die Wahrheit über mich erfahren, sondern jenen Teil, der mich schmückte. Und immer die Beruhigung, wie günstig unsere Lage sei.

Sie wußte nicht, wie oft ich im Bett lag und heulte. Die Verantwortung für die Familie war für mich allein oft genug zu schwer, aber ich trug sie, während ich Angst hatte, sie nicht tragen zu können und zu versagen. Das machte mich aufgedreht, überanstrengt und unsicher, also benutzbar. Es war ein Zustand, als ob mich im nächsten Moment jemand zu einer Prüfung rufen könnte, auf die ich nicht vorbereitet war. Ich erkannte oft die Fragen nicht, die sich mir eigentlich stellten, während ich redselig auf ungestellte die Antworten erteilte.

Das Leben prüfte mich wie jeden unentwegt, aber wenn es darauf ankam, fehlte es mir an innerer Ruhe, die richtigen Sätze entstehen zu lassen. Was ich vorschnell sagte, erschien mir hinterher unklug.

In meinem Urteil über mich selber schwankte ich ständig und wußte noch nicht, daß dies jedem so geht, der sich zu früh erwachsen dünkt. Ich erlag zynischen Anschlägen, denen mit Gelassenheit leicht zu begegnen gewesen wäre. Die Frechheit anderer nahm mir die meine, und Snobs hatten es besonders leicht, mich in eine linkische Person zu verwandeln.

Lob machte mich selbstkritisch, aber auch hübsch, und ließ mich stolz sein auf meinen schwarzen Vorfahren, aber beides hielt nie vor. Wir waren nämlich gleichzeitig auf die Welt gekommen, Frida Duckmaus und ich. Während der eine Teil von mir immer um die Nötigkeit wußte, ein erwachsener Mensch mit Rechten und nötigen Eigensüchten zu werden, kam mir Frida Duckmaus immer als die andere Seite von mir in die Quere. Sie putzte, kochte und rannte sich die Beine ab, um es jedermann recht zu machen. Frida Duckmaus ließ sich einschüchtern und gängeln, um Tüchtigkeiten zu beweisen, die Eindruck schinden sollten und es weniger taten, als nötiger Widerstand, als Koketterien und Versagungen.

Die Weiber meiner Generation sind auch mit einem Kerl ins Bett gegangen, weil die letzte Bahn weg war und wir ihn nicht in den Regen schicken wollten. Laura Marie würde sagen: „Muß er eben früher losgehen. Ist doch sein Problem, wie der nach Hause kommt."

Ob mir das auch so gegangen ist? Keine Spur, ich wurde behandelt wie eine Frau, die nicht nur geliebt, sondern auch respektiert wird. Jedenfalls in den letzten zweiundzwanzig Jahren, aber da war ich schon zweiundvierzig und hatte noch einmal eine Chance. Frida Duckmaus hätte mir auch die beinahe verdorben. Mit dem großen Gefühl kam die große Angst, und Frida versuchte, mir fast alles auszureden, was ich bis dahin begriffen hatte. Es hat Monate gedauert, bis ich bemerkte, daß ich auf dem besten Weg war, mich nur noch anpasserisch und eben duckmäusig zu verhalten. Ich kriegte keinen Salat mehr zustande, ohne ihn zu versauen, weil ich alles hineinwarf, was der Geliebte vielleicht schmecken wollte.

Was er davon hatte, waren Magenschmerzen und der zum Glück vergängliche Wunsch, mich zu verlassen, eine blöde Person, die einen Mann schon mit der Vorspeise umbringt. Vorher war Frida Duckmaus ziemlich ungefährdet gewesen, auch durch meine Tochter.

Ich hätte ihr nie befohlen, bei mir zu bleiben, nur weil ich sie gerade brauchte. Bat ich sie, mich nicht allein zu lassen, wurden ihre Verabredungen sehr dringlich.

Wenn es mir wirklich schlecht ging, war gerade Klassentreffen, Dampferfahrt, Jugendklub oder ein Rendezvous, das mir nicht paßte. Zu früh, sagte ich, viel zu früh. Zu früh für Freude, Heimlichkeit, süße Aufregung? Oder für Demütigung, wie sie Frauen halt zuteil wird, und also sollte sie möglichst noch nicht Frau werden, sondern meine Tochter bleiben, der niemand etwas tun durfte?

Ich habe mir meine Einwände immer anmerken lassen, während ich ihr mögliche eigene Tüchtigkeit verschlug, weil ich ihre Säume stichelte, ihre Pulloverchen wusch und durch die mangelhaft bestückten Geschäfte rannte, um für das jüngere Weib einen schicken Fummel zu ergattern. Ich stand für alle gerade und legte mich dabei ziemlich krumm. Aber die reine Selbstlosigkeit trieb mich nicht. Ich schmückte die Tochter und holte so über sie etwas nach, was mir als junges Mädchen der Nachkriegszeit gefehlt hatte.

Unsere Klingel wurde häufig gedrückt, und aus der langen Hungerzeit war mir geblieben, daß niemand bei uns hungrig bleiben dürfe. Suppentöpfe wurden gefüllt, es gab Pferdegulasch und einmal sogar spottbillige kubanische Langusten, billiger als Rindfleisch. Obwohl wir zeitweise wenig Geld hatten, stand unser Freitisch für hungrige Studenten und junge Künstler ebenso parat wie vorher für Schulfreunde. Frida Duckmaus verbot mir, mit meiner Tochter darüber zu reden, daß mir ihre armen Freundinnen zwar leid taten, sie aber nicht jedesmal einspringen durfte, weil es ja auch in meinem Portemonnaie nicht von selber nachwuchs. Aber ich wollte ihre Gutmütigkeit nicht entmutigen, auch dort nicht, wo sie in bedenklichen Leichtsinn umschlug.

Sie sollte nicht Sorgen teilen, die sie nicht abschaffen konnte.

Ich wollte vor ihr erfolgreich sein. Die jüngste Mutter in der Klasse, eine immer verständnisvolle witzige Person, ganz anders als alle die langweiligen mütterlichen Puten, zu denen sich die anderen Mädchen aus der Klasse heimbegeben mußten. Ich wollte eine mütterliche Mutter sein, aber so stark wie ein Mann.

Daher habe ich jede Leistung zu groß ausgestellt. Habe übermütig Risiken getragen und ausgeschmückt, ohne die Dimension der tatsächlichen Gefährdung zu ermessen und wenigstens hinterher zu begreifen, daß ich Glück gehabt hatte, das nicht nur den Tüchtigen zuteil wird, wenn auch denen eher.

Heute weiß ich, daß meine Tochter mit anderen Frauen offener gesprochen hat als mit mir. Damals war ich eingebildet, weil andere Töchter meine Ohren mit ihren Geheimnissen füllten. Aber bei den Töchtern anderer tun wir ja auch nicht so, als ob wir auf alles eine Antwort haben.

Sie war gerade sehr mit sich beschäftigt, als mein Leben aus dem falschen Ruder kam. Kann auch sein, sie sah, daß der neue Mann praktisch, nützlich und vernünftig war und Sinn für Humor hatte. Den brauchte er für uns auch.

Sie hat mich geliebt, wenn ich stark war. Das ist so. Eine schwache Mutter macht Angst. Und ich sollte ihr Bild von mir nicht stören. Vor allem sollte ich nicht älter werden und sie nie blamieren, indem ich mich blamiere. Nicht andere Leute auf uns aufmerksam machen, nicht auf der Straße singen oder hinfliegen und dann noch lachen, nicht aus der Straßenbahn hopsen, nicht in der Schlange beim Anstehen laut reden.

Aber vor allem sollte ich nicht älter werden, ich nicht. War es Lebensangst, Furcht vor dem Abnabeln, oder war dem kindlichen Gemüt eingeprägt geblieben, daß der Vater auf einmal weg war und Verstörtheit hinterließ, die sich nie mehr ganz beruhigte?

Ich glaubte, daß sie mir absolut vertraut, weil sie mir viel erzählte. Aber was ihr Leben wirklich bestimmte, das erzählte sie mir nicht, und wie sollte ich entdecken, was ich nicht suchte? Weil ich sie liebte, war ich von mir zu überzeugt und habe die stummen Zeichen statt der Hilferufe nicht gesehen. Damit muß ich leben. Ja, ich habe sie geliebt, das wird aber jede Mutter sagen und damit meinen, sie habe ihr Kind immer geliebt. Ich bin wie jede Mutter, und ich weiß, wie stark die Liebe war, wenn ich Angst um sie hatte oder wir Tage der Harmonie lebten. Dann war die Liebe ohne Einschränkung und also schwer zu ertragen. Immer hätte ich sie so nicht lieben wollen, denn auch die Liebe darf einem ja nicht den Atem nehmen. Es muß auch Normalität geben. Für die sorgt das Leben, und so müssen wir nicht immer die ganze Liebe aushalten.

Manchmal gewann ich ein paar Schritte Abstand und betrachtete, durchaus kritisch, das Ergebnis meiner mütterlichen Bemühungen. Es gefiel mir nicht alles, aber worin ich zuviel getan hatte, das würde sich durch zuwenig anderswo sicher ausgleichen. Wir hatten ja noch alle Zeit.

Ich habe ihr gegeben, was ich hatte. Manches für immer, darunter einiges, was ich lieber behalten hätte. Ich durchlitt schwere Vergiftungen während der Schwangerschaft, und als die bei ihrem ersten Zappeln in meinem Leib verschwanden, folgte monatelanges Sodbrennen. „Hospitalismus“ ist auch ein harmlos klingendes Wort für Vereiterung, Kobaltbestrahlung und Operationen. Und „viel zu schwaches Bindegewebe" hätte mich von Schwangerschaft abhalten sollen. Ich verlor einen Teil der Gesundheit für immer. Vorher war ich knackiger, aber diesen Preis hätte ich auch wissentlich gezahlt. Denn ich wollte für ein Kind die ewige Liebe, da sich für eine andere kein Anlaß fand.

Dieses zauberische, hilflose Wesen stellte sich aber bald auf die eigenen Füßchen und ging eines Tages in eine Schule, geriet auf dem Schulhof in Jungenfäuste und wäre beinahe vom Bruder einer Mitschülerin vergewaltigt worden.

Die Mädchen haben mir das am selben Tag erzählt, ein damals ungeheuerlicher Vorgang, ein einmaliger Vertrauensbeweis, der den Mädchen durch Aussprechen half, mich aber hilflos machte, denn die Schwester des Jungen stellte mir ihren Selbstmord in Aussicht, wenn ich etwas unternähme. Zum Glück haben die Jungen nicht nur schänden wollen, sondern auch klauen, haben Keller aufgebrochen und alte Leute niedergeschlagen, und dabei sind sie gefaßt worden. Sie wurden eingesperrt und von der Bundesrepublik freigekauft.

Ich habe mich zu oft eingemischt. Sogar, als sie mir ihr Kind ankündigte. Ich wollte nicht mitten in den Flitterwochen zur Oma oder ungefragt zur Mutter gemacht werden. So äußerte ich Einwände, über die ich heute nur entsetzt sein kann, abgesehen davon, daß ich mit allen Bedenken und Vermutungen recht hatte. Ich wurde Oma und noch einmal Mutter, aber noch mehr ist dieses Menschenkind meine Schwester in der Seele. Wir beide müssen in einem früheren Leben schon einmal geübt haben, wie man sich ganz nahe ist und nie auf den Wecker fällt.

So, wie ich als Großmutter bin, so wär ich gern als junge Mutter gewesen. Der Enkelin höre ich erst einmal zu. Nehme teil, schlage vor, denke mit, überlasse aber ihr die Entscheidung. Ich mache keinen Entwurf von ihr und sorge nicht, daß sie dem ähnlich wird. Sie ist ein ganz anderer Mensch, und worin wir uns so ähnlich sind, das haben wir uns wohl erworben.

Großmütter sind Übermenschen. Immer geduldig, immer offen, immer zuständig. So sind junge Mütter nicht. Ich weiß das von mir.

Abhauen macht nur Spaß, wenn das Nest sicher bleibt. Töchter hauen gern und so früh wie möglich ab. Aber die Enkelin weiß, daß wir nicht mehr jung sind. Sie hat uns zu überleben. Das läßt sich nicht ändern.

Eine leise Stimme in mir sagt, ich solle nicht noch einmal mit der Tochter über uns reden. Wenn sie mich braucht, sagt sie es schon.

Nachher werde ich meine Mutter anrufen. Die hat alles falsch gemacht. Aber darüber werden wir nicht reden. Ich werde sagen, daß ich sie liebhabe und daß wir kommen, sobald es geht.

Vor der Tür bleibe ich noch einmal stehen, atme tief, sammle mich und mache mir ein Gesicht. „Sie können ruhig reingehen", sagt die Schwester, wieder eine, die ich noch nicht gesehen habe. Meine Haare stecken unter einer Haube, ich trage einen blauen keimfreien Anzug und Handschuhe. Unter meinem Atem bläht sich der Mundschutz, langsamer atmen, jetzt lächeln.

Auf der Bettdecke liegen dünne Hände, blaue Flecken an jeder Stelle, die Zugang in eine Vene versprechen könnte.

Die Augen meiner Tochter sind geprägt von Wissen, das niemand von uns mit ihr teilt. Sie ist schon einen Schritt weit in jenem Raum, über den wir rätseln. Zutraulich wie die eines Kindes liegt ihre Hand drucklos in der meinen.

Ach Tochter, es ist nicht der erste Schmerz, den du mir zufügst. Aber als dieser mich erreichte, war ich ihm nicht gewachsen. Er traf mich elementar, als eine Naturgewalt, auf die ich nicht vorbereitet schien. Aber vielleicht wäre gegen seine Wucht auch aller Versuch, sich auf ihn einzustellen, unwirksam gewesen.

Ich hatte geglaubt, es besser zu machen als andere, die sich vor dem Gedanken an Schmerz drücken und dann von ihm erdrückt werden. Mein Kopf beschäftigte sich seit langem mit möglichem Unheil oder Unglück, und es war auch nicht so, daß wir bis dahin verschont geblieben wären von allem, was dem Menschen widerfahren kann. Ich suchte nach Austausch über Quellen der Seelenkraft, um einer Heimsuchung anderes entgegenzusetzen als Schwäche. Bot mich an, wenn es wem schlecht ging und entdeckte, daß es wichtig ist, erreichbar zu sein. Du hast nicht die richtigen Wörter, es gibt vielleicht keine, aber du bist gekommen und bleibst, bis das erste Entsetzen abklingt.

Meine Sprüche für andere kamen vom Herzen und blieben doch nur gestellte Buchstaben.

Mit vielen Frauen hatte ich von der Natürlichkeit des Abnabelns gesprochen, dem eigenen und dem der Kinder, und wie unsouverän wir doch beim Gehen und Loslassen sind.

Wir sprachen offen über unsere Angst vor Brustkrebs, dem unausweichlichen Vergehen früherer Vorzüge, und wie schwer es ist, sich mit nun möglichen Genüssen anzufreunden, wenn sie an die andere, nun ewig leere Stelle treten sollen. Keine, die nicht wußte, daß Reife ihre eigene Art von Anziehung hat, und wir genossen durchaus, daß wir nur noch selten mißverstanden wurden und manche Konflikte nicht mehr hatten. Aber das hieß nicht, daß sich eine deswegen genauso attraktiv fühlt wie in ihren besten Jahren. „Mach aus den Jahren, die du gerade lebst, deine besten." Das klingt gut, aber es ist so einfach nicht.

Wir wußten, daß wir Abschiede ertragen lernen müssen. Wenn du es anderen sagst, spricht es sich gut aus: Jede Trauer muß ihre Zeit haben, jeder Schreck unterliegt schließlich dem Hunger und dem Durst. Wir dürfen nur nicht einsam werden oder bleiben. Dankbarkeit müssen wir lernen, besessen zu haben, statt der Verzweiflung zu erliegen, daß wir hergeben müssen, was wir behalten wollten, so lange wir leben.

Ich sah in alle Richtungen, erwartete Sturm und stemmte

die Füße fest. Er sollte mich nicht umwerfen, nicht, nachdem ich soviel Mühe darauf verwandt hatte, lebend erwachsen zu werden.

Ich glaubte mich stark.

Als mich der Schmerz erreichte, war es keiner, über den wir je gesprochen hatten. Er verschlug mir den Atem, als wären Mund und Nase unter Wasser. Mir kam die Sprache abhanden, und die Angst hatte eine so gewaltige Wirkung, daß kein erworbener Gedanke, kein Zitat und keine geübte Haltung zur Verfügung standen. Ich wußte das alles wohl noch, wie wir Landschaften erinnern, in denen unsere Augen vor Übermaß ermüdeten, so daß wir betäubt waren und unser Wohlgefühl umschlug in den Wunsch nach Stille und Schlaf.

Oft und wohl auch zu leicht hatte ich darüber geredet, aber ich hatte vielleicht nicht wirklich daran geglaubt, daß etwas nie wieder sein wird. Wie sonst hätte ich Urlaube erleben können, als seien mir die nächsten zehn mit denselben Menschen sicher?

Jeder Tag mit dem Kind war unwiderbringlich, aber das Leben ist nicht so, daß wir ihm deswegen den ganzen Tag über gerührt in sein Gesichtchen blicken.

Der Schmerz weckte Zorn. Aber da hatte ich schon begreifen müssen, daß es dieser Schmerz war und daß er mir bleiben würde bis zuletzt. Warum gerade ich? Was habe ich getan, um das zu verdienen? Es muß ein Irrtum sein, alles wird sich aufklären, bleib mir aus dem Schlaf, du Schmerz, denn da handle und glaube ich nach der nackten Wahrheit, und die kann ich nicht ertragen.

Der Zorn war unfruchtbar. Ihm folgte eine Art von abgemildertem Haß auf alle, die ich als mitschuldig an meinem Schmerz ansah. Die Bilder jagten sich. Als ob ein Film vor mir ablief, sah ich Fetzen von Situationen, hörte einzelne Sätze, erinnerte Unbehagen, das verdrängt worden war, Ahnung, die sich, so schien es, als Spuk verscheuchen ließ.

Der Schmerz hätte mich nicht in solchem Ausmaß erreichen können, wäre er mir wirklich voraussehbar gewesen. Wer hatte mich abgehalten, das Kommende zu sehen, wer hatte mich unzumutbar auf anderes gelenkt und mich überfordert, daß ich nun ungeschützt in den Schmerz hineinlaufen mußte?

Ich wollte um mich schlagen, egal, wen ich treffe, aber die Arme waren zu schwer. Dort lag der Telefonhörer, ich betrachtete ihn wie einen mir unbekannten Gegenstand. Es fiel mir niemand ein, mit dem ich sprechen wollte, von dessen Worten auch nur der Schimmer eines Trostes zu erwarten gewesen wäre.

Ich wußte, dies würde nicht so bleiben. Es würde mich in Arme treiben, in denen es sich lautlos weinen oder laut jammern ließ.

Ich wollte den Schmerz nicht. Vorher hatte ich gedacht, ich würde ihn zuerst einmal annehmen, auch wenn ich noch nicht wüßte, wie ich mit ihm umgehen könnte. Aber jetzt, da er sich nicht abweisen und nicht leugnen ließ, wollte ich ihn nur aus der Welt schaffen, um den Preis, daß ich für ihn nicht zuständig bin und die Ursache mich weit weniger angeht, als dieser Schmerz beweisen wollte. Ich wollte ihm entkommen, mit welchen Mitteln auch immer. Bis ich begriff, daß ich dann mir selbst entkommen müßte.

Es kam die Verlockung. Ich lasse mich gehen, finde keine Haltung und gebe das auch zu, falle anderen zur Last, vertue und verplempere alles, was mir die Katastrophe ohnehin zerstört. Sorge sich, wer Sorge um mich hat.

Das hieß aber, gegen Regeln zu verstoßen, die ich selbst erfunden hatte, als nötig und als möglich.

Andere erzwangen sich die Chance, mir beizustehen.

Der Schmerz ist geblieben. Aber doch hilft die Zeit, auf die es gar nicht ankommt, die nichts versteht und nichts bewirkt oder gerade deswegen, weil sie einfach abläuft, während sich die Tür langsam schließt und der Lichtspalt immer kleiner wird. Oder was weiß ich schon, warum die blöde Zeit das kann, was sie tut – sie wirft manchmal zwei Fingerspitzen Balsam, wenn auch nur, um mir über den nächsten Moment zu helfen.

Worüber wir später reden wollten, ist nicht mehr wichtig. Ich weiß alles, und sie sieht mir alles an.

Ich weiß nichts. Auch das weiß sie. Worte erübrigen sich.

Ich halte ihre gemarterten Finger, die so mager sind und fast so leicht wie am Anfang von allem, was hierhergeführt hat.

Daß wir Angst haben, ist schon in Ordnung. Zwischen dir und dem Tod bin noch immer, bin wieder ich, eine unwichtige Person, lange fast aus deinem Blick gerückt. Aber ich bin hier und alles andere ist nicht mehr der Rede wert. Willst du etwas sagen? Sag es! Unser Alter ist jetzt.

Die siebte Ochsentour

Mit keiner anderen Frau teile ich soviel Erfahrung. Wir haben nicht nur hübsche Geschichten erlebt. Im Detail war es manchmal zum Heulen und Fäusteballen, auch zum Lachen, nie zum Verzweifeln.

Für mich als Autorin war sie, mit Respekt gesagt, ein großer Klumpen Lehm, ein Mikroorganismus, und ich bekam die Chance, aus dieser lebendigen Masse mit einer Unzahl von Herztönen, klaren festgelegten Linien und verborgenen Schnappzähnen eine Kunstfigur aus Liedern für die Bühne zu formen und dabei den Menschen Angelika Neutschel kennenzulernen.

Sie war schon erwachsen und erfahren, das machte es schwierig, oder vielleicht erst möglich, das weiß ich bis heute nicht. Eine Frau, so krumm wie grade, so verbogen wie standhaft, geprügelt genug, genügend geliebt ist ja keine. Bis zum Starrsinn ist sie auf ideale Beziehungen unter Menschen bedacht, das erreicht sie nicht, weiß das und versucht es wieder. Sie ist leidensfähig, bescheiden, für sich selber genügsam, für andere möchte sie alles und gleich. Unter dünner Decke guten Willens ein nicht von der Stelle zu bewegendes Individuum, solange sie den Platz für verteidigenswert hält.

Wir hatten einen langen Weg zueinander. Auch sie ist an keinem Fehler vorbeigehastet. Zumindest ist sie stehengeblieben und hat ihn ins Auge gefaßt.

Eine Tochter, die ihre Eltern liebt und sie sein läßt, wie sie sind, ihnen dankbar ist und sie nie in fremde Pflegehände geben würde. Bemerkenswert!

Ach, und was für eine wunderbare Fülle unglücklicher Verbindungen, herrlicher Irrtümer mit langem Nachleiden fand ich vor, eine Seele mit lauter Narben, und ich lernte ein Herz kennen, das nicht aufhört, Erde zu sammeln, sei es in Körnchen, bis sich wieder eine Rose pflanzen läßt.

Diese Person hab ich gebraucht, die hab ich gesucht, und so dumm ist der Zufall wieder nicht. Er war klug genug, uns in solche Nähe zu bringen, daß wir eine Ahnung von dem bekamen, was zwischen uns möglich sein könnte.

Sie wollte Lieder von mir, aber keine Zeile, die sie nicht auch in der Diskussion sagen würde. „Ich kann nur das singen, was ich unbedingt loswerden möchte."

Was bietest du mir dafür an, dachte ich. Eine Stimme, so klein, daß es zum üblichen Gesang nicht reicht. Aber drei unverwechselbare Töne für Wörter aus Unbedingtheit und Leidenschaft, ein Metallfaden im eigentlich feinen Gewebe. Wieviel Kraft könnte in dir stecken, du dünne Person, die in der Mitte aussieht, als ob sie gleich abbricht?

Die Kraft war erstaunlich, sie kam aus dem Kopf und gebot den mageren Teilen, was die zu tun hatten. Mit ihrem Auto als Taxi schwarzfahren, wenn anders das Geld für die Miete nicht aufzutreiben war, in der Station für Schwerkranke die Betten machen, Hilflose herausheben, Trost zusprechen und sich Geschichten aufladen lassen, die ihr nachgehen. Das blieb nicht ohne gesundheitliche Folgen für sie, wird aber auch nachträglich bejaht, weil ihr die Türen und Theater der DDR nach ersten Engagements verschlossen waren. Ein Dossier eilte ihr voraus, das hieß: ist aufmüpfig, hetzt die Kollegen gegen den Spielplan auf. Hat die große Klappe, auch in der Kantine, politisch renitent.

Für mich hatte sie alles zusammen, was ich brauchte. Ich entdeckte, daß ich über sie der Mitwelt berichten kann, auch solches, was aus meinem Mund schon ein bißchen spätreif geklungen hätte. Sie gab mir die Chance, zu einem früheren Lebenspunkt zurückzukehren und dort einzuhaken, wo für sie noch alles offen und für mich das meiste gelaufen war.

Der Komponist Manfred Schmitz schuf ihr die Musiken, die ihre Stimme und die meine Texte brauchten. Wir ließen sie in Musik und Text die Sehnsucht sein und die Sinnlichkeit im Augenblick vor der angebrochenen Nacht. Sie konnte glaubhaft vermitteln, daß etwas zu Ende war und es sich trotzdem weiterleben und vielleicht wieder lieben ließ.

Das hätte ihr nicht gereicht, und wir ließen es dabei nicht bewenden. Gab es sonst nichts zu sagen? „Kind, ich schenk dir einen Frieden, der noch deinen Kindern taugt“ oder „wir dazwischen wissen nichts auf dieser Welt genau“. Und „Die Sehnsucht wird nicht ausgelebt in diesem einen Leben, was Wunder, daß viel untertaucht, wir konnten's keinem geben“.

Wer wollte alle diese Lieder über altgewordene hilflose Eltern, über Augenblicke der äußersten Gefährdung, der Erkenntnis zwischen Altklugheit und junger Meinung hören? Wenn jemand sagt: „Das ist was Besonderes, das ist nicht was für alle Tage“, dann kann man sicher sein, daß sich niemand davon ein Geschäft verspricht. Das taten wir ja auch nicht, aber wir waren ziemlich sicher, daß es Augenblikke im Leben gibt, wo gerade ein solches Lied, gerade eine solche Einsicht, eine solche Spöttelei oder Zärtlichkeit hinpaßt. Bei mehr Leuten, als die großen Rechner glauben wollten und wollen.

Wir produzierten dank großzügiger Geste der volkseigenen Plattenfirma, die eben auch eine Nische bedienen wollte, ein paar Scheiben. Es wurde weder Reklame gemacht noch gab es mehr als Rezensionen von Liebhabern des Genres Chanson, von dem niemand so recht weiß, ob es besonders langweilig, besonders frivol oder besonders zickig sein muß.

So waren dann auch die Verkaufszahlen. Wir machten neue Lieder, in denen ich ihre soziale Erfahrung nutzte, immer ehrliche Lieder, immer traumschöne Musik, und immer gab es große Komplimente, wenn die Sängerin mal zu später Stunde im Fernsehen mitmachen durfte. „Die ist ja ... also, da ist wirklich ... das kann man nicht so nebenbei hören, diese Kraft und wie die das rüberbringt.“ Sehr verheißungsvoll.

Nicht genug für Folgen irgendwelcher Art.

Ich nutzte in der Sprache für ihre Lieder ihren Anspruch, ihr Sichhalten und die Fähigkeit, sich durchzubeißen, ebenso wie ihre Geschmeidigkeit und diese unglaubliche Zärtlichkeit für jedes menschliche oder tierische Wesen, das nur einen arglosen Finger nach ihr ausstreckt.

Wenige Menschen in meinem Leben haben mich so genervt wie dieses Weib. Ich bin selber in der Freundschaft treu und zuverlässig, in der Liebe sowieso, alles andere lohnt nicht. Aber die hielt noch an miesesten Erwiderern ihrer Bereitschaft zu jeglicher Hilfe fest, wenn ihr schon längst die nackte Fresse des unehrlichen Egoisten gezeigt wurde. Ihr schien immer noch möglich, daß niemand auf Dauer miserabel genug ist, um Anstand zu widerstehen.

Auch das ist ein falscher Gedanke, davon hat sie einige. Manchmal ist sie so schnatterhaft, daß sie jeden kleinen Gedanken neunmal mit demselben Satz wiederholt. Ich weiß, daß sie dann an etwas ganz anderes denkt, aber es nervt trotzdem.

In der Schauspielschule hatten sie nicht bemerkt oder nichts dagegen tun können, daß sie in der Eile Zeilen verschluckt und zum Haspeln neigt. Sie ist hektisch, immer zu schnell, rennt zehnmal im Dunkeln gegen ihre offene Badezimmertür und gerät – aber nur über sich selbst – so in Wut, daß sie dem kleinen Schaden aus Jähzorn den größeren hinterherpfeffert.

Aber sie hat alles, was ich brauche, um mir und ihr eine zweite Seele zu schaffen, zu beschreiben und auszudrücken. Ich bin so nicht, aber wenn ich für sie schreibe, bin ich es doch, weil ich mit ihren Gedanken denken und in ihrer Sprache reden kann, die ich ihr wiederum erfinde. Ich weiß, was sie tut, wenn eine Katze aus dem Haus muß, eine große Geschichte, die hat mit fremder Krankheit und einem Moment totaler Überforderung für mich zu tun. Da handelt sie, ohne zu überlegen? Oder handelt sie nach Überlegungen, die sie längst abgeschlossen hat?

Wenn wir uns um ein Wort streiten, gibt keine von beiden nach. „Halt mich dann nicht länger fest am grünen Tisch ..." Was ist das, dieser grüne Tisch? Er soll nicht länger reden, verstehst du, der grüne Tisch ist der Verhandlungstisch, den will sie aufheben, sie will mit ihm ins Bett. „Komm her zu mir ...", so geht es doch weiter.

Der grüne Tisch stellt sich ihr quer in den Mund. Inzwischen sind wir mit Zögern und nur mal so zum Ausprobieren miteinander auf die Bühne gegangen. Es geht gut. Sie sagt: „Du machst gar nichts, und wie du gar nichts machst, das ist genau richtig. Du hast ganz andere Mittel als ich. Ich würde gestalten, wo du einfach erzählst, als ob du am Küchentisch sitzt."

Ich sitze nur scheinbar wie am Küchentisch und rede nur scheinbar vor mich hin, das weiß sie auch. Aber was macht die auf der Bühne mit meinem „grünen Tisch"? Sie dreht sich vom Mikrofon weg, so daß niemand versteht, um welche Art von Tisch es geht. Das nenne ich Austricksen und gebe nach.

Sie wollte härtere Lieder, gröbere Sprache neben den Feinsinnigkeiten, aber soweit war ich noch nicht. Wirken wir zimperlich? Das Leben ist doch aber nicht so, es hackt doch von allen Seiten auf uns ein, auf sie ebenso wie auf mich. Gut, du kriegst eine andere Zeile, da strahlen die schmalen Katzenaugen, da zeigen die Wangen beim Lachen nicht vorhandene Fülle, und wo bleibt der nächste Text? Sie macht nicht den Fehler anderer, mir zu beschreiben, was ich dichten solle. Du kennst mich, sagt sie. Du weißt, was ich sagen will, aber ich brauche Neues.

Wir gehen unseren Weg nicht zusammen. So unvereinbar das scheint, wir trennen unsere künstlerische Symbiose vom privaten Leben. Jede hat ihre Konflikte und trägt sie für sich allein aus. Wir teilen auch unsere Freunde nicht. Diese Art von Keuschheit ist unsere Chance. In fünfzehn Jahren habe ich einmal bei ihr gegessen, einmal Tee getrunken. Sie war kaum öfter bei mir, außer zum Arbeiten.

Ich sehe, daß sie sich übernimmt und will ihr im Alltag

nichts von all den Zumutungen ersparen, die auf der Bühne glaubwürdig reich machen. So gerate ich in Konflikte. Soll ich für andere unentwegt etwas tun und diese mir wichtige Person aus öffentlichen Zellen, soweit vorhanden, telefonieren lassen? Ich habe ein Talent, schamlos zu antichambrieren, wenn es nicht um mich geht. Sie zieht aus der Ladenwohnung mit Toilette auf dem zweiten Hinterhof hinaus, kriegt ihr bescheidenes Domizil in der Nebenstraße, Plebsgegend, das will sie auch so. Und sie kriegt ihr Telefon. Von da an sind wir komplett.

Das alles kommt noch rechtzeitig. Sie kann ihren Touch einer Jeanne d'Arc noch ausleben, hängt sich für jeden Fuzzi aus dem Fenster, verpumpt ihre Groschen und teilt die letzte Scheibe Brot. Meist, ohne je eine Stulle wiederzukriegen. Die Moral auf der Bühne und die im Leben sind für sie nicht voneinander zu trennen, das macht sie verletzbar, ausbeutbar, damit hat sie zu tun.

Bis heute kann ich nicht sagen, ob sie ein außergewöhnliches Talent hat. Und ich weiß auch nicht, wie weit wir das schon herausgeholt haben. Seit sie die übergroße Angst vor dem Versagen verloren hat, seit ihr beim ersten Lied das Lampenfieber langsam vergeht, habe ich erlebt, wie sie mit ihren leisen und lauten Tönen eine Stille schaffen kann, die Menschen angreift und öffnet. Da kommen Tränen, und sie wird angelächelt, es ist wie Umarmung und das liegt ihr. Wenn sie mit jemandem spricht, den auch nur ein geringes vom Deibel persönlich unterscheidet, dann berührt sie seinen Arm. Wir beide reden meist Hand in Hand. Das sind wir so gewöhnt, da schließt sich ein Kreis und es kommt eine Nähe zustande, die wir brauchen, der wir uns aber rechtzeitig wieder entziehen: Geh in deine Ecke und ich geh in meine, laß mich nachdenken und warte, bis ich dich rufe.

Auch das alles kam noch rechtzeitig.

Sie engagierte sich mit anderen Theaterleuten für den 4. November 1989 auf dem Alexanderplatz. Unsere Ansichten über Politik haben wir früher nie bis zu Ende verglichen. Mir ging ihr Idealismus auf den Docht, ich schätzte ihre Loyalität und auch ihre Toleranz und ich denke, sie hielt mich gelegentlich für benutzbar, wenn auch überwiegend aus anständigen Gründen. Ich ging ihr zu weit mit, und es gab Augenblicke, da standen wir nicht auf derselben Barrikade. Aber wir standen beide auf unscheinbaren Nebenbarrikaden, außer am 3. November '89, der mir einen der prägnanten blöden Augenblicke meines Lebens bereitete.

Auf die telefonische Bitte eines Schauspieler-Präsidenten und auf Drängen von Frida Duckmaus begleitete ich den Kollegen zu einem Gespräch mit dem Polizeipräsidenten von Berlin. Wir sprachen fast zwei Stunden lang über den nächsten Tag, den 4. November. Was da wohl auf dem Alexanderplatz sein würde. „Keine Gewalt" war die Vereinbarung, auf die es hinauslaufen sollte. Kann das garantiert werden? Er wollte für die Ordnungshüter diese Versicherung abgeben, und wenn ich mich recht erinnere, standen wir nicht an, für etwa eine Million uns unbekannter Menschen dergleichen auch zu gewährleisten.

Ich fasse mich an den Kopf. Es war ein Gespräch, das in die Geisterstunde gepaßt hätte. Die Schärpen mit der Aufschrift „Keine Gewalt" und die Order an die Polizisten sollten garantieren, daß da niemand plötzlich Steine schmeißt und ein anderer dafür Tränengas zurück, woraufhin es zum Chaos gekommen wäre?

Und wir? Wer waren wir eigentlich, daß wir auch nur die geringste Prognose abgeben konnten? Ich war mitgelatscht, ich wußte nicht einmal, wer diese Demonstration organisierte. Am späteren Tag riefen bei allen in Frage kommenden Personen Vertreter von Betrieben an, um Teilnahme anzukündigen. Welch eine Dimension, und wer eigentlich wußte, was geplant war? Ich nicht, ich hatte keine Ahnung und saß doch nervös-bräsig herum, als könnte er, der fast schon abgerüstete Polizeichef und könnten wir bei den Massen, die sich da treffen wollten, auch nur den geringsten Einfluß haben. Planten wir einen Pioniernachmittag, oder stellten wir „High noon" nach? Vielleicht haben sich schon alle verfatzt und wir reden hier darüber, ob Godot kommt. Godot kam nicht, aber als wir uns zum Nimmerwiedersehen die Hände reichten, meinte der Polizeipräsident, nun fühle er sich besser vorbereitet auf das Gespräch mit den Theaterleuten, den Organisatoren, die kämen nun und mit denen würde er die Einzelheiten besprechen.

Wodurch, um Himmels willen, war er nun besser gewappnet? Durch meine Inkompetenz, durch den schußligen guten Willen meines Kollegen, der für alle das Liebste wollte, aber gar nichts in der Hand hatte, nichts mehr, und es wollte ihn auch niemand mehr hören?

Zu Hause bemerkte ich, daß ich einen Kopf hatte so dick wie die Kugel vom Fernsehturm. Ich hätte mir mit einem Stullenbrett stundenlang auf die Birne hauen können, so unwürdig kam es mir nachträglich vor, daß wir auf etwas abheben sollten, von dem wir kaum eine Ahnung hatten.

Am 4. November bin ich zu Hause geblieben und habe versucht, zu erkennen, was da auf uns zukommt. Kirmes war es nicht, aber für mich auch nicht der „Rausch", von dem dieser und jener heute sprechen. Es war Geschichte, die erteilt immer bittere Lehre. Spaß und Spiel wollten den Pendelschlag weg von Stagnation und tödlicher Starre. Das auch. Und außerdem trafen sich spontaner Wille und die Stelle im politischen Planspiel, im gelungenen, auf den Punkt.

Die Lawine war nicht aufzuhalten. Die Sängerin Angelika Neutschel und ich waren uns absichtslos aus den Augen geraten, und als wir uns wieder begegneten, war die Welt eine andere.

Sie hatte sich rasch aus Kreisen entfernt, in denen die eigene Eitelkeit bedient und keineswegs der Anspruch der Bürger verfolgt wurde, mehr Rechte zu erhalten.

Wir hatten uns, unsere Manuskripte, Lieder und wenige unlukrative Verbindungen. Es schien, daß sich jetzt erst recht niemand für Lieder unserer Art interessierte. Das aber wollten wir genau wissen.

Wir beide von der Pieke auf und die ganze Ochsentour noch einmal? Wir hatten jede nicht nur eine hinter uns. Und welchen Sinn sollte das haben?

Für uns, daß unsere vorherige Arbeit nicht sinnlos war. Aber das reichte nicht.

Was kann Kunst jetzt bei den Leuten, die langsam begreifen, daß ihnen wieder ein langer Weg durch die Mühen der Ebenen bevorsteht, abgesehen von Alpenpässen und einigen Meeren? Die haben mit sich zu tun, mit Arbeitslosigkeit, fortziehenden Kindern, mit Angst um ihre Wohnungen, vor ungerechten Renten, um ihr Häusel, ihre Datsche, ihre erworbene Qualifikation. Die erfahren, daß sie sich einem funktionierenden Staatswesen angeschlossen haben, sogar freiwillig und unter Wahlbeweisen und Freudentränen. Die Sieger haben keinen Grund, bei sich zu Hause etwas zu ändern. Hier, hier wird kein Stein auf dem andern bleiben. Unsere Städte sind verfallen, unsere Mieten zu billig, unsere Arbeitsplätze viel zu teuer. Nichts davon wird bleiben.

Das wollte ich denen weitersagen, die noch immer zu den Kaffeefahrten eilten, um unterwegs überteuerte Lamadecken aus Kunststoff zu erstehen. Hatten nur die Illusionen? Nein, auch die Arbeiterinnen in Gebieten, die bald entseucht sein würden, von Ideologie, giftigen Umwelteinflüssen und falschen Besitzverhältnissen.

Unsere Liebeslieder und meine feinsinnigen Gedichte würden keinen Dialog in Gang setzen, der in den Köpfen nach unserer Abfahrt weiterwirkt.

Also angreifen, um einzugreifen. Trotz der Dreckbatzen aus der Zeitung, dem mir vorauseilenden politischen Leumund, trotz der totalen Verweigerung von Medien und Eifersucht von in die gepolsterten Sessel rutschenden, neuen und radikalen Frauenvereinen und Benachteiligung bei staatlicher Kulturförderung.

Unser Kraftakt gelang uns dennoch. Wir wollten nicht reich

werden, hatten keine Illusionen und wurden geistig unglaublich angeregt. Was mit diesem nicht mehr existierenden Land geschah, war so auf alle Gebiete einwirkend, daß neu gedacht und neu geschrieben werden mußte.

Darauf haben wir uns eingelassen. Wenn wir die lange Strecke in der Nacht zurückfuhren, weil wir uns kein Nachtquartier leisten konnten, dann wollten wir die Leute ein bißchen stärker, ein bißchen mehr ihrer selbst bewußt und noch mit dem Lachen beschäftigt zurücklassen. Das wollten wir, aber dazu reichte nicht, was wir hatten. Wir brauchten Lieder aus der Küche des Lebens, wie es sich gerade abspielt. Lachen über uns heißt auch, das Visier hochklappen und sich nicht hinter dunklen Wendungen verstecken. Heiter von der Vergangenheit Abschied nehmen, das hat ein Großer gesagt. Lassen wir uns das jetzt nicht klein machen.

Es war nicht leicht. Manchmal sogar beschämend armselig und kulturlos, aber darüber können wir heute lachen, denn wir haben auch die anderen Extreme erlebt. Nicht nur wir waren ja sozusagen neu, auch manche Veranstalter waren es und haben uns ihre Unkenntnis zugemutet. Sie wußten nicht, wo man Publikum herkriegt oder wie man eine Veranstaltung organisiert. Früher kamen die Leute doch immer von ganz allein. Nun nicht mehr?

Wenn sich niemand um dich reißt, bist du als Künstler eine Null. Nicht die Größe deines Talentes schreibt deinen Stellenwert, sondern die Fama von deiner Einmaligkeit. Die kann jeder Idiot, der gerade an dir vorbeigeht, für ein paar Stunden zerstören.

Manchmal war der Gedanke an die Rückkehr zum Schreiben am Tisch zu Hause außerordentlich verlockend. Aber das mußte ja neben aller anderen Arbeit getan werden. Ohne uns das vorgenommen zu haben, begleiteten wir den Gang der Ereignisse in der Nachwendezeit mit unseren Texten. Angelika sang, „ein neuer Mann tritt an, reitet bei mir ein, der wird, noch wenn ich sterbe, der Mann, der alles regelt, sein

... noch mal fang ich mich zu wehren an, gegen einen zu starken, sieggewohnten Mann“.

Wir haben uns durch Ablehnung von Kompromissen Türen verschlossen und Zensur neuer Art erlebt, Absagen hinnehmen müssen, weil uns Kunde vorauseilte, wir seien gegen den Staat. Gegen den kann man leicht sein, fast gegen jeden, aber wir waren eher für den Staat und sein Grundgesetz, nur sahen wir es täglich verletzt und gegen die Leute in diesem Land angewandt. Dagegen haben wir uns aufgelehnt, gegen die neuen alten Landnehmer ebenso wie gegen die neuen Mißbraucher von Macht.

Das hätten wir auch früher schon tun sollen? Haben wir ja vielleicht, aber unsere Zeit war jetzt, und niemand hat das Recht, mir meine Uhr nach der seinen zu stellen.

Wir haben überlebt und sind auf besondere Weise dem Leben nähergekommen. Vielleicht nicht gerade bei den kuchenstopfenden alten Weiberchen, zu denen wir dringend gebeten wurden, ausgerechnet in die Stunde, in der sie ihren Mittagsschlaf gebraucht hätten. Sie waren so bereitwillig, nickten uns so freundlich zu, bis sie einnickten, und manchmal haben sie auch geschnarcht, was die Blicke der Wachbleibenden gänzlich von uns wegholte.

Wir haben kichernde Vierzehnjährige überfordert, die nicht aufhören konnten, sich auszuschütten, weil eine gerade ihre Jacke auszog oder nieste.

Es hatte ihnen auch niemand gesagt, daß man vor einer Saxophonistin möglichst nicht ewig an einem Kaugummi knautscht.

Inzwischen lachen wir darüber, aber einmal war ich doch soweit, daß ich passen wollte. Da sollten wir anläßlich des Frauentages einen riesigen Saal mit unserem Programm füllen. Ein Drittel der alten Frauen latschte, vom Kaffee unter Druck gesetzt, ewig zum Pullern und traf auf dem Rückweg lange nicht gesehene liebe Bekannte. Außerdem verstanden sie kein Wort von dem, was wir redeten oder sangen, denn die Anlage versagte und die Rufe „bitte lauter“ waren das einzig Durchdringende. Ich kam mir vor wie eine Bauersfrau, die auf dem Markt den Städtern Gänseeier anbietet.

Einmal waren wir acht Stunden im Auto nach Frankfurt am Main unterwegs, nur um dort zu erleben, wie sich die linken Frauen in die Haare gerieten, uralte Fehde auspackten, dabei Schmalzstullen verzehrten und nur fünf von ihnen zurückblieben, als wir auf die Vorführung unseres Programms nicht zugunsten ihrer Zänkereien verzichten wollten. Wir sind die acht Stunden wieder zurückgefahren und auf einen Teil des Honorars, die Fahrtkosten und eine Entschuldigung warten wir immer noch. Eine Entschuldigung wegen fehlender Information der Besucherinnen über unser Vorhaben? Die vorher so liebevolle dringliche Einladerin meinte vorwurfsvoll, eine habe sowieso gesagt, wir hätten auch japanisch reden können, sie habe nicht verstanden, worum es uns eigentlich geht. Was ist Phase? Haben die im Osten Probleme? Und was geht das uns an, wir haben auch welche.

Wir waren manchmal zur falschen Zeit am falschen Ort. Aber es gab noch immer meinen Verlag, der meine Bücher druckte, und Angelika hat unsere Lieder auf eine CD gebracht, die zwar keinen rasanten Umsatz hat, weil noch kaum ein Laden sich um die Ostkünstler schert, aber so sind die Lieder doch nicht verloren, und sei gegrüßt, Komponist, weil du es mit aller Leidenschaft betrieben hast, „nur für naß, nur für naß“, und seid auch gegrüßt, ihr Musiker, ihr habt umsonst gespielt, und mein wichtigster männlicher Interpret hat auch noch mit zugegriffen.

Es ändert sich was. Wir tragen die Nase nicht hoch, aber das Kinn wieder grade. Ich will’s ja nicht beschreien und wer weiß, welche bösen Geister damit geweckt werden, aber wir denken, es hat sich gelohnt.

Für drei Semmeln und vier Piepen waren wir in den entlegensten Gegenden und haben uns beim Heimfahren die Hungerstulle geteilt. Das war zuerst, etwa drei Jahre lang. Aber dann luden die Theater wieder ein, die Studiobühnen und

Foyers, die Bibliotheken und einmal, in einer Westberliner Bibliothek, fragte uns eine Besucherin erbost: „Warum haben wir Sie denn nicht früher gekannt?"

Ein weites Feld, liebes Weib. Weil ihr euch für uns nicht interessiert habt.

Die blödesten Augenblicke? Einmal blieb einer mit einem Stück Torte vor Angelika stehen und aß es genüßlich, während sie sang.

Einmal, im „Casablanca", einem Lesecafé, kam ein Mann eilig herein, schubste die Sängerin mitten im Lied beiseite, kaufte sich an der Theke eine Schachtel Zigaretten und rempelte ebenso wieder an ihr vorbei aus dem Café.

Das hätte es früher nicht gegeben? Das weiß ich nicht, früher haben wir uns nicht bis in alle vier Ecken vorgespielt. Wie sollen wir das da wissen? Einmal sagte ein Westberliner nach der Veranstaltung zu mir: „Sie haben mir großartig gefallen, aber was die Sängerin singt, das kränkt uns."

Wir haben auch erfahren, daß die Verbundenheit größer geworden ist. Die Dankbarkeit für offene Worte sowieso und für das Lachen erst recht.

Bei den linken Veranstaltern ist etwas Merkwürdiges zu beobachten. Sie loben uns über den grünen Klee, wollen uns kaum weglassen und gleich die nächsten Termine vereinbaren, haben aber nichts gesehen, weil sie während der Dauer unserer Veranstaltung draußen im Foyer debattieren. Das kannten wir schon, von „drüben".

Was wir da angefangen haben, garantiert uns einen Anteil an Niederlagen. Und es wird immer wieder Augenblicke geben, wo wir nicht wissen, ob wir lachen oder weinen sollen.

In einem Lied heißt es: „... hat uns weh getan und überfordert auch, doch wir hoben den Fuß, traten runter vom Schlauch ..." und „wenn uns die Vorsicht auch kaum verläßt, das Herz klopft manchmal doch schon wieder fest ..." und „all die gewes'ne Mühe laßt uns segnen. Der Lohn wär größer, wenn ich's besser wüßt."

Die Einsicht? Wir haben gerade erst angefangen und das was wir tun, trennt uns von der Einsamkeit und dem Abgang in eine private Nische, in der es sich über die Welt rechten läßt.

Und eine Freundschaft fürs Leben ist auch Treue zu sich selber. Die braucht es jetzt sehr.

Das Gefühl des Jahres

Geh mir aus dem Weg. Schleiche dich aus meinem Gehirn und niste mir nicht im Herzen, du klebrige Masse, die sich zwischen mir und dem Telefonhörer aufbaut, da bleibt der Hörer liegen und ich verschiebe Nachfrage oder Zuruf auf den nächsten Tag. Du bist nicht zu beschreiben, aber es gibt dich und du machst alle Wörter, die dich benennen wollen, verdammt ungenau. Das Wort Einsamkeit trifft es nicht, ich habe es mit ihm versucht und auf einiges, was ich sehe und womit ich nur schwer umgehen kann, trifft es wohl zu. Aber es geschieht zuviel, als daß es Einsamkeit sein könnte. Die ist ja auch eine tropfende Ewigkeit, in der scheinbar nichts geschieht.

Wenn ich malen könnte oder nach moderner Manier arrangieren, dann müßtest du doch mit Utensilien zu nageln sein. Woraus bestehst du Grauschleier über Tagen, die aus normaler Plage bestehen könnten, aus Mühsal und Vergeblichkeit oder auch kleinen Triumphen: Die mußten antworten. Die mußten die Kündigung ihrer blödsinnigen Zeitschrift nach zwei Jahren endlich akzeptieren. Das Krautgulasch ist gelungen und mundet unserer Seele. Wieder zusammengehockt und wieder eine Idee durchgesetzt, vielleicht, vorerst, erst einmal.

Du bestehst aus verzweiflungsvoll zerrissenen Formularen, naßgeheulten Taschentüchern, unüblich weit rausgewachsenem grauem Haaransatz, aus blitzsauberer, viel zu großartig ausgestatteter Küche, aber während ich den Bosch-Herd bewundere, komme ich mir vor, als befände ich mich auf einem Bild von Hieronymus. Dieser Herd, die Mikrowelle und das Geschirr sind nicht wirklich angeschafft, um ihre Lebensarbeit zu leisten, sie altern vor unseren Augen und werden landen, irgendwohin anders weitergegeben an Frauen, die „jetzt mal dran sind mit Arbeit“ und sich wieder in die Riemen legen werden, als hätten sie ein rettendes Ufer zu erreichen, auf dem sie den Boden urbar machen dürfen. Sie werden ihr Kirchlein errichten, damit die Überforderten Zuflucht und Trost finden. Sie werden ausschwärmen, um viel Volks heimisch zu machen, das zum billigen Essen kommen soll, zum süßen Kuchen und Kaffee, zu Kartenspiel oder Dichter, zu Beratung wegen der Wohnung oder Verbündung wegen gleichen Interesses, als alleinerziehende Mutter oder nach einer Krebsoperation, als Arbeitsteam fürs hungrige Gehirn oder um gemeinsam im Kreis zu laufen, dabei die Augen zu schließen, sich zu entspannen und für Momente zu glauben, alles sei in Ordnung, denn demnächst geschähe ein Wunder.

Wie bringe ich auf das geduldige Malpapier, daß du aus zu vielen ausgeräumten und verlassenen Räumen bestehst, in die Kraft gesteckt wurde, längeren Nachwirkens würdig? Ich war bei Einweihungen und habe den Aufschwung begrüßt, obwohl wir alle wußten, daß die Uhr eine Zeitbombe ist. „Aber nach dem ersten Jahr werden wir doch das zweite Jahr schaffen? Wenn es überhaupt Fördergeld gibt, dann können wir doch nachweisen, daß wir von den Bedürftigen angenommen worden sind."

Oft hat es geklappt, aber das hat die Sache nicht viel besser gemacht. Du Unbehagen bestehst auch aus den Augenblicken, in denen Frauen über den Arbeitsplatz von Frauen entscheiden mußten. Das kannten wir früher nicht. Es ist eine der Züchtigungen, die uns den sentimentalen sozialen Hang austreiben sollen, unsere plebejische Art, mitzufühlen und mitzudenken. „Das können wir jetzt nicht brauchen. Abtrainieren!"

Es wird Nebel sein, sagt er. Irgendwas ist immer, sage ich. Wird schon Nebel sein. Im Oktober, klar, und wir fahren ja über die Elbe. Er sieht mich an, wie immer, wenn ich den Nordpol an den Südpol verlege, dabei hat er in Geografie die schlechte Note gehabt. Ich nicht, ich konnte das Innviertel in- und auswendig hersagen und das leider später nie gebrauchen. Es hat mir aber eine Eins gebracht, bei voll erhaltener Unkenntnis über die Flüsse und Nebenarme in Brandenburg. Also gut, über die Oder.

Da ist es wieder, und diesmal besteht es aus Sätzen, die wir beide wissen und keiner will sie aussprechen, weil sie jetzt an der Sache selber nichts mehr ändern können. Bei der Verabredung hätte ich mich drücken müssen. Wenn ich ein Mond wäre und immer nur die halbe Seite zum Abschaben herzeigen könnte, während die andere sich erholt. Aber immer bin ich es, ganz ich, und er muß das alles mittragen. Wenn du wenigstens nicht immer auch noch alle Vornamen kennen würdest, sagt er. Wieso kennst du die alle mit Namen und fragst sofort nach dem abgehauenen Sohn oder dem jungen Liebhaber, oder was aus den Schulden geworden ist? Wieso merkst du dir so was, das schleppt doch kein Mensch weg. Die Neutschel hat auch schon gesagt, mal sehen, wie lange sie das durchhält.

Ich kenn die Frauen nicht, wenn ich sie irgendwo treffe, sage ich. In einem Saal weiß ich ihre Namen nicht und oft auch nicht, wo sie hingehören. Aber vor Ort stellt sich alles her, worüber wir beim letzten Mal geredet haben. Zu diesem Gesicht gehört ein Name und ein Schicksal, das vergißt sich nicht. Aber das meinst du doch nicht. Was meinst du?

Er hat noch einmal angerufen, gestern. Sie sollten wissen, wann wir losfahren und daß wir ihnen sicher sind. So Gott will. Da hatte die Nachricht sie erreicht. „Es war der Wunsch von unseren Frauen“, hat Käthi vorher gesagt. „Entweder wir lassen einen Sektkorken knallen oder wir haben wenigstens zum Abschied noch mal zusammen gelacht und gesprochen.“

Der Stein rollt langsam den Berg hinter mir hinunter und packt sich auf meine Schulter.

Nach dieser Auskunft weiß ich, daß wir uns etwa im Dutzend versammeln werden. Und nun sei mal Kasperle, verhau den Polizisten oder die Hexe, gib uns etwas, das die dürren Wahrheiten fragwürdig macht. Wir sind elf Frauen, zu alt für einen festen Arbeitsplatz, zu vorbelastet durch Überbildung und Berufe, die nicht mehr gefragt sind. Jetzt kommt die Arbeitslosigkeit, die geht ja noch, aber dann kommen die vielen Situationen, wo wir uns entscheiden müssen, ob wir zugreifen, obwohl es gegen die spätere Rente geht, ob wir aufgeben oder neu anpacken, auch wieder bloß für ein Jahr, vielleicht für zwei, nach dem dritten ist dann aber Schluß.

Ich weiß auch, daß sie nicht alle nach Hause geschickt werden. Falls das sogenannte Projekt bestätigt wird, gilt das nicht für die jetzt beschäftigten Frauen. Dann mußt du, Käthi, das Beil auf den Hausmeister fallen lassen, der hat gesagt, er hängt sich auf, wenn er noch mal raus muß aus der Arbeit, und seine arbeitslose Frau trinkt inzwischen. „Wie soll ich das verantworten?“ Du wirst auch gekündigt, aber bis zum letzten Augenblick alles tun, daß nach dir deine Beste weitermachen kann und du sagst, dann bleibst du ein halbes Jahr ehrenamtlich in der Nähe, und vielleicht dann. Ja, vielleicht. Ich hab's schon so erlebt. Und aus diesen Malen ziehen die Frauen ihren Mut. Sie sind inzwischen nicht mehr so fahrig, sie versuchen, ruhig zu bleiben, und aus der Erfahrung läßt sich Hoffnung oder Schrecken gewinnen.

Tritt über deine Ufer, du Fluß, kannst du doch sonst auch so prima. Sei verstopft, Autobahn, wie fast immer, aber heute natürlich, die paar Dutzend Baustellen, die wandernde Grasschneide-Maschine, und ich lutsche einen zuckerfreien Bonbon und nehme alle Kraft zusammen, die Lust und auch den Schmerz. Wie soll ich den Frauen in die Augen gucken, soll ich grinsen, als ob alles gut wird, soll ich eine Fresse ziehen, daß sie denken, wir können sie nicht leiden, und es ist uns alles zuviel, bloß weil uns alles zuviel ist?

Laß mich machen, sage ich und versuche, die Manuskripte neu zu ordnen, worauf mir die Mappe aus der Hand fliegt und der Wagenboden sich mit Seiten bedeckt. Das ist die Stelle, wo jeder andere Mann in Sarkasmus ausbrechen würde oder schnauzen, man solle gefälligst sein Zeug zu Hause ordnen.

Er könnte auch sachlich darauf hinweisen, daß ich bis zum Anfang der Veranstaltung sowieso alles noch mehrmals ändere. Aber das tut er nicht, er hilft, er steckt mit drin, ich habe ihm keine Chance gelassen, etwas nicht zu begreifen, und nun trägt er mit.

Wir sind viel zu früh losgefahren. Weil wir sonst viel zu spät kommen könnten. Und dann kann man lieber noch in aller Ruhe einen Kaffee trinken. Oder schon früher hingehen, da bleibt Zeit, vor der Veranstaltung miteinander zu reden.

Worüber denn? Über das, was sie besser wissen als ich?

Vielleicht hat sich inzwischen im Ort was getan? Wenn ich mich nicht irre, waren wir vor einem Jahr dort. Da ändert sich äußerlich eine Menge.

„Klar", sage ich, „es ist alles noch viel scheußlicher als beim letzten Mal. Sie werden noch zwei Banken mehr haben."

Wenn ich ehrlich bin, kann ich mich an gar nichts erinnern, nicht an die Straße, nicht an das Haus und eigentlich auch nicht an den Ort. Es wird mir ein Rätsel bleiben, daß er mit traumwandlerischer Sicherheit hinfindet und auf sicherem und kurzem Weg wieder zurück. Es sind zu viele Städte und Gemeinden, zu viele Vorder- und Hinterhäuser und Baracken. Ja ja, Mick Jagger und ich haben es eben bei unseren Trips um die Welt nicht leicht. Ob der jedes Hotel Steigenberger noch von jedem Hilton unterscheiden kann?

Ich weiß, was uns erwartet. Ein schlecht ausgeschildertes Gewirr von Einbahnstraßen. Der Weg zum Marktplatz, wo das Stadtcafé wohl am ehesten zu finden sein wird, ist ein Test bis zum Kollaps. Wir werden unser Auto nirgendwo abstellen dürfen, es sei denn, wir zahlen für 30 Minuten zwei oder drei Mark. Wir müssen zahlen, als hungriger Gast, als Betrachter der Verkehrszeichen, aber das ist nun auch egal. Das Stadtcafé hat geschlossen. Nebenan scheint es, nach der launig-familiären Benennung, ein Wirtshaus zu geben, wo nicht nur die Mikrowelle regiert, sondern vielleicht der Chef selber kocht.

Nun, das Interieur ist neu, aber die Kartoffeln sind zerkocht wie früher, die Soße ist vom langen Stehen dick und salzig. Sie könnten auch auf vornehm machen, da reichen sie dir jede Spargelstange extra in blütenweißer Serviette, was in keinem gediegenen Restaurant üblich ist. Drittklassig wie früher bei der Mitropa, aber fünfmal so teuer. Am schnellsten haben offenkundig die Kneipiers zu ihrer alten Küchenmentalität zurückgefunden.

Also doch in das Stadtcafé, das nun überraschend geöffnet ist. Ich möchte gern einen Kaffee mit heißer Milch. Das hat die Chefin nicht. Sie haben keine Milch? Doch, sie hat. Sie bringt Kaffee und diese kleinen Näppeln, die nachts von den Zwergen zugenietet werden, ehe sie, zu Hunderttausenden, von riesigen Lastwagen durch die Länder gefahren werden, damit der ferne Erzeuger nicht zu kurz kommt und die nahestehende Kuh nicht unverdient zu Ehren gelangt.

Vielleicht ein Eis? Eine halbe Kokosnuß mit Kokoseis?

Der Kaffee ist frisch. Wir haben ihn durch die Düsen rauschen gehört. Und nun steht auch das Eis vor mir, und es wäre Zeit, witzig zu werden. „Könnten Sie mir bitte Hammer und Sichel bringen? Anders kann ich diesem rauchenden Klumpen nicht beikommen." Aber ich sage das nicht. Die junge Frau hat an ihrem Kuchenbüffett nichts Selbstgebackenes, sie raucht so hastig und unruhig, ich ahne, daß sie gleich an unserem Tisch etwas sucht oder verändert. Sie guckt unschlüssig auf das Eis, bemerkt, daß ich ihm nicht beizukommen weiß, wahrscheinlich kämpft sie einen inneren Kampf und beschließt dann, daß sie dieses Problem auch nicht lösen kann. Ihre Träume sahen anders aus. An ihren geringen Möglichkeiten wird sie scheitern. Sie weiß sogar schon, wer nach ihren Räumen die Kralle ausstreckt. „Es hat alles viel mehr gekostet, wir sind über den Tisch gezogen worden, wir haben geglaubt, was uns die erzählt haben." Der Laden hat das Ehepaar nicht mehr ernährt, nun hat der Mann sehr weit weg Arbeit gefunden, kommt nur noch an den Wochenenden nach Hause, und eine fremde Kraft ist nicht zu bezahlen. Vielleicht später, aber soviel Zeit wird ihnen die Bank nicht lassen.

Soll ich ihr die Kokosbombe wieder in die Hand drücken? Ja, sagt eine dünne Stimme in mir, weil sie es sonst nicht lernt, und wenn sie es nicht lernt, wird sie es nicht können und niemanden finden, der sie verteidigt, wenn einer daherkommt, der weiß, wie es geht, und der auch noch das Geld hat.

Und ich soll dazu beigetragen haben, daß der Traum vom Café platzt? Und sie sich vielleicht nie wieder zutraut, sich zu übernehmen? Sie sammelt das Eis wieder ein, wer weiß, das wievielte Mal ihr dergleichen geschieht. Wir zahlen, geben ein Trinkgeld, und ich verehre ihn dafür, daß er genauso feige ist wie ich.

Es ist Markttag, es duftet und wir haben Zeit. Ich weiß, daß mit ihm Schlendern nicht möglich ist, er will graden Schrittes etwas kaufen oder wieder gehen und wird sich nie mit meiner Glotzerei und Bummelei anfreunden können. Aber die Vietnamesin lächelt mich an, ihr Mann sieht aus wie ein kleiner Junge, und die Angst vor Beleidigung oder Fahrkarte nach Hause macht beide noch kleiner. Ich lächle zurück, schäme mich und kaufe etwas, das schlecht genäht ist, nur 20 DM kostet und mir sowieso nicht paßt.

Das sind Handlungen, die ich an mir selber nicht mag und ohne die ich nicht leben kann. Folgenlos wie die Lichterkette gegen Fremdenfeindlichkeit.

Mitten auf diesem engen überfüllten Marktplatz mit den nun auch längst wägenden, wiegenden, nachrechnenden Käufern oder Nichtkäufern überfällt mich ein Heißhunger. Ich könnte Döner, Brathähnchen, Käse und Äpfel verschlingen. Ich will ihm den Gedanken aufdrängen, daß wir für die nächsten vierzehn Tage hier alles einkaufen können. Da, diese Socken, ach und die Unterhemden, vermutlich noch DDR-Produktion, Feinripp, und Strumpfhosen, lächerlich billig, sieh mal, Honig aus der Schleuder, aber dann trifft mich sein Blick, und ich gedenke all der Feinrippen, die ich heimlich verschwinden ließ, der Strumpfhosen, die nichts taugten, und ich esse keine Brathähnchen und Würste, fette schon erst recht nicht.

Gehen wir zur Post, das große Kind anrufen. Bergan, wo das lose Pflaster die Beine bedroht, stehen zwei Frauen, umlärmt von Autos, schwere Netze in den Händen, die wären leicht abzustellen. Aber das sähe ja so aus, als ob sie Zeit hätten. Die eine ist ein zaundürres Vögelchen, dennoch stehen ihre Beine in groteskem Winkel, das muß ihr doch Schmerzen bereiten, aber zu heilen ist da nichts mehr. Der Arzt wird sich um diese Patientin nicht reißen. Hat er ja früher auch nicht, ihre Beine sind gewiß nicht erst nach der Wende so krumm geworden. Gegen Osteoporose kann der Arzt nur beizeiten ein bequemes Leben anraten, ebenerbig, mit Terrasse und Schwimmbecken am Haus.

Die andere Frau ist dick und schnaufig, hat Hochdruck und geplatzte Äderchen auf den Wangen. Das kommt die Versicherten auch teuer, das ist wahr, und ebenso wahr ist, daß ich darüber früher nie nachgedacht habe. Die beiden reden über den gemeinsamen Arzt, dessen Schild sie verstellen, keine Massagen mehr, die neue Zuzahlung, wir sind eben zu alt, die Kinder sind weg, von den Enkeln hat man nun auch nichts mehr, und was sollen wir denn mit diesem Schweinkram spätabends, so was wollen wir nicht sehen, kannten wir gar nicht, müssen wir alles mitbezahlen, auch wenn wir das nie sehen. Und wer soll die ganzen Formulare verstehen? Soll'n sie doch kommen und sie sich abholen, wenn sie die wiederhaben wollen. Ach, sagt die dickere Frau und legt die Hand der anderen um das dünne Gelenk, ich hätt' mal sollen mit meinem Mann mitgehen. Wollt ich ja auch. Aber einer muß ja noch überbleiben. Wofür? könnte die andere fragen, aber sie denkt auch so, eine muß noch überbleiben.

Und dann drehen sie an ihrem Globus. Ihre Stimmen verändern sich, während ich noch immer die Schaukästen studiere, um nichts zu verpassen. Auf einmal ist das ganze Gute dran. Ja, wie man's nimmt. Sie hatten noch niemals soviel Geld wie jetzt. Erst kam ihnen die Summe schwindelnd hoch vor, was sie den Kindern alles wollten kaufen, wenn sich bißchen was angesammelt hat, so vorsichtig muß man schon sein.

Aber es hat sich nichts angesammelt, und die Kinder haben schon mal angefragt, Gott, das machen die heute so. Weil die Mutter doch früher immer gespart hat. Ja, das hat sie, denn sie stammt aus einer Kette von Müttern und Großmüttern, die noch in schwersten Zeiten ein paar Lebkuchen und ein paar Groschen auf der hohen Kante hatten. Aber jetzt geht das Geld weg, sie können es nicht besser einteilen, auch wenn sie zehnmal durchrechnen. Daß man noch von der Rente muß Steuern zahlen, sagen sie und schütteln den Kopf. So was hat's ja nicht gegeben. Haben doch immer geklebt, ein Leben lang gearbeitet. Jetzt hat man endlich Telefon, so eine Freude, aber man traut sich den Hörer kaum anzufassen, sind schon wieder 30 Pfennig weg. Wenn die Enkel kommen, die telefonieren ewig mit ihren Freunden, aber man möchte doch nichts sagen, sie kommen vielleicht nicht wegen der Sülze und dem Kuchen, und wenn sie nicht mehr telefonieren dürfen, dann kommen sie gar nicht mehr.

Wir machen ja selber noch vieles falsch, sagen sie entschlossen, und das klingt ihnen gut, denn wenn sie selber noch was ändern können, dann ist noch nichts verloren.

Das Kind ist nicht zu Hause, hat aber einen ulkigen Spruch auf dem Anrufbeantworter hinterlassen. Schön, sage ich und versuche, die klebrige Masse Frust, unguter Erwartung und Traurigkeit wegzutreten. Dem Kind geht's gut. Sie könnte die Welt sehen, wenn sie will und wenn wir auf alles andere verzichten. Sie hat einen zu kritischen Verstand. Für diesen Teil haben wir gesorgt, aber sie darf uns nicht hart werden, nicht schroff, sie muß weich bleiben und alles werten, das eine wie das andere.

Ich drehe mich noch einmal zu den Frauen um. Kommt mit, möchte ich sagen, kommt doch mit. Aber die junge Frau im Café hat gesagt, sie habe mein Plakat gesehen. Ich nicke und kann nicht entscheiden, ob ich freudig und ertappt grinsen oder wie nix Besonderes tun soll. „Ist aber eine ganz dumme Zeit“, hat sie gesagt. „Liegt so dazwischen. Da können die von Arbeit noch nicht, und die andern geh'n dann sowieso nicht mehr aus dem Haus.“

Es gibt keine richtige Zeit mehr für Veranstaltungen. Die einen kommen nicht, wenn es dunkel wird, die anderen erst, wenn die Kinder im Bett sind. Kommt mit, möchte ich dennoch sagen, wir können uns eure Formulare angucken. Die müssen ordentlich ausgefüllt werden, denn wenn ihr sie nicht an die richtige Adresse absendet, wird sie euch niemand mit hilfreichen Hinweisen zurückschicken. Oder ich sage euch, die ihr eure Rechtsansprüche nicht akzeptiert und sie für Bettelei haltet, wer in eurer aufgescheuchten und kreischenden Stadt für euch zuständig ist.

Zu denen bin ich unterwegs.

Käthi hat auf mich gewartet. Die anderen kommen noch, sagt sie und versucht, sich zu freuen. Es gibt Wein und Selters, Saft und Kaffee. Aber Kuchen hat heute niemand gebakken.

Paßt gut auf euch auf, sagen sie ins Dunkle hinein, als wir wieder ins Auto steigen. „Wozu“ könnte ich sagen oder „ihr aber auf euch auch“ oder „darauf könnt ihr euch verlassen“. Ich sage das nicht, springe noch mal raus und drücke die Weibeln, die auf der Schwelle stehen, und steige ein, ehe ich anfange, dummes Zeug zu reden.

Nun ist der Nebel doch noch gekommen, sagt er, als wir in die Nähe der Oder geraten. Klar, sage ich, irgendwas ist immer.

Die Nacht ist sehr hohl. Es läßt sich alles reinpacken, aber los wird man es deswegen nicht.

Das Zünglein und die Waage

Auch in einer Liebesehe gibt es Momente, wo die Erfüllung eines Wunsches einer Backpfeife ziemlich ähnlich sieht. Er kam mit einer mehrfach sorgsam verpackten Waage, deren große Leuchtziffern von mir auch ohne Brille zu erkennen waren. Sie zeigte Kilos und jeweils 200 Gramm. Das reichte ja auch. Ich legte noch die Ohrringe ab und entfernte jedes Fitzelchen Textilie, damit kein ungerechtes Ergebnis zustande käme. Das erste konnte nicht stimmen, also stieg ich ab, wartete einen Moment, atmete noch mal tief aus und empfing die gleiche schwergewichtige Botschaft.

Neben der Waage sank ich in einen Sessel und wollte sterben, was im Verlauf einiger Zeit durchaus Gewichtsverluste mit sich bringt.

Der Sozialismus war schuld, das war gleich klar, der ganze Frust und die Unbehaglichkeit waren ihm sowieso immanent, schon wegen der Mauer. Die hat auch dick gemacht. Aber Mielke sah im Vergleich zu mir ziemlich dünn aus und Honekker bis zuletzt schlank. Tisch war dicklich, vermutlich verfressen, aber ich konnte nicht auch noch Marlon Brando heranziehen, um mich zu verstehen.

In unserer Familie sind alle Weiber vollbusig und haben runde Hüften. Mir ist allerdings nicht bekannt, daß Mama oder die Schwestern je ein Stück Torte liegenlassen würden, und fette geräucherte Aale gehören bei denen zur Erlebniskultur, wie Kartoffelsalat, Chips und Häppchen zwischendurch. Die Jüngste von uns Schwestern arbeitet in der Küche eines Kindergartens, da wird zu Hause der übriggebliebene Rahmjoghurt und Eintopf verzehrt.

Ein mildes und umfassendes Mitleid mit mir selber überkam mich. Ich war mir von Kindheit an immer dicker vorgekommen als alle anderen Mädels. Zeigen das die alten Fotos? Auf dem da war ich gerade siebzehn, hier gerade zwanzig, dreißig, und ein Bild gibt es, auf dem finde ich mich schön. Ich bin geschmackvoll angezogen, aufwendig frisiert, und mein Gesicht drückt Bescheidenheit aus, was mich wundert. Es ist aber ein ehrliches Bild. Eine attraktive Mittdreißigerin, durch Liebeskummer, den ich aber nicht mehr erinnere, nachdenklich gemacht und nicht gar so für die letzte Reihe im Burgtheater agierend.

An jenem Tag, ich erinnere mich genau, hätte ich mein Leben am liebsten weggeworfen. Für ein Porträt in der Modezeitschrift „Sybille" hatte ich die hübscheste Fernsehansagerin interviewt. Nie würde ich so blond sein, nie so blaue Augen haben, nie so dünn wirken, so aufregend mit schmal eingefallenen Wangen. Ich kam mir neben ihr vor wie eine tramplige Kuh.

Und weil ich wegen meines Aussehens und wegen des Vergleichs zu ihr litt, sah ich so aus, daß ich mir heute gefalle? Nahezu durchgeistigt, integer und intelligent, irgendwie aufgerüttelt, als beschäftigten mich die Probleme der Welt. Dabei konnte ich nur eines denken: Wieso ist die so schön? Wieso bin ich so häßlich?

Eine Frau hat kein Aussehen, auf das Verlaß wäre, sondern jeden Tag ein anderes. Der Zweifel an sich selber kommt gewiß aus vielen Lebensbereichen in ihr Gesicht, aber ehe sie an ihrer Bildung zweifelt, zweifelt sie allemal an ihren Beinen.

Nach dem Krieg ging ich zu einem Chirurgen, um meine Nase operieren zu lassen. Ich fühlte mich sicher, daß jeder Mensch, der mir begegnete, meine Nase anstarrte, die ein Buckel in meinem Gesicht zu sein schien, eine Abnormität. Ich hätte die Operation nicht bezahlen können, aber erstmal sollte er mir bestätigen, daß meine Nase beschnippelt werden müßte.

Der Chirurg dachte, das Thema Nase sei ein Vorwand, und das eigentliche Problem verdeckter Mangel, mit dem ich vor Scham nicht gleich herausrücken wollte. „Ihre Nase? Die paßt in ihr Gesicht. Also, was wollen Sie wirklich?" Da ich ihm nichts anderes für sein Messer anbot, schob er mich zur Tür und meinte, das würde sich alles noch legen, ich sei eben noch sehr jung.

Und wenn ich hundert Jahre alt werde, es wird immer wieder Augenblicke geben, in denen ich nur schön sein möchte, nichts anderes. Eine Vollkommenheit gewinnen könnte, die ich mir selber glaube. Es liegt kein Trost in dem Satz, daß jeder Mensch seine eigene Schönheit hat. Ich hätte lieber die von Angela Davis. Einen Abend lang habe ich sie aus nächster Nähe angeschaut und bewundert. Ihre in der Erinnerung anderer zernarbte, in der meinen makellose hellbraune Haut, ihre langen schmalen Hände, die Linie von der Stirn bis zum Mund. Sie war so schön, daß ich dachte, es müsse ihr doch jeden Moment bewußt sein oder wenn sie sieht, wie wir sie ansehen.

Aber je länger ich sie betrachtete, desto deutlicher sah ich, daß sie unsere Huldigungen mit einem Rest an Kraft entgegennahm. Als ob sich vor meinen Augen immer mehr Risse öffneten, erkannte ich eine Erschöpfung, die mir nachträglich die Teilnahme an jenem so gutgemeinten Abend fragwürdig macht. Wir beanspruchten sie, wir versuchten, uns ihrer zu bemächtigen, sie war eine berühmte Person und wir bewunderten sie. Dabei waren die Speisen für ihren von Gefängniskost entzündeten Magen viel zu derb. Unsere Zärtlichkeit wäre gewesen, daß wir sie zum Ausschlafen ins Bett schicken. Als eine der zehn meistgesuchten Verbrecherinnen der USA war sie lange auf einer Flucht gewesen, an deren Gelingen sie nicht glaubte, und wenn sich auch ihre Unschuld am unterstellten Verbrechen herausstellte, wenn sie auch freigesprochen war, schien sie mir doch zerbrochen. Der Freispruch konnte auch die Freigabe an einen fanatischen Einzeltäter sein. Sie wußte das. Der Tod hatte ihr etwas angedroht, was sie nicht mehr verdrängen konnte. Sie hatte wohl auch zu oft am Grab von Gefährten gestanden, deren Ermordung nie aufgeklärt wurde.

Schön sein wie Angela Davis oder wie Sophia Loren. Der Wunsch ist verständlich, aber die Mühen darum landen leicht in der Lächerlichkeit.

Einmal sollte ich eine lange Rede halten. Vor einem Publikum, das von Berufs wegen eitel zu sein hat, immer chick sein muß, jung, schlank, belastbar, oder wenigstens so wirkend.

Auf eine Rede sind die etwa so versessen wie müde Makaken. Ich hatte nur eine Chance, ich konnte während der gesamten Rededauer in leicht verständlicher, witziger oder aufgebrachter Weise über die Probleme dieser Paradiesvögel reden. Das würde sie brennend interessieren.

Diesen Teil hielt ich für lösbar, ein anderer bereitete mir größere Sorge. Was sollte ich anziehen?

Passend gekleidet sein – wie könnte das aussehen? Am Rande totaler Verblödung, ratlos, landete ich schließlich bei der Vorstellung, eine Art Hauskleid, auch als Nachtgewand verwendbar, mit cremefarbener Meterware aus Seide oder Spitze aufputzen zu müssen.

Tatsächlich brachte ich meinen gelegentlich durchaus ungeduldigen Gefährten dazu, seinen guten Geschmack mal für sich zu behalten und mit mir die Kaufhäuser zu durcheilen. Im Hotelzimmer benähte ich Ausschnitt und Ärmel am bodenlangen Baumwollgewand und stand am nächsten Morgen zwei Stunden zu früh auf, um mich ihm zu präsentieren. Mein Mann sah mich von allen Seiten an, nicht unfreundlich, dann sagte er: „Als Konfektschachtel würdest du heute mit hundert Punkten durchgehen."

So kam es, daß der Welt meine Kreation unbekannt blieb. Ich zog das Kostüm vom Vortag mit einer anderen Bluse an, und ich denke, daß mancher sich noch an einen Satz von mir erinnert oder ihn sich sogar notiert hat, aber von den etwa dreihundert Leuten wird keiner die Frage beantworten können, was ich damals hinter dem hohen Rednerpult trug.

Zurück zu den unbestreitbaren Tatsachen, daß ich aufgehört hatte, zu rauchen, und angefangen, zu essen und zu naschen.

Ich konnte noch zum Bahnhof rennen und hoffen, dort würde mir ein Wiegekärtchen die Freude meines Lebens machen. Aber mein Geliebter kletterte ja nicht gleichermaßen erschrocken von der Waage.

Auf den alten Fotos hatte ich einen Hals. Wo war der abgeblieben?

Zum Spiegel kann man ein Verhältnis kriegen wie zum Partner in einer alten erloschenen Ehe: man sieht sich nicht mehr.

Oder handelte es sich um einen furchtbaren Irrtum, der sich bis morgen früh aufklären würde? Vielleicht hat sich Wasser angesammelt, das bis Ende der Woche unauffällig wieder verschwindet?

Gräßliche Bilder tauchten vor mir auf. Durch meine eigene Schlamperei werden mir die Beine aufbrechen, die Nieren ihren Dienst versagen, Diabetes ist häufige Folge von Übergewicht, Blindheit folgt ihr und dann noch die Überpreise für Übergrößen.

Zustand erkannt, Zustand gebannt. Wir leben schließlich nicht mehr in der DDR, die uns zuviel Kalorien und zuwenig Vitamine einräumte. Wir leben leider nicht mehr in der DDR, wo es das ebenso billige wie wirksame Redukal gab. Ein Füllstoff, der zufrieden stimmte, den Körper aber wieder verließ, ohne sich anzusiedeln. Besonders geschmeckt hat es natürlich nicht.

Ich rief der Reihe nach solche weiblichen Personen an, die irgendwann mal dicker gewesen waren und mir in letzter Zeit dünn erschienen, oder dünner.

Die eine war nie dicker gewesen, nur ungeschickter angezogen, das hatte sie korrigiert, aber damit war mir nicht geholfen.

Von anderen erfuhr ich wunderliche todsichere Methoden. Scheinbar keine, mit der man es allein schaffen konnte! Du brauchst die Gesellschaft von Leuten, die dich jede Woche loben oder tadeln, aber doch verstehen, wenn's mal nicht klappt. Du kommst nicht ohne die Hilfe von bunten Packungen aus. Mach Trenndiät. Versuch's mit Schlimmfraß. Die Drinks bringen es, morgens und abends und vor allem eine ganze Industrie von Scheinnahrung. Du denkst, du ißt was, und dann hast du in Wirklichkeit gar nichts gegessen und doch den Genuß. Und nichts geht ohne Trimm-Studio, Trampolin, Springseil, Sauna, Laufband, Fahrrad, Joggen, Treppensteigen, bei dir sind es doch 438 Stufen.

Der nämliche Sessel, in dem ich sofortigen Todeswunsch zwecks Lösung meines Gewichtsproblems unterdrückt hatte, nahm mich wieder auf. Ich dachte: Hast du Lust, dir jede Woche das Gequatsche von Dicken anzuhören, die jeden Krümel Apfelmus aufschreiben und es wirklich schaffen, ihrer Idealfigur nahezukommen, ehe sie Jo-Jo spielen und sich alles wieder anfressen?

Willst du alle diese Drinks, Breie und Ersatznahrungen in dich aufnehmen, mit dem hellwachen Gefühl, dich zu beschummeln? Willst du jeden Tag einen Zeitplan abarbeiten, um dir genügend Magnesium, Kalk und Jod zuzuführen? Willst du nach einem Stück Kuchen den Finger in den Hals stecken, solange Gymnastik machen, bis der Arzt sich an den Kopf faßt, weil es die einzige Bewegung war, die du nach mehreren Peitschensyndromen durch unverschuldete Autounfälle niemals hättest betreiben dürfen? Dann wirst du für den Rest des Lebens zur Quelle des Wohlstandes für Physiotherapeuten, denn wenn dich schon der Hunger an den Kühlschrank jagt, wie erst der Schmerz zum Stretchen, Ausrenken und in die Procain-Spritze.

Eigentlich, dachte ich, ist es wie vor einer Scheidung. Es fängt alles damit an, daß man aufhört, sich zu belügen. Und es konnte nicht schaden, wenigstens eins der Büchlein zu lesen, die mancher Frau schon zur Vergleichbarkeit mit Julia Roberts verholfen haben sollen.

Mit einer Ausnahme lautete das Kleingedruckte hinter den wundersamen Mitteln, unter Rubbelgürteln und Hopsgelegenheiten, auf Tropfenpullen und Paketen mit Trockenmasse: Friß die Hälfte.

Nirgendwo stand geschrieben, gehen Sie dreimal an die Gulaschkanone, weil Erbsensuppe ja nur aus dem großen Topf schmeckt, hau'n Sie sich spätabends noch tröstende Kekschen hinein, unser Mittel macht die Köstlichkeiten in Ihrem Leibe unwirksam.

Für die miesesten Schwächlinge gab es Gebißverklammerungen, damit selbst eine Nudel keinen Eingang mehr findet, und man konnte sich auch für viel Geld im Bauch Wege verkürzen lassen. Das war aber eine Mode, die schnell wieder abflaute, weil die Betroffenen davon nichts lernten, als daß sie sich eine solche Tortur nie wieder gefallen lassen würden und daß ständiger Durchfall auch nicht besser ist als Herzklopfen beim Treppensteigen.

Nimm dich ernst, dachte ich, denk an den Armeleutefraß in der frühen Kindheit, Bauernnahrung bis zum jungfräulichen Alter, Klöße und Schweinefleisch, und wer wußte schon etwas über Vitaminmangel?

Ich dachte, wenn ich mich nun nicht diesem Anflug von Verachtung hingebe, sondern mich mag, mich meiner annehme wie eines anderen nahestehenden Menschen, mich wenigstens so beobachte wie jeden zufällig Anwesenden in derselben Straßenbahn, da könnte ich wohl mehr über mich erfahren.

Ich entdeckte, daß der Markt eng ist und die Verkaufsstrategie aggressiv. Meldest du auch nur ein Schnupperinteresse an, kriegst du den Vertreter der Köstlichkeit aus Übersee mit seinem Wunsch nach sofortiger Aufnahme lebenslänglicher Freundschaft zu dir nicht mehr vom Hals. Auch gehen die Hersteller davon aus, daß zu dicke Menschen selber an die Vorurteile glauben, denen sie begegnen. Sie gelten als faul, schlampig, antriebsarm und ein bißchen dämlich. Churchill und Ustinov sind Ausnahmen, bei Bud Spencer weiß man es nicht so genau.

Doofen kann man unglaubliche Preise auf bunte Schachteln schreiben. Drinnen befinden sich mannigfaltige Pulver, auch solche, die auf den Organismus wirken, als ob ich mir den Mund voll Sauerampfer stopfe und kaue, bis ich denke, daß ich es satt habe.

Nein, ich hab die Produkte nicht selber erstanden, aber ich konnte viele ausprobieren, denn eins davon stand allemal an den Plätzen gleich neben dem Herd, an vielen Orten, an denen ich mit Frauen zu tun hatte. Darf ich mal kosten? Ja klar, Loblied. Oder abwinken.

Die Ausnahme, die es gab: Über eine Diät wurde behauptet, ich könne schlank werden, wenn ich neun Eier und fünf Bockwürste essen, wenig trinke, mal ein Stückchen Pampelmuse reinschiebe und das ein halbes Jahr lang durchhalte.

Ich hab's versucht. Na ja, probieren geht über studieren. Mir war schon nach zwei Tagen so jämmerlich übel, daß nach einem halben Jahr wohl Zwangseinweisung auf die Intensivstation nötig sein dürfte.

Die schöne Uschi Glas ißt den ganzen Tag über nur Mineralwasser, gönnt sich aber abends ihr selbst zubereitetes Schweinelendchen. Claudia Schiffer teilt sich den Tag über ein Salatblatt ein, abends im Bett jagt sie ihrem David einen Schokoriegel ab. Das ist ganz gemein, erzählte er einer Zeitung. Warum er nicht zwei Stück Süßigkeit hinlegt, weiß ich nicht, aber vermutlich wollte die Zeitung nur das Paar gemeinsam ins Bett schicken, damit das Gerede über den PR-Gag Verlobung aufhört.

Die beiden Menschen sind so hübsch, daß ich mir schwer vorstellen kann, wie sie ihren gegenseitigen Anblick auf Dauer ertragen. Neben diese schöne Frau gehört als optischer Ausgleich ein knorziges Hängemaul und zu David Copperfield nicht gerade Frau Kling, aber so eine Mischung aus Helga Beimer und Ilona Christen?

Von all diesen Überlegungen hatte ich noch kein Gramm abgenommen und auch nicht aufgehört, als wandelnde Resteverwerterin zu funktionieren. Ehe ich einen Löffel Soße oder eine Ecke Bulette in den Mülleimer werfe, fallen mir Krieg und Nachkrieg, Mama und Oma ein, und ich würdige die Gottesgabe, statt sie zu vernichten.

Bei uns kocht der Chef. Seine Gerichte sind phantasievoll, kenntnisreich und verdammt wohlschmeckend, obwohl diätetisch. Meine Dankbarkeit für die Entlastung von der Fron, in der ich zwar zwanzig Jahre tätig, aber keineswegs Meisterin war, wird nicht geringer. Wie soll ich meine Bewunderung zeigen, wenn nicht, indem ich meinen Teller leere?

Würde ich zur halben Portion, wenn ich mir selber kleinere Portionen auftue?

So einfach war es nicht. In der geduckten Kindheit gab es keinen größeren Genuß, als etwas Leckeres ins Bett zu schleppen und es im Dunkeln zu verzehren. Eine Zeitlang aßen wir auch im Bett, weil wir weder Stuhl noch Tisch besaßen und fast immer nur, wenn Papa aus dem Haus und in der Kneipe war. Seltsam, aber es war so. Dann hatten wir eine wohl trügerische, aber dennoch wirksame Art von Idylle.

Wie rührend!

Aber vor wem habe ich später die Konfektschachteln versteckt, wenn ich ganz allein in der großen Wohnung war, im Bett lag und Krimis las, neben mir die offene Pfundschachtel, in die ich so oft griff, bis mir vor lauter Süßigkeit ganz übel wurde und ich dem Gedanken an eine Leberwurststulle nicht mehr widerstehen konnte?

Ich war in Reformläden, Drogerien und Apotheken, lernte Bluff von hilfreichem Placebo unterscheiden.

Aber die Hauptspur blieb die in die eigene Vergangenheit, in die Gründe für das Bedürfnis nach Belohnung. Ich mußte meine Gewohnheiten ändern, mich ändern, eingreifen in die falsch gesteuerte Lust, in den Frust, in die Angst, ab morgen gibt es nichts mehr. Was fraß ich eigentlich unersättlich in mich hinein? Ich mußte erkennen, daß ich sozusagen Dankschreiben, Medaillen, ausgebliebene Rezensionen, mangelnde

Zeit für mich selber, Verzicht auf Kosmetikerin und Urlaub, nicht ausgesprochenes Nein in vielerlei Lebenslage, das Warten auf ewig verschobene Muße und den Ausgleich für jenen Teil Selbsterhaltung, der mir in der Kindheit erst gar nicht anerzogen war. Enttäuschungen, die mir andere, solche, die ich mir selber bereitete.

Sanftes Zergehen auf der Zunge lindert.

Gefährliche Kompensation, schwer, das aufzugeben, auf Anhieb nicht zu schaffen. Die Anfälle von Heißhunger blieben nicht aus, nur weil ich sie nun durchschaute und meinen kritischen Blick auf sie wandte.

Hungrig zu Bett gehen, das blieb Dunkel und Angst, blieb unverdrängbare Versuchung.

Dennoch habe ich mich in das derzeit laufende Milliardengeschäft nicht eingeklinkt. Sie schwemmen dir das Wasser heraus und deuten auf ihr teures Erzeugnis. Denselben Effekt kannst du mit ein paar selbstgepflückten Teeblättern erreichen. Sie verschaffen dir Dauerdurchfall, bei dem du natürlich Gewicht verlierst, und geben dir die Illusion, sie bauen dir uralte Fettdepots ab. Nein, das tun sie nicht. Der Mensch besteht zu sechzig Prozent aus Wasser, so ungefähr. Da können sie lange mogeln, und du schaffst es, ausgemergelt, aber eben wie eine verelendete Dicke auszusehen.

Nachdem ich zwanzig Pfund abgenommen hatte, ohne zu leiden, fast ohne zusätzlich Geld auszugeben, spendierte ich mir ein Parfüm und zwei Paar Schuhe, weil ich die alten mit den Zehen festhalten mußte. Aber den Konflikt zwischen der meinem Alter eigentlich nötigen Zuwendung in Ruhe und Gelassenheit und dem, was das Leben mir als Joch um die Hörner geschlungen hat, den konnte ich nicht lösen.

Es sind keine anderen Probleme, als sie in Familien vorkommen, aber zwischen Rhein und Oder gibt es Unterschiede, unnatürlich geschaffene. Wir hatten keine Zeit, uns auf die Preisklasse Alter, zu der es jetzt keine Alternative gibt, vorzubereiten. Und die Sippe konnte es auch nicht. Die vier Generationen in der Familie haben mit denselben Sorgen zu kämpfen. Das ist neu, und wenn ich nicht immer wieder dächte, wir schaffen das, wir finden eine Lösung, dann würde ich auf die Salate verzichten und seelenruhig zurückkehren zu meinen Pfundpakkungen und Leberwurststullen.

Für Geld allein ist die Lust an der Veränderung nicht zu haben. Aber Geld könnte mehr Kraft dafür übriglassen.

Einer der Gründe, warum ich die DDR nicht zurückhaben will: Sie hat uns als Einzelne unterfordert. Wir gingen immer durch, auch wenn wir nur knapp mittelmäßig waren. Das lasse ich mir zwar von niemandem als von mir selber sagen, aber darum ist es nicht weniger wahr. Irgendeine Lösung fand sich doch immer. Es richtete sich schon. Nun aber, in gnadenloser Optik, müssen wir die Herausforderung annehmen, selber zu sortieren, wo sie uns den Buckel runterrutschen können und wo sie uns bei Dummheiten erwischen.

Wenn sie mich in ein Streitgespräch einladen, dann muß ich scharf denken und mich konzentrieren. Es macht mich schwächer, wenn ich statt dessen auf meinen Rock achten muß und mich nicht traue, die Beine übereinanderzuschlagen, weil es nicht ganz so aussieht wie bei Uta Ranke-Heinemann oder Erika Berger. Im zu kleinen Stuhl, in dem du dich als Frau mehrmals umschichtest, hast du von vornherein weniger recht.

Hübscher bin ich nicht geworden durch die nötige Arbeit an mir. Fett macht ja auch weich und glatt. Die Konturen, die ich jetzt im Spiegel wieder sehe, sind die einer gealterten Frau mit ersten Falten, die sich nicht wieder glätten. Keine Wunderpaste, keine Operation, was sagt der Blick, der nicht mehr staunende? Er ist zu ernst. Muß sich auch wieder ändern, aber das ist schwer.

Unsere Waage stimmt. Laura Marie bestreitet das, weil sie bei uns dreihundert Gramm mehr wiegt als bei ihrer Mama. Aber nach dem vorwurfsvollen Blick, den mir mein Geliebter neulich abends zuwarf, als auch er das Orakel befragte, wird wohl das Distelöl auch noch auf die Hälfte reduziert. Obwohl, er hat sich abends gewogen. Da wiegt man immer ein bis zwei Kilo mehr. Daran glaubt er nicht, probiert es aber auch nicht aus. Nun, an Staub glaubt er ja auch nicht. Er denkt, daß man den durch Staubwischen erzeugt. Also, am Essen kann es bei ihm nicht liegen. Er weiß nicht, was er da weglassen sollte. Und welcher Idiot überhaupt diese dämliche Waage ins Haus geschleppt hat.

Ich kuschelte mich zurecht und dachte, wenn ich mir nachher noch einen grünen Apfel aus Werder leiste, der schmeckt so gemein und unsüß, der kann nicht auch noch was wiegen. Und dann esse ich eine zuckerfreie Praline, die ich mir mittags schon neben dem Bett versteckt habe.

Wie ich mich zum Appel machte

Vor einem ordentlichen Kongreß einigten sich die Mitglieder des heimischen Vorstandes darauf, die Namen der Karteileichen auf eine Liste zu setzen. Statt satzungsgemäß möglicher stiller Streichung sollten nette Kaffeekeksgespräche vielleicht Neubelebung erbringen. Hat denen einer was getan? Natürlich nicht, das würden wir Schlattenschammesse vom Bezirksverband uns doch sowieso nicht trauen.

Jahre später haben wir uns getraut, das war dann für uns so förderlich, als hätten wir um Malaria gebeten.

Damals bekam ich den Zuckerposten, mit einem Schriftsteller zu reden, den ich nun vor wenigen Wochen bei einem Fernsehinterview gesehen habe. Beherrscht erzählte er über den tiefen Lebenseinschnitt, den der Ausschluß aus dem Verband für ihn gebracht habe. Soviel Verfolgung, soviel Benachteiligung. Ein Bauwagen mit Beobachtern, die monatelang weder ein- noch ausstiegen, habe unweit seiner Villa gestanden. Die Berufswege seiner Kinder seien beeinflußt worden, ihm blieb immerhin seine Arbeit an westdeutschen Häusern, wo er richtiges Theater machen konnte, das es ja so in der DDR nicht geben konnte. Ihm blieben seine Reisen für große Magazine, sein westdeutscher Verlag, sonst nichts.

Zum Zeitpunkt seines Ausschlusses war er seit fünfzehn Jahren abwesendes Mitglied. Das hätte sich kein Kleingartenverein bieten lassen, aber darauf wollen wir uns nicht herausreden, denn der Verband hätte das auch weitere Jahrzehnte hingenommen. Politisch war, daß er wegblieb, politisch war, daß wir ihn eines Tages aus seiner Mitgliedschaft entließen.

Er war es, den man mir zu einem Gespräch mit hoffentlich freudigem Ausgang aufhalste. Vielleicht hat ihm die Natur jenes affige Grinsen mitgegeben, das er auch auf dem Bildschirm zeigte, eine Art arrogantes Feixen, auf das ich mich schon vorweg freute.

Ich kam mir unbeschreiblich blöde vor, als ich ihm die Gretchenfrage stellen mußte. Er sagte, jede Silbe in die Breite drückend, als wolle er mir die Wörter als Kaugummi ins Gesicht kleben, ob ich denn allen Ernstes annehmen könne, er werde in diesen langweiligen Verband kommen, wenn es doch in Berlin einen weitaus attraktiveren Verein gäbe, nämlich den Pen-Club.

Ich sagte, vielleicht ist es so langweilig, weil Sie fehlen.

Das Gespräch war erschöpft. Allenfalls konnte ich ihn noch nach seiner Geberlaune für Beiträge fragen, aber wenn er nichts rausrückte, stand mir kein Druckmittel zur Verfügung. Beim Gehen sagte er: „Der Verband war doch sehr nützlich, solange er zusätzliche Kohlenkarten verteilt hat. Jetzt gibt es die Kohlen aber ohne Bezugschein."

Drei Jahre nach jenem Augenblick in den hängenden Gärten der Semiramis sollte ich zusammen mit Paul W. ein Gespräch mit einem Autor führen, der ein Buch geschrieben hatte, das im Westen seinen Verlag fand, im Osten im wesentlichen gelesen wurde, besonders, nachdem es hier nicht erscheinen durfte. Es war mitten in jenem abgemilderten Bürgerkrieg unter Künstlern, dem leuchtenden Kapitel deutscher Geistesgeschichte. Wir standen uns schwer und ungleich bewaffnet gegenüber. Die fast unbegreifliche Treue der einen wie die totale Abwendung der anderen hatte ihre Vorgeschichte. Aber die einen hatten die Weltpresse, die Medien und die westlichen Verlage hinter sich, waren sozial abgesichert und fanden das lukrative Interesse des Kapitals, dem sie halfen, unserem Experiment die Gurgel zuzudrücken.

Wir anderen hatten ein Statut, das auch ich nicht gelesen habe, als ich es unterzeichnete. Wir hatten unsere Harmoniesucht, unsere Parteidisziplin und Hemmungen, aus ihr auszubrechen, aber auch Wut über das peinliche öffentliche Austragen von Künstlerknatsch.

Ich war mit Paul zusammengespannt worden, der ruppig und taktlos sein konnte und als sehr unorthodox galt. Er war es nicht, aber diese Kenntnis fehlte mir. Unser erwarteter Gesprächspartner hatte sie. Er verweigerte Paul zur Begrüßung die Hand, gab sie aber mir. Damit war der Heulton angestimmt. Der Kollege sagte, er würde „nach drüben“ gehen, da auch seine Frau nun seinetwegen ihre Arbeit verloren habe.

„Ihr Buch ist schlecht“, sagte Paul, „vom Inhalt will ich gar nicht reden, der Stil ist schlecht, ein schlechtes Buch.“

Dieser Meinung war ich nicht, das sagte ich auch. Aber ich war unwichtig. Die beiden umtanzten sich haßerfüllt, sie spielten Krieg und es ging um alles.

Mitten in die zugespitzten Formulierungen hinein fiel Dr. Sch. aus der Virginia ein Stückchen Glut auf seine teure braune Hose, abgestimmt auf Pullover und Hemd, eine teure Hose, aber nun mit Loch. Ich sah, daß er sich schwarz ärgerte, sein Blick kehrte magisch angezogen immer wieder zum Brandloch zurück, und im Grunde war ihm alles andere nun lästig.

Der Ton wurde noch gereizter, Paul verließ verletzt und zornig den Raum.

„Möge Ihnen gelingen, was Sie sich vorgenommen haben“, sagte ich, und mir war wegen der Hose zum Lachen und wegen der Sache zum Heulen. Er gab uns die Hand, dann liefen wir auseinander.

Ziemlich angeschlagen ging ich ins Sekretariat, wo Paul auf mich wartete. Ich überlegte, wie ich das klägliche Ergebnis formulieren könnte, da fauchte er mich an: „Hast du ihm die Hand gegeben?“ Das hätte ich nicht tun dürfen. Paul hatte keine Hand gekriegt, da hätte ich aus Rache meine nicht geben dürfen.

„Er hat ein Loch in der Hose“, sagte ich, „mehr ist bei dem Treffen nicht herausgekommen.“

Wenig später hieß es, der deutsche Rimbaudverlaineheine habe „von drüben aus“ ein Papier verfaßt, in welchem er die Bürger aufriefe, die Mauer zu schleifen und das Politbüro aufzuhängen. Und das Volk solle unbehinderte Einreise für ihn erkämpfen.

Mit weniger gelassenen Worten wurde uns dies in einer Versammlung kundgetan. Hochverrat durchwaberte den Raum, aber die Größe der Ereignisse wurde mickrig, weil die anwesenden Gralshüter das furchtbare Papier nicht vorweisen konnten. Bisher hätten sie kein Exemplar erwischen können. Andererseits existiere Kunde über die Namen der bisherigen Unterzeichner. Oder mutmaßlichen Unterzeichner. Falls es dieses Papier wirklich gab.

Viele Leute guckten bedeppert, andere amüsiert, wieder andere vielleicht durchaus wissend. Diesmal ging niemand laut schimpfend hinaus. Einige mögen sich verdrückt haben, aber die meisten blieben brav und nichts riskierend sitzen, ich auch.

Ein paar Tage später wurde mir durch einen Anruf mitgeteilt, ein Exemplar des furchtbaren Papiers läge nun vor, und im Auftrag des Vorstandes solle ich mit dem Kollegen B. reden. „Du und Helga."

Es gibt Augenblicke, da müßte eine ins Koma fallen, bis sie vorbei sind. „B. weiß ja vielleicht gar nicht, was er da unterschrieben hat", so der Sekretär.

Ich sagte, ich wolle das Ding vorher lesen.

Kein Problem, komm vorbei.

Schickt es doch her.

Nie!!! Über die Post?!!!

Der Stil des Textes deutete durch Leidenschaft und Metaphern unverkennbar auf den Verfasser, er enthielt auch die Aufforderung zum Blutvergießen.

Solche Pamphlete sind nicht fürs Volk gedacht und kommen dort auch im doppelten Sinne nicht an. Die Leute haben andere Sorgen und ohnehin ein tief verwurzeltes Mißtrauen gegenüber der Fähigkeit von Intellektuellen, für alle was in Ordnung zu bringen.

Der Text schrie Zeter und Mordio, aber er hatte auch was.

Trutz und Hohngelächter kamen maßlos übertrieben aus dem Papier, als Lesezeichen, es nicht wörtlich zu nehmen, bißchen Folter schon, Umsturz auch, Totschlagen muß nicht sein.

Das tun die Tintenrevoluzzer ohnehin nicht.

Das Papier durfte ich nicht mitnehmen, aber vor der Aussprache würde man es mir in die Hand drücken.

Ich wußte, daß Kurt B. zu spät kommen würde. Das gehört zu solcher Art von Krieg. Trotzdem war es meine erste Schlappe, daß er erst kam, als ich bereits wieder gehen wollte. Er war krank, beherrscht von Grippe mit Migräne. So holte ich meinen Chinabalsam raus und massierte ihm die Stirn, das hätte ich bei jedem anderen auch gemacht.

Aber da er gekommen war, mußten wir reden. Also fragte ich ihn nach dem Papier und seiner heutigen Meinung, Ende der Diskussion. Er wußte nicht, wovon ich rede, sagte er. Ein Papier? Er kenne kein Papier, habe noch niemals eins gesehen. Seine Unterschrift? Worunter denn? Und worum überhaupt geht es?

Als ich das Dokument in die Hand nahm, um ein paar markante Stellen zu zitieren, entdeckte ich, daß es nur zwei Seiten waren, bestehend aus einer allgemeinen Präambel, der Ausschmückung von glücklicher Zukunft und ein paar Schlußsätzen, Zitaten aus deutschem Geschichtsbuch. Ein keuscher Extrakt ohne Entgleisung.

Mir schoß das Blut ins Gesicht. Die Genossen mußten entschieden haben, der gefährdende Text sei nicht auch noch zu vervielfältigen und zu verbreiten.

Adieu auf immer, Kurt B. hat sich wahrscheinlich vor der Tür gesundgelacht. Ich aber hängte mich an den Weihnachtsbaum und versuchte, wieder rote Bäckchen zu kriegen.

Erinnerung an eine weiße Wolke, sehr hoch oben

Sehr geehrter Herr Doktor,

Ihren Namen habe ich mir nicht einmal für einen Lebensaugenblick gemerkt. Ich mußte mich dennoch oft an Sie erinnern, alter Mann, der Sie inzwischen sind. Falls Sie noch leben. Ich erleichtere mich, indem ich mir Ihre Nichtigkeit noch einmal vor Augen führe.

Die Kreuzung weiß ich noch, auf der das Krankenauto trotz Tatütata wegen eines Verkehrsunfalls länger halten mußte, und ich weiß noch jene absolute Einsamkeit auf der Liege im Inneren des Wagens, wo niemand, wie im Fernsehen, den Tropf hochhielt und sich um mein Herz sorgte. Das Leben strömte mir als roter Fluß aus dem Leib, schon seit Stunden, denn ich hatte niemanden zu Hilfe rufen dürfen, ohne Schande und andere Gefährdung zu riskieren.

Aber dann blieb doch nur, es darauf ankommen zu lassen. Im Krankenhaus kamen Sie nach geruhsamer Weile und ließen mich in meinem elenden Zustand liegen. Die Schwester und die junge Ärztin folgten Ihrer Weisung. Die hieß, streng nach dem Gesetz zu handeln: Bei einem Abort muß gewährleistet sein, daß die Frucht von allein abgeht oder abgegangen war, eher darf nicht eingegriffen werden.

Die Zeit maß sich mir nach den Qualen und der immer geringer werdenden Chance, zu überleben.

Als ich kollabierte, wurde alles plötzlich sehr eilig. Der eine Arm diente als Leitung für Kochsalzlösung, der andere nahm Blut auf, und es stellte sich heraus, daß es keine Frucht mehr gab, auf die dem Gesetzgeber zufolge Rücksicht zu nehmen war.

Ihre Zulassung als Arzt hing davon ab, daß Sie sich nach den Regeln verhielten, also darf ich Ihnen nicht vorwerfen,

Sie hätten nach Augenschein und eigener Verantwortung handeln sollen.

Wir haben uns gesehen, als ich glaubte, sterben zu müssen, und als Sie das wohl auch für möglich gehalten haben.

Bei der zweiten Begegnung führten Sie mit mir das Abschlußgespräch vor der Entlassung. Die junge Ärztin hatte Ihnen meine Bitte wiedergegeben, meinem Ehemann den Abbruch zu verschweigen und die Erkrankung mit einer akuten Entzündung zu begründen.

Sie wußten nichts von mir. Sie konnten nicht wissen, daß ich meinem Kind zuliebe noch einmal in die geschiedene Ehe zurückgekehrt war, mich durch eine Lüge zu neuer Eheschließung verleiten ließ, und daß diese zweite Ehe niemals vollzogen worden war. Wir wollten zusammenbleiben bis zur Einschulung der Tochter, immer untersetzt von der Drohung des Mannes, bis dahin werde ihm sicher das nächste einfallen, um mich zu halten. Er nannte das Liebe.

Ein anderer nannte sein Gefühl auch so. Das hatte mich in die Lage versetzt, die mich bei schlechtem Willen meines Ehemannes um das Sorgerecht für die Tochter hätte bringen können, denn Scheidung als Schuldige war mir danach sicher. Ich wollte auf eigenen Wunsch zu meinem Kind entlassen werden, war schwach, zerrissen von Konflikten, Kränkung und Einsicht in eigene Schuld. Der Mitverursacher meiner Lage hatte nicht einmal den sonst üblichen Weg über eine Freundin genutzt, um mich wissen zu lassen, daß jedenfalls er noch lebt. Wir haben uns erst Jahrzehnte später wiedergesehen, da führte uns Arbeit zusammen, ihm ging's in seinem privaten Leben sehr schlecht, und mir ging es sehr gut, aber wir nahmen uns doch in die Arme und haben über das Damals nicht geredet.

Wenn Sie, Herr Doktor, nichts von mir wußten, dann war doch eins von vornherein klar: Sie waren ein Mann, und ich war eine Frau. Eine Frau mit einer fragwürdigen Bitte, an die Sie sich halten mußten, das gebot Ihre Schweigepflicht.

Sie haben mit mir in einem Ton der Arroganz und in einer Art des Belästigtseins gesprochen, als hätten Sie braver Bürger mich bei einem flotten Dreier erwischt und zugeführt. Es ging Sie nichts an, und ich habe es selber nicht gewußt, aber mir war alles, was im weitesten Sinn mit Liebe zu tun hatte, heilig. Ich nahm von der Welt wenig anderes wahr, als daß in ihr die Liebe lebte, es mußte sie geben, auch für mich, die alleinzige Liebe, und nach anderem strebte ich nicht. Ich wollte sie auf Leben und Tod, die unbedingte eigene Hingabe. Selbst der Gedanke an eine vergleichbare männliche Erwiderung solcher Absolutheit war mir noch fremd. Eine diamantene Bringeschuld, das war es, was ich auf mich nehmen wollte.

Sie sagten im Ton der Gewißheit, mit den Augen in Papieren: „Sie haben Geschlechtsverkehr mit mehreren Männern?"

Was geschieht eigentlich, wenn eine Patientin einen Arzt ins Gesicht schlägt?

Ich hätte ihn auslachen können, mit Verachtung in der Seele sagen können, ja klar, jeden Tag mehrere, was denken Sie denn?

Ich hätte aufstehen können und gehen oder mir die Frage verbitten.

Aber ich blieb auf dem Sessel kleben und sagte: „Nein."

„Aber Sie haben einen außerehelichen Liebhaber?"

Was hatte das eigentlich mit den Ergebnissen der abschließenden Untersuchung zu tun? Das hätte ich ihn fragen können, aber er war ein Mann und ich war eine Frau und wieder sagte ich: „Nein."

Die Antwort war korrekt, mit seinem Schweigen in feiger Deckung gab ich den Verursacher ja verloren.

Ich sollte die Untat aber zugeben. „Irgendwo muß es doch hergekommen sein. Nicht wahr!!!"

Herr Doktor, vielleicht ist Ihre Seele beim Sezieren von Leichenteilen in der Pathologie geblieben. Aber ich ertrug es nicht, in solchem Ton und mit solcher Wortwahl von Vorgängen reden zu hören, in denen ich nicht einmal Lust zu verspüren wagte, denn das wäre mir so vorgekommen, als ob ich sie entweihe. Ich nahm den Mann entgegen wie eine Hostie, an der man sich auch nicht herumzukauen getraut.

Heute weiß ich, daß ich verklemmt, falsch erzogen, falsch entjungfert und durch meine total überspannten Erwartungen wohl ziemlich nah am Tod aus eigener Hand war. Sie aber fragten mich, Sie blöder Inquisitor, ob ich vielleicht eine Hure sei.

Nur noch ein paar Jahre und es wird ein halbes Jahrhundert her sein. Aber die Ohrfeige für Sie liegt mir noch immer in der Hand, und wenn ich später überzogen auf männliche Anmaßung reagierte, obwohl ich sie noch Jahre und Male übergenug durchgehen ließ, dann war es die Folge eines Momentes, in dem ich Erbarmen gebraucht hätte. Oder daß sich jemand auf seine fachliche Kompetenz konzentriert, statt mich zu konfrontieren mit einer Welt männlicher Gedanken, die so waren, so sind und so sein werden, weit über mein Leben hinaus.

Nun ist es schon die Enkeltochter, die mir Geschichten erzählt, die ihr und ihren Freundinnen widerfahren. Korpsgeist und Männerspiele, Herrschaftswissen, Brüderlichkeit.

Sie waren ein Männchen, schlimm genug. Sie waren Arzt. Das ist schlimmer. Sie waren Frauenarzt. Deswegen konnte ich jene Begegnung mit Ihnen nicht vergessen.

Meine Naivität hatte mich in eine schlimme Lage gebracht. Aber die Narbe stammt von Ihnen.

Wie ich den Kollegen Niemand wieder traf

Das Foto tut mir weh. Schon die Rubrik ist unwürdig, es ist die Klatschspalte.

Der Text unter dem Foto einer kleinen, alten, faltigen Frau in meiner immerhin linken Zeitung teilt mit, diese sei als „Heldenmutter" geehrt worden.

Ein schreckliches Wort. Wo Frauen zu Heldinnen mutieren, haben meist Männer für die Notwendigkeit gesorgt.

Aber vielleicht hat diese Frau Frieden gestiftet, ist der Natur in den Arm gefallen, hat Brände gelöscht, Menschen gerettet?

Nein, die vietnamesische Frau wurde Heldenmutter, weil sie in den Kriegen gegen die Franzosen und gegen die Amerikaner neun Söhne geopfert hat. Was hat sie getan? Geopfert? Hat sie ihre Söhne auf den eigenen Armen zum Schlachtfeld getragen, den Schlächtern ein Zeichen gegeben?

Wer hat sich angemaßt, an der vietnamesischen Mutter eine solche fragwürdige späte Ehrung zu vollziehen? Wer hat es gewagt, ihr mitzuteilen, daß sie für soviel Leid und erduldetes Unrecht nachträglich honoriert wird? Das hast du nicht mitgeteilt, du Zeitung, und du hast nicht hinzugefügt, wie hoch, besser wie niedrig die Rente dieser Frau ist, wie sie haust und wer von ihrer Familie ihr nun im Alter geblieben ist. Trösten wir uns, vielleicht hat sie ja vorsorglich dreißig Kinder geboren, da mögen ein paar am Leben geblieben sein.

Über den Krieg in Vietnam haben wir sehr viel erfahren. Vietnam war uns lange Jahre näher, als manches europäische Land, an das wir grenzen.

Auch wegen der Mauer, aber nicht nur. Wir haben gesammelt und gespendet, Buntstifte und Schulhefte für Vietnam, Medikamente, Fahrräder und Nähmaschinen.

Damals haben wir Jane Fonda fast beneidet, als sie mit wenigen, aber doch mit Kollegen nach Vietnam flog, um die

Bombardierung der Deiche zu verhindern. Ohne die Deiche wäre Vietnam nicht überlebensfähig gewesen.

Die Schauspielerin hat ihr Leben eingesetzt, das laut CIA-Akten auf Vorschlag von Nixon beendet werden sollte. In ihrer Autobiographie ist das nachzulesen, Auszüge aus Akten belegen den Plan.

Sind die Söhne der vietnamesischen Mutter mit entlaubt worden, wurden sie bei Verhören zu Tode gefoltert, in Käfige gesteckt, auf offenem Marktplatz erschossen?

Mein Freund Jürgen W. hat ein paar Wochen lang den Krieg in Vietnam gesehen. Das hat ihn verändert.

Er kam mit einer kleinen Gruppe von Künstlerkollegen in das ferne Land, um außer Gaben auch Grüße und ein paar Veranstaltungen zu bringen, vor Menschen, die noch niemals einen Europäer gesehen hatten, denen die DDR aber als freundlich gesonnen wohlbekannt war.

Die Künstler gerieten in den Versuch der Amerikaner, mit Hubschraubern ein Gefangenenlager zu befreien. Die Aktion wurde von Kriegsschiffen unterstützt, die mit ihrem Beschuß die einzige befahrbare Straße lahmlegten.

Die Gruppe hat sich auf gut Glück ihren Weg durch den Dschungel gesucht, das war während der Regenzeit und hatte mancherlei unbekannte prägende Beschwerlichkeit. Sie haben die Kriegsschiffe gesehen. Auch verstümmelte siebzehnjährige Mädchen, die freiwillig mit Booten auf das Wasser gefahren waren, um es zu entminen, denn ohne Wasser wäre ihr Dorf gestorben.

Die Künstler konnten diese Begegnung nicht vergessen, auch nicht, daß sich bei jeder Gefahr die zierlichen vietnamesischen Begleiter über sie warfen, um sie zu schützen.

Weißt du, weiß ich, was Armut ist? Wie Menschen leben, die nur soviel besitzen, daß der Wasserbüffel es innerhalb von Minuten forttragen kann? Eine Handvoll Erdnüsse, das war eine halbe Tagesration an Proviant.

Jürgen W. hatte eine leere Dose und ein paar alte Latschen

weggeworfen. Beide Kostbarkeiten wurden ihm durch Vietnam nachgereicht, bis er sie erschrocken in der Botschaft der DDR in Hanoi wieder in den Händen hielt. Die Menschen dort konnten sich nicht vorstellen, daß so wertvolle Dinge weggeworfen würden. Und Diebstahl kam bei ihnen nicht vor.

Die kleine Delegation kehrte mit dem Stern der Völkerfreundschaft und jeder einzelne als „Held von Quangh Bingh" zurück.

Wichtiger war, daß der Ausschnitt Krieg, den sie selber gesehen hatten, für sie wirklicher und nachwirkender war als die Erzählungen über einen Weltkrieg, den ihre Eltern überlebt hatten und von dem sie zwar Dokumentationen, aber am Ende doch nur die Geschichten und die Moral kannten.

Sie haben gesehen, was dreißig Jahre Krieg aus einem Land machen.

Wir wollen kein Heldentum mehr, weder auf Erntefeldern noch auf umkämpften Hügeln. Ist Verdun vergessen?

In Irland gingen zwei Frauen einander auf einer sehr langen Brücke entgegen. Sie haben sich umarmt und geweint, die Katholikin und die Protestantin.

Später bekamen sie den Friedensnobelpreis. Das ist sehr lange her, und ebenso lange haben die Männer weiter gebombt und weiter geschossen.

Zynismus ist eine Pflanze, die wächst wie Ackerquecke. Männer, die ihr solche Meldungen einrückt, möge euch das Einrücken erspart bleiben, und euren Müttern, daß ihnen hinterher die Kriegsbosse auf die Schulter klopfen und sie zur Heldin ernennen.

Wer hat den Trunkenbold Jelzin ermächtigt, die Söhne einer neuen Generation von Männern an eine andere Front zu schikken und Frauen, Kinder und Greise als Zielscheiben zu benutzen, sie aushungern, verdursten und an Wunden oder Resignation sterben zu lassen?

Es tröstet mich nicht, daß der Befehlshaber auf der anderen Seite auch nur auf Macht und Sieg aus ist. Das Leben kann anders pochen, und die sanfte mütterliche Hand muß üben, auch Faust zu sein.

Zeichen von Hoffnung gibt es. Die Frauen werden „Wölfinnen“ genannt, auch wieder so ein rasch gefundener unpassender Name, den die Gazetten dankbar aufgreifen. Aber es sind Menschenmütter, die einander aufrufen, sich um den fremden Sohn zu kümmern. Sie steigen in Flugzeuge, drängen sich auf Lastwagen und laufen sechzig, siebzig Kilometer zu Fuß, um den Sohn vom Schlachtfeld zu holen, ehe er dort die Chance hatte, zum Helden zu werden. Und zum Mörder, denn er ist unter den Soldaten, und Soldaten sind potentielle Mörder. Wird schon wieder Wehrkraft geschwächt, wenn wir das zitieren?

Im Augenblick der Niederlage werden sie Opfer, unsere Söhne, im Augenblick des Sieges will das Vaterland sie als Helden und umgibt sie mit Gloriole, die sich rasch verzieht und der nichts nachfolgt, was für das kommende Leben des Verstörten oder Versehrten brauchbar wäre.

Nur der einzelne Mensch kann anfangen, sich all diesen ins Unterbewußtsein abgetauchten großen Begriffen zu verweigern und auch eine Handvoll blutgetränkter Erde auf den Seelower Höhen als Beweis von fragwürdigem Umgang mit „Menschenmaterial“ zu betrauern. Auch der Kampf gegen den Faschismus hat Opfer gekostet, über die unsere Nachgeborenen anders denken könnten. Ob in Hiroshima, in Leningrad oder auf den Seelower Höhen, wo das Leid der Menschen ausdenkbares Maß überstieg, sollten wir aufhören, Ruhmesblätter der Geschichte zu sehen.

Wir Frauen aber, als Dulderinnen ebenso beteiligt wie die Männer, haben uns bisher nie verweigert, die Trümmer zu beseitigen, das Leben im Hinterland in Gang zu halten oder wieder in Gang zubringen, die Toten zu beweinen und die Heimkehrenden in unsere Arme zu schließen, ob sie blutbesudelt kamen oder als arme benutzte Frontschweine. War dies immer unser Befehlsnotstand? Es gibt aber keinen, der das eigene Gewissen außer Kraft setzt. Es gibt keine höhere Instanz als das eigene Gewissen.

So habe ich nicht immer gedacht. Der Film meines Lebens zeigt mich auch mit bewundernden Blicken auf einen jungen Ritterkreuzträger mit Gipsarm. Das war zu Hitlers rundem Geburtstag in Braunau, seiner Geburtsstadt.

Bei Massenmorden an unschuldiger Zivilbevölkerung den längeren und stärkeren Arm zu haben, müßte den dafür geschaffenen Weltgremien leichter möglich sein, als es sich in der Wirklichkeit und beim Ansehen der Abbilder darstellt. Was wunder, da es meist nicht um das Leben geht, sondern um Interessen. So mutiert eben Jelzin zum Freund, was Kriegsverbrechen begünstigt. Da wird gezaudert und Großmachtstreben umgedeutet, was die eigentlichen Kriegsziele verschleiern hilft. Kriegsverbrechen bleiben wieder ungesühnt.

Daß wir uns von der Abhärtung entwöhnen und wieder empfindlich werden für Vorgänge, die zwar fernfern stattfinden, aber zugleich neben uns, dafür ist auch die Zeitung zuständig und verantwortlich. Sie berichtet nicht nur, sie wählt aus und bedient Sichtweisen.

Als ich selber noch Redakteurin war, gab es Fehler, die hatte der Kollege Niemand gemacht, alle anderen waren auf Dienstreise, nie in der Redaktion beschäftigt gewesen oder nicht zuständig. Bei dem Versuch, den Urheber der inhuman plazierten und formulierten Meldung zu finden, bin ich ihm wieder begegnet, ungealtert und ungerührt.

Als ich meine Wut teilen wollte, stieß ich bei Männern auf jenes Unbehagen, das eine Frau eben weckt, wenn sie einem Mann auf die Nerven fällt.

Da hab ich wieder gemerkt, es reicht tiefer, als ich beschönigend hoffe, es reicht so tief, wie ich es ehrlich, noch immer oder endlich, fürchte.

Mit meinem verworrenen Grau im Gehirn bin ich ein Teil des Dilemmas und kann mich nicht ausnehmen von der Arbeit, die noch vor uns liegt.

Briefe im Herbst

Lieber R.,

Du trittst also jetzt in den Klub der Fünfziger ein, den ich schon für das nächste Dezennium verlassen habe. Wir könnten dank Deiner Einladung schön zusammen lachen über die vielen Anekdoten, die ihr in mein Leben getragen habt, oder wir haben sie zusammen verursacht. Das geht jetzt nicht, wir werden das nachholen müssen.

Damals kam ich euch mit Mitte dreißig schon sehr erwachsen vor, und ihr selber wart in einem Alter, in dem euch Fünfzigjährige die Uralten waren, die sowieso keine Ahnung hatten. Die grauen Fünfziger sind ganz besondere Jahre. Du wirst das merken. Da sollte man sein Zeug im Kopf zusammen haben und die Gelassenheit, Defizite zu erkennen, statt sie zu verdrängen. Einige lassen sich abbauen. Es gibt dann aber auch Ängste, die haben sich als gegenstandslos erwiesen. Und waren doch Ängste, sogar große, gewaltige. In den Fünfzigern ist die Genußfähigkeit voll entfaltet und zugleich die Klugheit, sie eher zu unterfordern. Man fällt auch nicht mehr so oft auf sich selber rein.

Du sollst immer gern an die DDR zurückdenken, und ich hoffe, Du willst sie deswegen nicht wiederhaben. Dann würde es Dir so gehen wie mir. Wir haben uns kaum für klug und nie für weise gehalten, auch wenn wir uns überschätzten. Unsere schönste Zeit war die, als ihr für 30 Mark auf die Hand und ich für Null daneben die Welt beglückten, in der Meinung, hinter uns schließen sich Millionen unseren Liedern an. Nee, das war nicht so. Damals, wenn ich an mich zurückdenke, hatte ich eine Naivität, die ich heute nur bei Fünfjährigen noch finden kann. Ich dachte zum Beispiel, eine falsche Meinung zu ändern, das sei eine Arbeit, die sofort geleistet werden müsse. Und falsch war sie schon, wenn sie anders war als die eigene. Vielleicht hatten wir verdammtes Glück, nicht zu mehr Schaden zu kommen. Oder es hat uns gerettet, daß wir zwar alles bierernst und bitterehrlich nahmen, aber das war ein Teil unserer sehr egoistischen Befriedigung eines umfassenden Spieltriebes. Daß wir auch Menschen verloren haben, auch an den selbstgewählten Tod, hat uns damals zwar für kurze Zeit aus dem schönen unüberschaubaren Trubel gerissen, aber es waren Liebestragödien. Andre hatten wir nicht, auch wenn ich dies von heute aus gesehen nicht zu unseren Verdiensten rechnen will. Obwohl das auch möglich wäre.

Ich unterlasse es aber, weil manche oder mancher vielleicht doch mehr abgekriegt hat, als sie verkraften konnten. Als Gegenbeweise bieten sich unsere Freunde an, die sehr eigenständige und unbequeme Künstler geworden sind und sich an die Stirn tippen, wenn ich sie frage, ob ihnen die Art des Anfangs geschadet hat. Ob wir dies wollten oder nicht, mit unserem scheinbar partiellen Drängen, sie sollten künstlerisch ehrlich sein und nach der Genauigkeit suchen, haben wir ihnen den besten Boden bereitet, dies auch dorthin auszuweiten, wo es uns damals vielleicht allzu kühn erschienen wäre: ins Leben, in jedwede Gelegenheit. So ist die Thalheim geworden, die sie ist, für den Jürgen Walter gilt das ebenso wie für Aurora Lacasa oder viele andere, von denen man gar nicht mehr weiß, daß sie bei uns angefangen haben.

All diese blöden Themen, die uns aufgedrängt wurden, ohne unser Thema zu sein. Ich sollte meinen günstigen Einfluß auf euch benutzen, um euch das Westfernsehen auszureden. Darüber war nur zu lachen. Es war aber auch abgetan mit meiner Antwort, über Sendungen können wir immer reden, aber nicht darüber, ob ein Mensch einen vorhandenen Knopf drückt. Jeans oder nicht Jeans, Maiskampagne erwähnen oder unterlassen, und diese ewige Diskussion um die häßlichen FDJ-Hemden, noch bei vollem Busen oder dickem Bauch. „Vierzig Jahre und noch älter, das FDJ-Hemd, das behält er.“

Neulich hatte ich eine Lesung und hinterher kam ein Mann zu mir, er entschuldigte sich, er habe mich einmal bei einem Jugendtreffen angeschnauzt, weil ich kein FDJ-Hemd trug. Ich sagte, damals war ich fünfunddreißig und außerdem in meinem ganzen Leben nie Mitglied der FDJ. Er sagte, er habe gedacht, ich sei so alt wie die anderen Mädels. Das sei doch auch ein Kompliment.

Daß er mich überhaupt deswegen angeschnauzt hat, dafür hat sich seine Frau bei mir entschuldigt. So war er eben, hat sie lachend gesagt. Na ja, ein bißchen so waren wir wohl alle.

Du nicht? Du nicht, weil Du Geburtstag hast und nun auch nicht mehr der Jüngste bist, und außerdem fährst Du einen Mercedes, hat man mir gesagt. Da bist Du, bei schon früher vorhandener Begabung dazu, dem Rechthaben wohl ein bißchen näher gerückt als wir anderen, deine ehemaligen Kumpels.

Liebe Miriam,

es wird ein anderer Tag kommen, an dem ich klüger zu antworten wüßte. Du hast mich auf dem falschen Bein erwischt, und nun hängt der Fuß in der Falle. Es war schön in eurer Aula, weil wir es redlich versucht haben. Und weil wir miteinander lachten, kamen dann die Fragen, auf die ein Gesprächspartner, noch so herzlich eingeladen, oft vergeblich wartet. Wenn ihr blocken wollt, dann blockt ihr. Aber ich war fast aus der Tür, als mich deine erste Frage aufhielt. Ich hab schon ausgeatmet, wie gut es gegangen war, und daß ich es nicht bin, die euch vor ähnlichen Begegnungen zurückschrecken läßt.

Es war vielleicht auch, weil mir die dann so erschrockene Dörthe sorglich den Stuhl weggezogen hatte, als ich mich vorbeugte, um meinen Namen noch in ein Album zu setzen. Sie konnte nicht ahnen, daß ich in meiner hastigen Art Tasche und Tuch abwerfe und mich setze, wo nichts war. Da lag ich vor eurer Tafel, und mein erster Gedanke war, gut, daß ich nicht mehr soviel wiege wie vor einem Jahr, da wäre ich hingeplumpst. Es ist nichts passiert, aber ich habe noch immer nicht die Albernheit abgelegt, in solchen blöden Augenblicken zu kichern wie als Backfisch.

Da warst dann du. Wie ich mich umdrehte zu dir, wußte ich schon, was mich erwartet. In deinen Augen lag die ganze Unbeirrbarkeit einer Fragerin deines Alters. So habe ich auch geguckt, wenn ich mir jemanden vorknöpfte.

Du willst es wissen.

Natürlich fragst du mich mehr, als ich beantworten kann. Und du bist zu jung, um zu bedenken, daß jede Antwort in jedem Alter vorläufig ist. Du bist in dem Alter der Absolutheit, und was immer ich sage, du wirst es absolut nehmen, und wenn du mich bei einer Variante erwischst oder mich gar zu überführen meinst, wirst du eben diese Relativität nicht akzeptieren. Weil du dann überfordert wärst. Gestehst du das mir zu, kann dein Freund das auch beanspruchen, und soweit bist du eben noch nicht.

Eigentlich möchte ich mich gern drücken. Ich möchte zu dir sagen, laß uns in einem Jahr darüber reden. Nicht, weil ich dann erheblich mehr weiß, sondern weil zu hoffen ist, daß meine jetzige Überforderung mich entweder ins Grab geschickt oder sich gelegt hat.

Laß uns in einem Jahr darüber reden, weil manche Schmerzen dann erträglich geworden sein könnten.

Laß uns in einem Jahr darüber reden, weil du dann reifer bist und dir, kann sein, der Ungeheuerlichkeit bewußter, einfach so drauflosfragen, was nur sehr schwer zu beantworten ist.

Ginge es um Schularbeit, würde ich dich darauf verweisen, daß es deine Arbeit ist, nicht meine, also mach sie gefälligst selber.

Hättest du von mir vorher kein Buch gelesen, wäre auch dies ein Abgang von mir gewesen: das steht alles aufgeschrieben, lies es, und wenn du dann noch Fragen hast, mußt du sie eben stellen.

Miriam, ich weiß inzwischen, daß du es gewesen bist, die mich an eure Schule geholt hat. Und du hattest dich auf genau diesen letzten Augenblick vorbereitet. Ich glaube dir, was du mir geschrieben hast. Ich bin dir in einigen Bereichen so nahe und wichtig, daß du andere Seiten an mir entweder besser verstehen willst oder du mußt akzeptieren lernen, daß sie nicht zu den „schönen Seiten“ gehören. Du schreibst, daß ich für dich wichtiger bin als die Menschen, mit denen du lebst. Zuerst habe ich darüber einen Schreck gekriegt, aber dann erinnerte ich mich, daß es mir auch so ging. Nach mir wird eine andere, eine Schauspielerin oder auch Schriftstellerin es sein, die eine Zeitlang antwortet, und sie wird wieder verdrängt werden von einem anderen Menschen, vermutlich aus dem Bereich deiner jeweiligen Arbeit.

Ich habe dir deine erste Liebe verständlich gemacht und warum sie auseinanderging? Ach, delegier das doch an Shakespeare, der spürt die Verantwortung nicht mehr, und ich könnte dir viele Autoren nennen, die über Deine Gefühle sehr genau geschrieben haben, soweit es die ewigen Konflikte sind.

Nur darüber mit dir zu reden, wäre der reine Genuß. Von Töchtern verstehe ich etwas und von den Schmerzen, die die Herzen heimsuchen, wohl auch.

Aber du willst wissen, warum ich es nicht war, die die Mauer umgeschubst hat, und du willst ebenso intensiv wissen, warum ich es nicht war, die eine bessere Art der „Befreiung der DDR“ bestimmte.

Miriam, ich habe den Eindruck, du bist auf dem Rückweg von der Euphorie. Auch dies wird eine längere Strecke, als du jetzt glauben willst. Du nimmst dem „Großen Deutschland“ übel, daß du dich gefreut hast. Wie alles, tust du auch das absolut. Nun ist dein Bruder mit seiner Familie in Kanada, deine Eltern sitzen arbeitslos zu Hause und ihre Ehe geht daran kaputt, und du hast deine erste Liebe nach Marburg verloren.

Wie solltest du das verkraften können. Ich steh da, seh dich an, lese jetzt Deinen Brief wieder und bin genauso überfordert wie du.

Nur: Zurück können wir nicht. Es ist eine Herausforderung mit einer erheblichen Menge Zumutung darin, und es gibt keinen Tag, der uns nicht auch Augenblicke von Zorn bringt. Weil sich einige auf die eigene Rotzfahne schreiben, was Weltgeschichte ist. Weil viele „Reformer“ nicht zu Ende gedacht haben. Weil Meckern unser aller ungeschriebenes Menschenrecht war, bis daraus etwas wurde, was aus den meisten von uns Handlungsgehilfen machte, während wir uns als Akteure fühlten. Du meinst, gerade wir Intellektuellen hätten einen „Zusammenbruch“ verhindern müssen. Die Veränderungen durchsetzen, durch Auflehnung. Das hätte ein freies Feld gebraucht, Miriam. Aber seit Ende des Krieges gab es kein freies Feld mehr, sondern ein Gewimmel von Kontrahenten.

Sei unzufrieden mit den Intellektuellen, aber versuche den Gedanken, daß auch dies schon wieder zum Aberglauben gehört, in dieser Welt vermöchte der – noch dazu ohne Solidarität existierende Gedanke – mehr als Geld. Du willst wissen, warum ich da und dort nicht zu finden war, und du nagelst mich, wo ich mir selber entweder mehr Zeit eingeräumt hatte oder mir sicher war, es würde beim Schreiben dazu kommen, daß ich mich mit einigen Dingen gründlicher befasse.

Aber erst, wenn es an der Zeit ist, wenn es von innen kommt, von niemandem dazu gezwungen.

Es mußte eine von diesen ungaren Töchterlichen sein, die mich nun so beschäftigt, daß sich der Zeitpunkt einstellt.

Wenn ich sage, daß ich die DDR als meine Heimat akzeptiert und sie geliebt habe, dann weiß ich nicht einmal, ob dich diese Antwort nach kurzem Postweg zur Verachtung oder zur bedingungslosen Zustimmung bringt. So schnell geht das im Moment bei dir hin und her.

Also lasse ich es darauf ankommen. Ich habe die DDR geliebt. Zwar war ich in ihren Anfang nicht verwickelt, fühlte mich zu Beginn keineswegs auf sie festgelegt, habe lange Jahre damit hantiert, mich woandershin zu begeben, aber ich bin geblieben, und als ich erst in ihre Alltagswelt eintauchte und die lange Zickzackstrecke mitlebte, die sich die gerade Linie unserer Partei nannte, da habe ich vieles vom Wesen dieses sonderbaren Gebildes verstehen gelernt, was gleichwohl oft lächerlich oder schändlich gewesen ist, aber nicht nur. Es ging auch um den hoffnungslosen Versuch, mit untauglichen Mitteln die erworbenen Eigenschaften von Menschen zu verändern, sie friedensfähig zu machen, seßhaft, genügsamer und „eigenschöpferisch". Der Krieg sollte eine böse Gestalt in einem Märchen sein, Egoismus eine schlechte Eigenschaft, bekämpfbar, Gemeinwesen sollte vor Eigennutz treten, und was der Mensch zuallerletzt kann: alles sollte in rosiges Licht getaucht aufleuchten. Das Mögliche sollte als erstrebenswert und schön gelten, das nicht Mögliche als ohnehin nicht wert, es zu begehren.

So ist der Mensch nicht. So denkt er nicht, so begehrt er nicht. Das Gute mag wohl den Lohn in sich selber tragen, aber deswegen will der Mensch von seiner Arbeit doch etwas haben, in die entlegenen Wälder schweifen, um Kunde heimzutragen, sei es, daß es dort auch nicht schöner ist.

Der Mensch möchte am liebsten genießen und faulenzen. Es würde ihm genügen, daß ihm warm ist, jemand an seiner Seite liegt, und daß er recht hat. Aber er hat entdeckt, daß er im Sommer für den Winter vorsorgen muß und daß sich eine Nuß nicht von selber öffnet.

Wenn du einmal anfängst, Erfahrungen zu machen, wendest du sie auch an. Denkst du erst, hörst du damit nicht wieder auf. Dieses ganze Experiment, von einem naiven Dichter auf den Spruch gebracht: „Millionen bauen am neuen Geschlecht“, ging von falschen Voraussetzungen aus und mußte zu falschen Ergebnissen führen. Am Ende hatten die Leute immer noch Lust, sich für etwas mehr Geld etwas Schöneres zu kaufen, sich nicht nur mit Weißkraut zu begnügen und die Wohnung nach eigenem Geschmack auszustatten. Und vom eigenen Einfall auch selber etwas zu haben. Wenn eine Rose nach einem Züchter benannt wird, scheint ihm ja auch, er habe nicht umsonst gelebt.

Als wäre um uns luftleerer Raum gewesen, gab es die Bemühung um einen Menschen, der an und für sich strebt und sich nur in der Masse wohlfühlt, die Gedanken aller teilt und keine Genüsse und Lüste zuläßt, die sich nicht erfüllen lassen.

Du sparst jetzt für eine Fahrt nach Marburg, nicht wahr? Obwohl du weißt, du solltest die Reise unterlassen, weil es von ihm ziemlich mies war, dich abzuhängen, um die Arme nach allen Seiten hin offen zu haben. Aber du wirst fahren, weil du anders keine Ruhe findest. Es treibt dich.

Miriam, ich werde nicht alle deine Fragen beantworten können und am wenigsten „ganz sachlich“. Mir hat dein Satz gefallen: „Bitte antworten Sie mir nicht mit Gedichten, da falle ich immer auf Sie rein." Das ist beherzt und ein bißchen unverschämt, aber ehrlich.

Wie soll ich den Versuch, Dir zu antworten, aber nennen? „Wie wir alles verloren haben?"

Das geht nicht. Wer ist „Wir"? Viele haben ja auch gewonnen, konnten ein vorher nicht mögliches berufliches Risiko eingehen und es ist ihnen gelungen. Manche lehnen sich im Ohrensessel zurück, und ihre Seele ist befriedet, weil sie nun doch noch in Mallorca waren, und andere haben nun endlich die Wunde Telefon schließen können, sind fertig mit der Ungerechtigkeit, jahrzehntelang nur abgewiesen zu werden. Es gibt viele Dinge, um derentwillen ich auch die DDR nicht zurückhaben möchte.

Und „alles verloren"? Alles? Da nun müssen wir wieder lange über den Begriff ALLES reden. „Wie ich versuche, Miriam zu antworten?"

Das klingt nach Stottern und Stocken und halb nach Entschuldigung. Für Leben aber hat man sich nicht zu entschuldigen.

Trauer, kein mea culpa

Es wäre so leicht, mea culpa zu sagen. Aber welchen Teil meines Lebens soll ich an den Begriff Schuld ausliefern?

Ich könnte zurückkehren zu frühem Glauben und alle meine Sünden gestehen. Ein Priester würde mir vergeben, mich freisprechen und mich vergessen. Aber ich kann nicht vergessen. Nichts ist ungewesen, keine Scham hört auf zu brennen, und die geschlagene Wange tut es auch nicht.

Jenes höhere Wesen, das mit der Schuld umgeht, hockt in meinem Gehirn und ist daraus nicht zu vertreiben. Manche Schuld aber, die ich nach fremdem Willen so nennen soll, finde ich dort nicht.

Es wäre bis Wochen vor dem Taumel der Vereinigung möglich gewesen, sich unter die „Helden" zu mischen. Noch der letzte Trittbrettfahrer hat damit den Nachweis seiner Unschuld an der DDR erbracht. Warum also sich nicht losmachen von den sichtbaren Verlierern, sich nicht wichtig tun, sei es im allerletzten Moment, als alle Messen schon gesungen waren?

Gab es für mich jene große Stunde, jene andere Barrikade, über die heute geredet wird, als hätte sie uns prachtvoll vor Augen gestanden, aber wir entschieden uns feige für unser „Menschenrecht der Anpassung", wie es uns ein westdeutscher Ostpolitiker nachträglich mißverstehend einräumen möchte?

Nach einem Wort von Humboldt ist der Mensch erst dann wirklich frei, wenn er reif ist, eigene Entscheidungen zu treffen. Die aber findet niemand in der Menge. Es bedarf nötiger Einsamkeit, um zu denken und sich zu entscheiden. Dann kann ich herausfinden, aus welcher Quelle meine Beharrung kam und noch kommt. Mich erinnern, wie schmerzhaft es gewesen ist, sich auch vom Urteil des Freundes zu lösen, der meinen Vorschuß an Vertrauen besaß, weil er in Zuchthäusern und fünf Konzentrationslagern noch unbeirrbar solidarisch geblieben war. Sein Instinkt für Gefahr war durch lange Erfahrung in Todesnähe ausgeprägt. Er roch das Feuer, noch ehe es qualmte. Wie hätte ich seinen Durchblick mißachten können, verräterisch den Platz an seiner Freundesseite verlassen, ohne von einer Alternative überzeugt zu sein? Freilich mußte ich erkennen, daß er, zu gekränkt, krankhaft mißtrauisch war und auch heraushörte, was niemand hineingedacht hatte. Aber diese Male waren seltener als die jähen Erkennens von Zusammenhängen.

Um deutscher Schuld an ihm war ich ihm verpflichtet und bleibe es, für immer. Auch dem, der heute seine ehemaligen Kollegen „Gehirnamputierte" nennt und eher aus einer Akademie der Künste austritt, als sie hineinzulassen. Er hat einmal geschrieben, er bliebe in der DDR, weil er hier sicher sein könne, seinem ehemaligen Peiniger Sturmbannführer auf der Straße nicht zu begegnen. Beruhigt es ihn, daß die meisten von denen inzwischen an Altersschwäche gestorben sind, unbelangt?

Die zweite Zuversicht im Leben erwächst aus der Erfahrung. Aber wir leben auch alle mit dem Wissen um unvermutete Tapferkeit und mit der Erinnerung an eigenes Versagen.

Anfang der achtziger Jahre hatte ich mich innerlich dazu entschieden und suchte den Kontakt zu Frauen, die eine Friedensbibliothek gründeten und sich gegen Kriegsspielzeug wandten. Aber ich sah hin und blieb weg. Denn die Zentren der tapferen Moralisten waren zugleich die der Geheimdienste. Ich blieb weg, weil der Vorgang hier alle Heimlichkeit finden sollte, aber in der Westpresse breit ausgeschlachtet wurde, dort, wo das Kriegsspielzeug längst unangefochten in den Schaufenstern lag.

Wie verführerisch, gegen alles zu sein und eigene Vorschläge für die Zukunft auf den Sankt-Nimmerleins-Tag zu verschieben. Ich fand für mich kein Bündnis, dem ich seinen Anspruch geglaubt hätte. Deshalb folgte ich weder in heilige noch in Freiräume.

Sie nahmen Schutz unter dem Dach der Kirche, ohne gläubig zu sein. Da sie bedroht waren, verfolgt sogar, oder vorhatten, Verfolgung auf sich zu ziehen, mußten sie nicht an Gott glauben, um Schutz zu erlangen. Aber sie zeigten auch keinen Respekt vor den Gläubigen. Das Schiff der Kirche machten sie zum Kriegsschiff, und während sie nach der Freiheit für alle und alles riefen, lösten sie so unauffällig wie möglich ihre eigene Verflochtenheit in ein Staatswesen, dessen Untergang sie wollten. Dies zu fördern, ist die Sache der Kirche nicht, auch sollte sie ihren Raum nicht durch Gesänge des Hasses entweihen lassen, wenn die Predigt von der Nachfolge Christi noch gilt.

Vermutlich wußten die Kirchenmänner nicht, wie sie die Bedrängten und sich gleichzeitig vor ihnen schützen sollten. So gaben sie exterritorialen Fingerbreit und ließen die Konflikte wachsen. Um derentwillen sie später von den ehemals Beschützten wütend befeindet wurden.

Ich bin katholisch getauft und erzogen, habe lange in katholischer Welt gelebt, und sie ist nie die meine geworden. Ich habe mich gelöst, aber das ist wohl ein zu großes Wort. Wegen meiner allzu heftigen Emotionen gegen die katholische Moral, den Papst und die Dogmen mißtraue ich meinem tatsächlichen Abstand. Bin ich ohne Gelassenheit, sind mir doch die Skrupel vor der Kirchenschwelle geblieben. Ins Weihwasser spucke ich nicht, und die Blumen vom Altar lasse ich auch nicht mitgehen. Ob ich glaube, oder glaube, nicht zu glauben, die Geschichte der Kirche und ihrer Vertreter ist wie die meine widersprüchlich. Ich kann diese Instanz nicht benutzen. Nicht so wie jene Aufmüpfer, die unterwegs schienen als lebendiger Maßstab für ethische Norm. Sie haben das Urchristentum benutzt, der urkommunistischen Idee aber ihre Berechtigung als Vision abgesprochen.

Wie sagte die zumindest fragwürdige Islamistin, Frau Professor Schimmel, in ihrer Dankesrede an den Deutschen Buchhandel, der dieser Vertreterin der Prügelstrafe für Frauen, der Ästhetik des Schleiers und Todesstrafe wegen Frevels den Friedenspreis verlieh: „Jede Religion hat ein Recht darauf, an ihrem Wollen gemessen zu werden und nicht an dem, was der unvollkommene Mensch aus diesem Wollen macht."

Dieses Wort ist mir zu schlau und zu dumm, ich nehme es nicht in Anspruch. Aber es fand den heftigen Beifall der anwesenden hochrangigen Politiker. Würden sie auch klatschen, wenn wir solche Behauptung für uns in Anspruch nähmen?

Die Unfehlbaren haben sich auf Gnade und Gerechtigkeit berufen und waren selber gnadenlos und voller Ungeduld mit der Natur des Menschen, der sich fürchtet, wenn er zum Aufbruch gedrängt wird und sich keine neue Heimat weiß. Heute nennen sie Aufarbeitung der Geschichte, wenn sie tun, was sie früher den anderen vorwarfen: die Macht zu mißbrauchen.

Wen sie verfolgen, der hat keine Medien zur Verfügung, der kann nicht für ein halbes Jahr nach England oder dorthin, wo sich angenehm hohe Summen auf dem Konto angesammelt haben. Auf wen sie mit dem Finger weisen, der steht wie auf freiem Feld und kann wehrlos seine Steinigung abwarten oder den Strick wählen.

Es sind Menschen gestorben, um diesem Haß zu entgehen. Kein noch so verdienstvolles Lebenswerk war vor den Rechthabern sicher. Auch der unersetzbare Arzt wurde vertrieben, und wo sich die Wahrheit und also die Ungerechtigkeit herausstellte, kam sie für die Weiterführung seiner Arbeit zu spät.

Im Brief des Paulus an die Römer heißt es: „Sie haben ihre Gedanken dem Nichtigen gewandt und ihr unverständiges Herz ist verfinstert. Da sie sich für weise hielten, sind sie zu Narren geworden ..."

Die Niedertracht braucht oft lange, bis sie zur Unscheinbarkeit welkt. Auf dem Weg dorthin sind jene, die den Anschein eigener Bedeutung erweckten und deren Ruhm vorwiegend aus eigenem Mund kam. Wohin sie aber das Wort Heldenstadt getragen hatten, dort wurde das Schild abgeschraubt und beschämt versteckt, als sich herausstellte, daß nun alles anders war, aber die blühenden Landschaften blieben, wo sie waren, und die Massen mit den lauten Rufen unterlagen der Lautstärke jener, die Weltgeschichte leugnen, um selber Geschichte gemacht zu haben. Erstaunlich viele von ihnen waren Spähauge gewesen, ehe sie die Barrikade wechselten und natürlich dort im Visier blieben.

Nach dem Sieg aber, an den sie so unblutig nicht geglaubt haben können, verließen sie eilig das Umfeld der Kanzel, ließen sich reich belohnen und sahen sich imstande für jeden hoch dotierten Posten, von dem der Laie glaubt, er verlange gewissen Sachverstand. Sie sagten immer dasselbe, banden sich unrettbar an die eigene Rolle und hatten immer noch dieselben Gegner. Aber der neuen Macht gegenüber hüteten sie sich vor jedem Einwand. Wie schamlos die auch immer vorführte, daß es nun keine Alternative und keine Hemmschwelle mehr gab.

Haß und Rache sind ihre Themen. Sie legen fest, wer von jetzt an dazugehört und wem das Wasser nicht mehr gereicht, sondern abgegraben werden müsse. Noch immer füllen sie ihr Leidensgut in jede Tüte, die ihnen freilich seltener hingehalten wird. Wie haben sie doch geklagt über die frühere Verschwendung von Steuergeldern für Verfolgung, während sie nun keine Scham zeigen, reichlich Steuergelder und Fördermittel für Verfolgung in Anspruch zu nehmen.

Mit roten Branntweinbäckchen sagte eine von ihnen im Fernsehen, es sei eigentlich schade, daß „wir bei der Wende nicht doch ein paar Leute aufgehängt haben, wenigstens an den Füßen“. „An die ‚Lanternen‘“, rief es aus einem Nachrichtenmagazin. Der Vergleich mit der Zeit der dreischichtig arbeitenden Guillotine war kein Zufall.

Waren wir überrascht? Durch ihre Sprüche und ihre manchmal erlesene, oft auch elende Poesie schimmerte schon früh die Überhebung. Sie haben Fronten geschaffen, die es so klar nicht geben konnte. Wer noch nach der Wahrheit suchte, gehörte nicht dazu. Wer nicht tönend auf ihre Seite kam, gehörte für immer auf die andere. In ihrem WegMitAllem hatte aber vielleicht die eigene Vorstellung nichts zu suchen, schien die Lösung der Konflikte nicht zu liegen.

Im 2. Brief des Paulus an die Korinther heißt es: „Darum bin ich guten Mutes, in Schwachheit, in Mißhandlungen, Nöten, in Verfolgungen, in Ängsten. Denn wenn ich schwach bin, so bin ich stark."

Es fehlt der Zusatz: Sofern ich erwachsen und meiner selbst bewußt bin.

Ich hätte die Eigentumsverhältnisse bei uns gern von den Bürden der Bürokratie, der Nachäffung untauglicher Vorgaben, dilettantischen Hantierens mit scheinbar akzeptierten Wahrheiten und zunehmender Gehirnschwäche wegen feudaler Allwissenheit und Amtsanmaßung befreit gesehen. Aber ich würde immer lieber in einem Land leben, in dem der Boden allen gehört. Das wollten wohl viele. Sie mußten deswegen nicht dümmer sein als andere, sie konnten nur vielleicht ihre Wurzeln nicht lösen aus einer Erde, die ihnen fruchtbarer erschien, als sie gedieh.

Ein edler Teil unserer Liebe ist Dankbarkeit. Du hast mir eine Chance gegeben, du hast mir beigestanden, mir Beine gemacht, mich ernüchtert, du hast teil an mir.

Das kann einem Menschen gelten und einer Heimat, die nie ein ganzer Staat ist und nie nur das eigene Dorf. Die Sprache gehört dazu, die Kostbarkeit eigener Lebenserinnerung und jener durchschnittliche Mensch, den ich am ehesten verstehe.

Es wäre so leicht, mea culpa zu sagen. Aber was versäumen wir beim Grübeln darüber?

Warum laufen wir nicht jetzt mit dem Aufnäher „Schwerter zu Pflugscharen" herum? In einer Welt, in der Kriege wieder führbar geworden sind, denn die große Bombe wird nur fern als Versuch gezündet, während die Schlacht wieder Mann gegen Mann geht, Mann gegen Kind, Mann gegen Frau, Mann gegen Greis, Haus, Straße, Stadt. Die Lanze wird geworfen, die Bakterie gezüchtet und die Luft ist durchschneidbar wie der Boden. Wer ruft jetzt nach jenem Spruch? Hier bei uns niemand, denn wir haben kein Schwert mehr, und der Pflug wird für unser täglich Brot nicht mehr gebraucht.

Mutiger Schmied, wo bist du jetzt, um das Feuer noch einmal symbolisch sprühen zu lassen? Und wo wären heute jene, die dich damals ehrend und schützend umstanden? Dabei war dein Risiko so groß nicht. Denn wie unangenehm die Zeichen auch nach innen gewirkt haben, die großen Augen der Weltpresse waren auf den Vorgang gerichtet, es schrie förmlich nach Scheiterhaufen, der natürlich wunderbar zu filmen gewesen wäre. Statt dessen nur lahme Flügelschläge, was auch gescheit war.

Überdrüssig und wehrlos hat ein ganzes Land die Waffe der Abstimmung, erst mit den Füßen und dann mit dem Stimmzettel, gewählt. Alle anderen Waffen wurden gesenkt und übergeben. Zum Verkauf an andere, die sie wieder benutzen.

Es war so leicht, uns im Osten nachzuweisen, daß die Rüstungsschraube an unserem eigenen Hals lag und uns zuschnürte. Es war aber kein Appell an ALLE, nicht an die ständig überrüstende, mit Waffen schiebende Welt. Es war ein Signal ins eigene Land. In dem die Luft so aufgeladen war, daß Flatterbändchen der Ausreisewilligen oder Aufnäher von Friedensbewegten ins Waffenverzeichnis kamen.

Schwerter zu Pflugscharen, das war die Aufforderung zur einseitigen Entwaffnung und damit ein Schritt auf dem Weg zur bedingungslosen Kapitulation. An die ich damals nicht glaubte, weil ich mir nicht vorstellen konnte, daß die Sowjets ihre Westfront verkaufen. Weil ich zu wenig von Wirtschaft verstand. Weil ich nicht beteiligt war an den großen Intrigen und in die kleinen nicht eingeweiht. Weil auch ich auf Gorbatschow reingefallen bin. Weil ich dachte, daß mancherlei Gier aus Weltfremdheit kam, an der wir keine Schuld hatten. Weil ich wild war auf eine neue Zeit der Aufklärung, aber es war schon alle Zeit vertan und abgelaufen.

Die DDR war von Anfang an ein Provisorium. Wer schlau war, mußte sich mit ihr nicht einlassen. Ich habe das aber getan. Mein unvollkommener Staat, der so gierig war auf Talente, die er um eigenen Wesens und auf fremde Verlokkung hin in unüblich hohem Maß immer wieder verlor, hat mich aus weiblicher Unterlegenheit und dem Makel asozialer Herkunft entkommen lassen. Mag mein Maß gering sein, ich habe es hier gefunden und gewann kritische Liebe und schmerzliche Verbundenheit. Dabei wird es für mich bleiben, denn ich will und kann nicht leugnen, daß ich alles hatte, was ein Mensch braucht, um sich zu verschwenden, zu entäußern und allmählich zu verbrauchen.

So war es, so ist es wieder, und wie es wird, das kann ich noch nicht wissen, aber wenn alles nur halbwegs gutgeht, werde ich davon später erzählen.

Inhaltsverzeichnis